司法权力论
司法权的一般理论与三种形态

章安邦 著

THEORY

OF

JUDICIAL

POWER

General theory and three forms of judicial power

浙江工商大学出版社
ZHEJIANG GONGSHANG UNIVERSITY PRESS

·杭州·

图书在版编目(CIP)数据

司法权力论：司法权的一般理论与三种形态 / 章安邦著.
—杭州：浙江工商大学出版社，2022.5
ISBN 978-7-5178-4672-7

Ⅰ．①司… Ⅱ．①章… Ⅲ．①司法制度－研究－中国
Ⅳ．① D926

中国版本图书馆 CIP 数据核字 (2021) 第 198221 号

司法权力论——司法权的一般理论与三种形态
SIFA QUANLI LUN——SIFAQUAN DE YIBAN LILUN YU SAN-ZHONG XINGTAI

章安邦 著

责任编辑	徐 凌
责任校对	黄拉拉
封面设计	浙信文化
责任印制	包建辉
出版发行	浙江工商大学出版社
	（杭州市教工路 198 号　邮政编码 310012）
	（E-mail：zjgsupress@163.com）
	（网址：http://www.zjgsupress.com）
	电话：0571-88904980，88831806（传真）
排　版	杭州彩地电脑图文有限公司
印　刷	杭州宏雅印刷有限公司
开　本	710 mm×1000 mm　1/16
印　张	18.25
字　数	263 千
版 印 次	2022 年 5 月第 1 版　2022 年 5 月第 1 次印刷
书　号	ISBN 978-7-5178-4672-7
定　价	58.00 元

前　言
Preface

　　司法权是司法改革的核心，司法改革本质上是一场关于司法权运行机制的革命。司法改革的目标是让司法权在制度设计和实践运用中回归司法规律，当下中国如火如荼推进的一轮又一轮司法改革让"司法权"或者"司法权力"逐渐成为学术界与实务界都耳熟能详的概念，司法改革是一场司法权的制度革命与实践革命，是司法权的重新建构过程。从历史唯物主义的角度出发，当下的司法改革是建立在改革开放以来所取得的经济成就和经济基础上的制度变革，是上层建筑对于经济基础的历史实践的回应方式[①]。所以，信春鹰教授在21世纪伊始就发出了"21世纪的中国需要一个享有社会尊重和信任的司法权力"的感叹[②]。她认为，司法改革的一个主要目的是"使法院更像法院"，"在中国的语境之下，其主要含义是指法院从结构性的行政模式中解放出来，使司法权力系统成为从人员构成到工作方式到社会使命都完全不同于行政机关的

[①] 季卫东曾经提出："现代化过程中的国家，在确立高效率的经济发展这一首要目标之后，切不可忘记及时设定一个足以保障市场竞争的平等和资源分配的公正的社会目标。这意味着必须在非经济领域中进行一场深层改革，否则就会断送经济方面已经取得的成果。这也意味着要对权力结构进行重新组合，其任务不妨用一句话来概括：管理方式的合理化。在改革过程中，与选举、立法以及行政领域相比较，司法权的合理化应该先行。"见季卫东：《法治秩序的构建》，中国政法大学出版社1999年版，第222页。
[②] 信春鹰：《21世纪：中国需要什么样的司法权力？》，信春鹰：《公法（第三卷）》，法律出版社2002年版。

社会争端仲裁机构。"①也就是说，司法改革的根本目的是对司法权的"还原"和"恢复"。那么，司法权的本相又是什么呢？这是一个长久以来在理论界和实务界都没有给出非常肯定和精确回答的问题。以司法权运行为核心的司法改革不在于简单运用西方法学话语和司法制度描绘司法权运行的空中楼阁，而是要切切实实地要求树立中国司法问题意识，解决长期掣肘中国司法权运行的众多问题。中国的司法改革面临着在没有中国自身司法文化传统的基础上构造一个具有现代司法性质的理想图景的重重困难。当下的司法改革是深深嵌入到国家治理现代化的宏伟蓝图之中，司法改革是着眼于社会主义法治国家的建设和国家治理系统结构功能的优化，是以权力制约为理念配置司法权，以权利保护为核心运行司法权，以实现良性运转为标准保障司法权，以培育法治文化为根本支撑司法权，在优化国家治理系统自身结构的同时，增强其适应、整合、目标达成和维持功能。在目前看来，本轮司法改革在推进过程却由于种种原因没有能够达到顶层设计的预期效果，尤其是当改革推进到地方之时，来自各级党委、各级政府、各级司法机关包括司法机关工作人员个人质疑和反对的声音不绝于耳。中央制定的司法改革的大政方针在推行和落实过程中遭到了重重阻力，只要涉及权力和利益的重新分配，基层党政组织仍然阳奉阴违地实践"上有政策、下有对策"的习惯套路②，司法改革的制度变迁最终成为既有的权力和利益决斗场。司法改革的理想图景实现似乎愈发飘渺，司法改革似乎站在了十字路口的位置上不知何去何从，这引起了实务界和理论界的深刻反思。究其原因，

①信春鹰：《21世纪：中国需要什么样的司法权力？》，信春鹰：《公法（第三卷）》，法律出版社2002年版。
②以本轮司法改革重中之重的司法员额制为例，就笔者身边亲戚、朋友工作的来自中国南北方地区和各级检察院、法院而言，能否进入员额基本仍然是以在单位工作的年限作为标准的论资排辈的方式决定人选，而以薪金的大幅上涨作为激励，导致了许多退居二线或者多年没有在业务岗位的老同志以其资历最终入额。就目前而言，最大的问题是，他们入额后却又不承担实际办案工作，在办案的仍然是在业务岗位的年轻法官和检察官，也就是说，既有的司法权运行模式没有得到根本改变，员额成为了待遇而非工作和责任。

笔者认为主要基于两个方面：首先在改革之初，关于司法改革尤其是对于"司法权"这个命题的理论准备严重不足，对于与司法权相关的概念、命题的内涵和外延都缺乏准确的界定；其次关于中国语境下司法权理论的重大问题没有细致论证和理论回应，对于中国司法权运行中存在的问题也缺乏整体的、深入的调查研究。陈兴良教授认为："司法权是一个重大的理论问题，也是整个司法改革的关键。司法改革，说到底就是一个司法权的重新分配与调整的问题。因此，没有对司法权的理论把握，对司法改革的思考是不可能深入的。"[①]对这些理论问题的反思，归根结底是要对"司法权"这个基石范畴进行深刻的理论反思。因此，学界亟需对中国语境下的司法权的重大理论问题进行谱系化的厘清和阐释，对改革实践中出现的问题做出有力的理论回应，方能让社会公众期待的司法改革尽量少走弯路。

中华人民共和国成立以来，我国就一直在探索符合中国国情的司法权力运行模式。在中华人民共和国成立之初主要向苏联学习，参照并引进苏联的司法制度，"文化大革命"后逐步摆脱苏联的影响，进一步发掘和探索中国司法权构造，20世纪90年代后大力推进司法改革力求改变司法权运行现状和存在的弊端。但是，20世纪50年代以来，在意识形态影响下，一谈"司法"或者"司法独立"就要避资产阶级自由化之嫌，甚至在中华人民共和国成立以来的各部《宪法》当中，除了"司法行政机关"外都没有出现"司法"二字，自20世纪50年代以来的《宪法》中，人民法院被明确定性为"审判机关"而非"司法机关"，是依法独立行使"审判权"而非"司法权"。所以，"司法"在中国语境中更多是作为法学概念、法学范畴存在。同样，人民检察院在《宪法》中被明确定性为"检察机关"而非"司法机关"，依法独立行使"检察权"而非"司法权"。《人民法院组织法》以及《人民检察院组织法》与《宪法》保持高度一致，都未曾出现"司法"的提法。在《法官法》《检察官法》中也同样没有将"司法"二字纳入其中。有趣的是，"司法"一词没有在司法机关的相关法律

[①] 孙万胜：《司法权的法理之维》，法律出版社2002年版，"序言"。

中出现，反倒最早在2000年《立法法》的制定中出现，其表述为"司法制度"，区别于"立法制度"。因此，"司法"二字在中国的相关法律文献中似乎成为讳莫如深的敏感字眼。在这样的政治背景下，"司法"一词的含义一直没有清晰界定，司法理论研究更多服务于所谓的"政法传统"。

《中共中央关于全面深化改革若干重大问题的决定》中指出：健全司法权力运行机制。优化司法职权配置，健全司法权力分工负责、互相配合、互相制约机制，加强和规范对司法活动的法律监督和社会监督。然而，关于司法权的基本理论却是众说纷纭，莫衷一是。习近平总书记在2014年中央政法工作会议上指出："司法活动具有特殊的性质和规律，司法权是对案件事实和法律的判断权和裁决权。"①在司法权的内容上，《宪法》规定由人民法院独立行使审判权，检察机关独立行使检察权，没有提及司法权也没有明确"司法权"主体是谁，包含哪些权力。中央政法委书记孟建柱指出："在我国，司法权分别由不同机关行使。在刑事诉讼活动中，公安机关行使侦查权，人民检察院行使检察权，人民法院行使审判权，司法行政机关行使刑罚执行权，这四种权力既互相配合又互相制约。"②可以看出，当下包括习近平总书记在内的中央领导对于"司法权"的性质、内容高度重视，认识到了司法权对于司法活动国家治理体系现代化建设的重大意义，司法权是司法改革必须直面的一个理论问题。本轮以司法责任制为核心的司法改革在制度设计上引进、借鉴了法治发达国家的成功经验和先进制度，试图让司法权摆脱长期以来受到不当影响从而回归司法权运行的基本方式，尊重司法权运行的基本规律，达到司法活动的基本目的。人工智能时代的科技驱动，让智慧法院、智慧检务已经在实践中开展，人工智能时代的司法运行模式呼唤着司法权基础理论的回应。因此，对司法权理论研究具有理论上的重要性和实践上的迫切性。

---

① 习近平：《在中央政法工作会议上的讲话（2014年1月7日）》，中共中央文献研究室：《习近平关于全面依法治国论述摘编》，中央文献出版社2015年版，第102页。
② 《孟建柱〈人民日报〉撰文：完善司法管理体制和司法权力运行机制》，人民网，2014-11-07［2017-01-02］.http://legal.people.com.cn/n/2014/1107/c42510-25990066. html.

一、司法权在司法理论研究中的基石范畴地位

司法权是司法理论的基石范畴。"基石"在《现代汉语词典》里被解释为："做建筑物基础的石头，多用作比喻工农联盟是我们建成社会主义的基石。""范畴"在哲学体系中是对概念的进一步抽象与概括。范畴的意义在于其作为理论体系的网络纽结和节点能够将理论、概念、命题相互联结形成一张理论体系之网。基石范畴是这些网络纽结中围绕的最核心的纽结，是网络线条的发起点。"基石范畴"就是指包含了众多范畴、概念、命题的理论体系大厦的基础范畴，基石范畴在哲学概念上来说是一个思想理论体系成熟的标志，基石范畴奠定了思想理论体系的逻辑起点，在成熟的思想理论体系当中都能找到一个居于核心地位联结其他范畴、概念的基石范畴，比如哈耶克的自由主义理论的基石范畴就是"扩展秩序"，科斯的新制度经济学理论的基石范畴就是"交易费用"，等等。张文显教授在早年研究权利本位理论时将"权利"作为法哲学的基石范畴，最早在法学研究领域使用"基石范畴"这个概念，认为："基石范畴是在中心范畴基础上的进一步抽象，在法哲学范畴体系中属于最高范畴。基石范畴规定着其他范畴的实质内涵和相互关系，离开基石范畴，其他范畴就变成了一个个孤立的、内涵无法确定和辨识的概念，如果说每个范畴都是理解法律现象之网的纽结，那么基石范畴则是总纽结……在这种意义上，也可以说基石范畴是组织人们看待事物的稳定的结构或模式。"[1]基石范畴、范畴体系"是人类在一定历史阶段理论思维发展水平的指示器，也是各门科学成熟程度的标志。""没有范畴，就意味着没有理性思维，没有理论活动和理论表现。"[2]因此，一个成熟的理论体系需要确立范畴体系，需要在其范畴体系中确立基石范畴。作为一个成熟、完善的司法理论体系也亟需自身的基石范畴。

---

[1]张文显：《权利及权利本位论纲——现代法哲学基石范畴研究》，张文显：《权利与人权》，法律出版社2011年版，第52页。
[2]张文显：《权利及权利本位论纲——现代法哲学基石范畴研究》，张文显：《权利与人权》，法律出版社2011年版，第2页。

　　在司法理论体系中，司法权是司法制度的基石范畴，司法权在司法理论体系当且应当处于最高的统领性地位。司法理论体系包含众多范畴，比如司法权、司法规律、司法能动、司法克制、司法公正，等等。在这些众多的范畴体系中，司法权处于基石范畴的地位。这是因为司法程序设计是以司法权的公正行使为皈依和目标指向，证据规则、裁判规则等具体规则根本目的在于保障司法权的依法独立运行。司法本体论、司法价值论、司法文明论都是关于司法权运行的本体论、价值论及与文明论。司法能动、司法克制等司法理念与司法哲学在根本上都是关于司法权运行方式的理念和原则。司法规律也是关于司法权运行过程中必须遵守的一般的、普遍的、必然的联系。司法哲学是对以司法权运行为核心的司法活动的哲学观照。司法改革是一场关于司法权运行方式的制度革命。真正意义上的司法活动将以司法官员的一锤定音为司法权的终极表达形式，而法院作出的判决在主权国家范围内是具有普遍的强制执行的效力。正是以司法权为基石范畴让司法理论体系的相关范畴能够联结在一起成就司法理论体系的网络，形成司法理论的整体。脱离司法权这个基石范畴，上述的司法相关范畴则成为自成一体、自说自话，难以顺利联结与沟通，同样也寻找不到理论皈依，成为碎片化的理论，割裂了其中以司法权为基石的密切而又复杂的网状联系。因此，司法权是司法权理论体系中所有概念、命题、理论的出发点与归宿点，司法权作为司法理论体系的基石范畴，是司法理论研究中必须着重研究的范畴。

二、司法权研究的现状梳理

　　中国关于司法权权力理论的研究可以说是当下所有关于司法理论的研究都会或多或少涉及，几乎没有绕开或者尝试对司法权进行研究的司法理论，中华人民共和国成立以来关于司法权的研究肇始于改革开放之后。葛洪义教授一针见血地指出："司法权的'中国'问题，首先是一个公共权力的理性化与民主化问题，以及由此而必然产生的法治化问题，其次才是司法问题。司法权的重要是基于公共权力的理性化和民主化的需要，而公共权力的理性化与民主化则又是社会生活理性化的结果。因此，建设一个具有中国特色的有效的司法制度，形成一个以理性与民主精神为灵魂和价值取向的强大的司法权，维护理性与民主基础上的社会稳定与社会和谐，必然是研究中国司法权问题的出发点和归宿点。司法权是一个理性的民主时代才可能被提出的问题，因为只有在一个理性的民主的社会环境中，司法的权力才可能成为一个需要讨论的课题。"①在非理性的十年"文化大革命"带来的灾难性破坏结束后，随着大规模立法形成的中国特色社会主义法律体系的日趋完善，社会主义民主与法治不断进步，葛洪义教授所认为的理性社会和理性时代的到来为"司法权"问题在中国展开研究讨论提供了必备的条件，同时也是笔者在写作本书所需要建立的共识性基础。自20世纪90年代以来开启了司法改革的时代，司法改革带来的制度变迁成为司法权研究最为富饶的土壤，一时间涌现出了大量突破性的研究成果。法学理论研究从立法研究突然转向为司法研究，"不知从什么时候开始，仿佛一夜之间中国的法学研究者们，不管是研究法理学的还是研究部门法的，一下子都成了司法改革家。"②这些成果对司法权进行了深刻的剖析和集中的讨论，从专著上看，主要包括张文显教授的《司法理念与司法改革》《司法的实践理性》，胡夏冰教授的《司法权：性质与构成的分析》，汪习根教授的《司法权论——当代中国司法权运行的目标模式、方法和技巧》，黄竹胜教授的《司法权新探》，杨一平教授的《司法正义论》，王利明教授的《司法改革研究》和孙万胜的《司法权的法理之维》，等等。司法权力的这些代表性著作主要出现在2003年以前，后期的一些著作论文始终不乏低水平重复性的研究的问题，有些同样的内容和观点被专著一遍又一遍地重复，对于司法权的理论研究随着时间的推移逐渐缺乏生机活力，司法研究的创新点更多出现在面向中国特色社会主义司法问题的理论研究和中国司法权运行实践的田野调查和实证分析中，司法权理论研

---

①葛洪义：《司法权的"中国"问题》，《法律科学》2008年第1期，第39—43页。
②周永坤：《司法权的性质与司法改革战略》，《金陵法律评论》2003年第2期，第35—42页。

究基本停留在比较法层面的借鉴和引用，缺乏形成中国特色的司法权理论，也没有揭示当下中国司法权运行现状背后的必然与规律。事实上，司法权的问题本身是一个题域，包含了太多可以尝试理论分支，比如司法权配置理论、司法权运行理论、司法规律理论或者其中的子理论等都可以作为单独的博士论文进行写作，司法权的理论问题就足以用一系列丛书来解决。本书的写作将直接面对"司法权"的本体论问题，就是，司法权是什么？司法权本身包含什么？当且仅仅限于此，为了避免写作的教科书化和低水平重复性研究浪费纸墨，本书对学术界业已达成共识的理论性问题仅仅进行简要的归纳总结，不做具体展开论述，重在建构和阐释笔者认为的司法权在本体论上存在的三种形态及其具有的不同意义。

在这样的历史背景下，本书想做的一个尝试，就是运用现有的古今中外关于司法权力的理论、史料等并对其进行梳理与抽象，对作为司法改革中最为核心概念的"司法权"进行一个逻辑自洽理论上的阐释，不能期待解决所有关于司法权的理论问题。本书的写作基于这样的一个目标：虽然运用的材料可能包含古今中外，探索、归纳、总结的理论可能是司法权运行的普遍理论，突出表达司法权作为一项权力的"与众不同"之处，而非面面俱到的描述。在内容上，本书试图回答什么是司法权、司法权的性质与特征等司法权的一般理论问题，对司法权存在的作为定分止争的市民性司法权、制约公权的政治性司法权以及主权性司法权这三个形态分别进行阐释。

三、本书的研究方法

在研究方法上，本书最突出使用的是历史研究的方法，在每一章都使用了大量的历史素材作为理论的支撑，在描述市民性司法权的演进过程中就运用了市民性司法权在各个历史阶段的相关材料，在政治性司法权的研究中，也运用了苏联司法权形成的相关历史材料与美国司法权审查权确立的过程等相关史料，在主权性司法权一章中，大量运用清末收回领事裁判权的相关史料描述了中国主权性司法权的产生和演进，但是本书对于历史材料的使用仅限于对理论问题的佐证，服务于观点的阐释，力戒把其写作成法制史。在写作过程中同时也运用了跨学科研究的方法，引进了经济分析方法对司法权的终局性进行分析，认为司法权的终局性是符合经济理性的；运用概率论模型对司法权运行中的审级设置深入讨论，得出了审级设置的多少在客观上无法改变案件的错误率的事实，并非意味着最高的审级就越不容易犯错；引入制度经济学中的"委托—代理"模型与监督成本理论对市民性司法权的演进进路进行分析；对运用制度竞争的模型分析清末推动司法权独立运行的直接动力是通过试图变革与建立相关制度缩小与西方列强的竞争中的差距。本书提出了市民性司法权、政治性司法权、主权性司法权这三个本书所认为的司法权的三种形态，对于这些概念本书在各个部分运用语义分析的方法对其概念的内涵进行了阐释。在研究和反思中国司法权运行的相关问题时，本书运用比较研究的方法，借鉴了西方乃至全人类共识性的司法权运行规律进行阐释。

四、本书基本内容和结构

司法权力理论作为司法改革中最为基础的理论，是司法改革的重要理论指南，当下司法改革面临重重困难的原因就在于其理论准备不足。司法权在司法理论体系中居于基石范畴的地位。本书的结构与既有的司法权理论研究著作不同，对司法权及其理论的历史沿革、司法权的基本性质以及司法权的独立运行的根本规律做理论阐释，建构以权利保护为根本目标、以公平正义为核心价值、以独立运行为根本规律的司法权，得出司法权是终局的权威的判断权的结论，具体而言，将司法权分为作为国家主权一部分的主权性司法权、制约公权的政治性司法权与定分止争的市民性司法权这三种形态分别展开讨论。从司法权理论本体论角度，市民性司法权、政治性司法权、主权性司法权构成和涵盖了司法权这个范畴的三种形态，体现了司法权的三重意义。

从中华人民共和国成立以来司法权研究的历史沿革来看，官方话语中对"司法"与"司法权"的使用极少，并且往往用"政法"代替"司法"。在学术界，真正意义上的司法权研究是在改革开放之后展开并在20世纪90年代达到了最繁荣的时期，在纷繁复杂的各个学说中，学者们对于"司法权是以纠纷解决为目标的权力"这个观点基本能够达成共识，而曾经被视为司法权内涵的权威理论的"法律适用论"恰恰导致了当下司法理论的混乱。

司法权的性质伴随着司法权的演进内容不断丰富。司法权是以"权利"作为其运行的根本目标，司法权在市民性司法权、政治性司法权和主权性司法权三种形态上遵从"权利本位"的逻辑。司法权在三种形态上以公平正义作为其价值追求，公平正义是司法的生命，司法权追求的公平正义重在程序正义。司法权在性质上较之于其他权力的特殊性在于其判断权的属性，司法权的权威包括以司法强制力为基础的强制型权威与说理裁判为鲜明特征的技术型权威，司法权威的树立则必须通过庭审实质化，更进一步来说，司法权是终局的权威的判断权，运用经济分析方法与概率理论对司法权的终局性与审级设置的关系进行分析，明晰了司法权终局性的意义所在。司法权独立运行是司法权的根本规律。司法权独立运行在各国的宪法当中都得到了明确表达。改革开放以来司法权独立运行逐渐得到了我国官方的认可并被写入官方的重要文件当中。司法权独立运行旨在让司法权免于受到其他权力的干涉与影响，其中重在权力结构中司法权能够免于立法权、行政权的干涉。司法权独立运行不仅是司法规律，同样也是一项重要的人权原则，通过司法权独立运行克制可能侵害公民权利的国家权力，保障公民能够接受独立法庭的审判。司法权在市民性司法权、政治性司法权与主权性司法权三种形态上都必须实现独立运行。

定分止争的市民性司法权起源于人类对于矛盾纠纷解决的客观需要，洛克则从"自然状态"中探讨司法权起源的相关理论。从历史考察的角度，市民性司法权的起源与演进经历了私力救济阶段、神明裁判阶段、族长长老裁断阶段以及政治国家掌握和垄断司法权的阶段。通过

"委托—代理"模型分析，运用监督成本相关理论总结了司法权演进的规律性内容。在特征上，市民性司法权包括了消极性、程序性、中立性、民主性以及功能有限性等。

在讨论政治性司法权时，本书以特朗普的"禁穆令"和朴槿惠弹劾案引出现代国家司法权对政治权力的控制功能。美国的吉布森法官最早将政治性司法权与市民性司法权分离，成为可以被单独研究的问题。政治性司法权首先是指司法权是国家政治权力的组成部分，无论在西方近现代的政治学理论还是以列宁为代表的社会主义政权理论当中都体现了司法权的国家政治权力属性。其次是指制约公权意义的政治性司法权。制约公权的政治性司法权的理论基础在于司法哲学中的能动司法哲学转向，成为主动积极克制其他公权的政治性权力。政治性司法权的属性经历了司法权从控制社会的功能到控制权力的功能的变迁过程，控制权力的前提是行政权与司法权的分离。制约公权的司法权在资本主义国家突出表现为司法审查权，在社会主义国家则表现为检察机关的监察权力。司法审查权以美国为典型代表，其产生的理论基础在于"多数人暴政"对公民权力的威胁，美国的司法审查权需要克服理论上的"反多数难题"，但根据赵汀阳的"民心理论"，现代的民主程序仅仅是一种技术化的手段，民心才是国家权力的合法性依据，司法审查权运行的核心是法院的宪法解释权，法院宪法解释在方法论上可以分为原旨主义与非原旨主义的解释，在解释过程中需要恪守独立性、个案化与拘束力等原则。美国司法审查权的确立经历了马歇尔法院、沃伦法院与伯格法院三个比较典型的时期。司法审查权也应当警惕司法专制的威胁，防止司法权权力自身失去控制成为专制的力量，同时要保持司法审查权的行使限度与边界。社会主义国家的检察权也扮演了以政治性司法权的身份制衡和监督其他国家权力的角色，根源于列宁司法权思想中由检察权监督苏联法制统一与法律实施的观点，比资本主义国家的司法审查权的监察范围更广。进一步分析了检察权中的公诉权在市民性司法权意义上并不具有终局的权威的判断权的属性，因此不能被视为司法权，而检察权中的监督监察权力则构成了政治性司法权在社会主义国家的表现形式。

　　"主权性司法权"概念可能是本书最重要的创新部分。主权性司法权的概念因为"主权"这个概念的模糊性而无法得到精确的界定，在使用当中也将其作为描述性概念而非规范性概念。与"司法主权"概念相比，"主权性司法权"突出司法权具有主权意义，司法主权是主权性司法权的内涵之一。在特定期间与条件下，司法权除了定分止争、权力制衡还有主权维护的功能和意义。主权性司法权的完整性甚至是政治性司法权、市民性司法权的基础。作为主权性司法权的核心概念的"领事裁判权"与"治外法权"内涵并不相同，本书通过词源视角和历史视角厘清了两者不同内容，并且对中国主权性司法权的形成与历史沿革进行简要梳理，包括晚清以来中国主权观念以及主权性司法权观念因为列强侵略而在民众心目中被催生。领事裁判权被列强攫取从根本上破坏了中国司法主权，晚清政府通过司法改革也就是建立现代意义上的司法权运行制度收回领事裁判权以维护国家主权。清末对于构建现代司法权的探索基于西方司法权思想的引进以及法理派知识分子寄希望于通过司法改革"以期中外通行"，促使西方国家的兑现条约承诺，保守派官僚以为提高综合国力就能从根本上捍卫国家司法主权。在阐释"冲击—回应"框架以及柯文的中国中心观的基础上，提出了清末司法主权根本上需要形成一套较低运行费用而较高产出的制度体系，通过制度竞争来实现竞争优势，从而维系国家司法主权，这个制度就包括构建现代性司法权的立宪体制。

　　主权的统一是国内国外两个向度上的统一。主权性司法权也具有国内面向，集中表现在司法权的地方化问题，司法权的地方割据挑战着司法主权的完整性。司法权的地方化包含司法的地方保护主义、司法机关参与地方综合治理、司法权的集团化与个人化等表现类型。司法权地方化问题的产生包括司法官员的地方生成、财政经费的地方供给、法定程序背后的人事权力博弈、地方财政权"俘获"司法权、绩效考核中的权力共谋等原因，通过司法管理行政化、官僚科层制以及微观权力等理论模型，对司法权地方化产生的原因进行分析与解释。

　　人类进入了信息化社会与大数据时代，人工智能的技术进步呼唤新的司法权理论回应。在西方国家，人工智能参与到司法活动已经具有一段很长的历史，我们作为后发国家，司法改革除了破解束缚司法权公正、高效、权威行使的制度桎梏外，也需要回应和处理好新科技在司法领域的适用问题，以工业文明的物质资料生产方式作为经济基础的司法权的基础理论也可能在未来面临着挑战甚至重构。司法大数据库的建设带来"同案同判"的实现可能，大数据时代的数据处理中的"相关关系"可能冲击甚至替代司法推理中恪守的"因果关系"。人工智能的应用将对司法成本、司法效率、司法公正、司法被动等问题产生直接的影响，也可能以技术治理的方式治愈困扰中国司法的司法权地方化、司法权行政化等顽疾，人工智能也可能在陪审制度、司法裁量制度、证人保护制度、审前风险评估制度等领域为司法权运行提供新的技术帮助。

目 录
Contents

第一章 司法权本质初探

　　司法权是什么？西方的宪法学者早年就尝试回答这个问题。英国学者詹宁斯早年就在其著作《法与宪法》中表示："要准确地界定'司法权'是什么，从来都不十分容易。"[①]对"司法权"这个概念可以有各种定义，但遗憾的是仍然无法界定"司法权"究竟是什么。众多学者都在其专著、论文当中涉及司法权的概念、性质等相关论述，与主流观点都大同小异，在此就不再一一列举。对于司法权这个概念的表达，我们可以看到似乎呈现出来的是各自有理，却并非针锋相对的观点，不同的学者基于自己的理论背景和对司法实践的认知、思考提出了各自的观点。所以，在本章当中，笔者认为给出一个关于司法权的定义并无新意，往往只是在重复前人的研究，对司法权概念的界定，笔者试图从司法权的本质入手，从辩证法的角度，事物的本质（内因）决定了事物的存在方式、运动方向，因此，本章着重去揭开与发现司法权所具有的一般本质特征。

一、"法律适用论"的扬弃

　　沈宗灵先生在20世纪90年代出版的《法理学》教材中提出："法的适用，通常简称为'司法'，是法的实施的重要方式之一。法的适用是指国家司法机关依据法定职权和法定程序，具体应用法律处理案件的专门活动。"[②]沈宗灵教授对"司法"的界定对学界产生了重要影响，具有其合理性的一面。但是，在笔者看来，把"司法"这个概念简单地解

①[英]詹宁斯：《法与宪法》，龚祥瑞、侯健译，北京三联书店1997年版，第165页。
②沈宗灵：《法理学》，高等教育出版社1994年版，第346页。《法理学》对当时的法学学者和学生产生了重大影响，可以说启蒙、引导了那个时代的法学理论研究。

释为法的适用，缺乏逻辑上的严谨性，也正是这个简单的但是为众多著名法学家所倡导的概念阐释，导致了对"司法"这个司法权的基础概念的不适当地扩大解释，最终导致"司法权"这个司法研究和司法改革的基石范畴长期处于语焉不详的状态。从其文义可以看出，"司法"是对法律的运用，司法权即是一种运用法律的权力。但是，"司法是适用法律"这个命题意味着"司法"是"适用法律"的充分非必要条件，"适用法律"是"司法"的必要非充分条件，从逻辑上看，"适用法律"包含了"司法"及其他内容，因此，不能简单将"适用法律"界定成"司法"。因为司法是多样化的，不为法官和法院所独有，也不单是国家的职能。实际上，一些非法院的国家机关，甚至某些非国家的社会组织也具有一定的司法性质和作用。"法律适用论"导致在司法权的行使主体范围限定上，各种广义说、中义说、狭义说众说纷纭、莫衷一是：广义说认为司法权的主体包括公安机关、国家安全机关、检察机关、审判机关、司法行政机关、监狱机关等等参与司法权运行的国家公权力机关；中义说认为在社会主义国家司法权应当包括检察机关和审判机关；狭义说认为司法权当且仅当由作为审判机关的人民法院所掌握。甚至在一些学说当中，把公证员、仲裁员、律师等司法或者准司法活动的参与者也都作为司法权行使主体，在部分学者和领导人看来，但凡参与了司法权运行活动的主体即可成司法权主体。张文显教授在20世纪90年代就旗帜鲜明地在其主编的法理学教材中表达了反对立场："在日常生活中，一些人甚至一些领导人经常讲司法机关，甚至包括司法行政机关也成为司法机关，所谓'公、检、法、司'，实际上不符合我国现行法律体（制）和司法体制，是对司法机关的一种不正确的理解。"①在笔者看来，把"司法"简单解释为"法的适用"的概念，没有清晰地界定出司法权在本体论上的专属特征，而仅仅限定了适用主体是"国家司法机关"，但是在中国，"国家司法机关"本身却是一个未能在宪法法律层面上说清道明的迷局，究竟是司法权的某些专属特性决定了其权力行使

①张文显：《法理学》，法律出版社1997年版，第365页。

者成为司法机关还是应为某个国家机关被"定义"为司法机关从而行使司法权力，在"法律适用论"的解释当中已经进入了循环论证的逻辑死胡同。

所以，从20世纪90年代以来将近20年的讨论却依然没有一个明晰的答案来引导司法改革和司法实践，在政法委全面领导司法权运行的格局下，在中央政法委的相关文件和国家领导人的讲话中，司法权主体又与政法工作主体被简单趋同对待，边界模糊①。把"司法"解释成法律适用，那么任何在实际工作中适用法律的部门机构都可能成为司法机关，且不说在行政执法过程中的法律适用，在刑事司法当中，公安机关、检察机关、人民法院和司法行政机关在行使侦查权、检察权、审判权和执行权的过程中都承担起了法律适用的职责，公安机关的侦查活动是对刑法和治安管理法的初步运用，检察机关提起公诉过程中对案件进行了严格的程序上和实体上的审查，根据刑法和刑事诉讼法提起公诉，对案件的罪名、刑罚的可能性作出判断，这是对法律的进一步适用，而人民法院作为审判机关依法作出判决则毋庸置疑是对法律的适用，司法行政机关在刑罚执行上也同样要适用监狱法、社区矫正法律法规，同样也是对法律的适用。因此，这些刑事司法的参与机关都认为自己在刑事司法当中扮演了举足轻重的作用，其行使的权力影响到了裁判结果，进而都认为自己是司法机关，实际上拥有司法权。从根本上说，在案件审理程序中的设置作为公诉权的检察权是为了更好地保护人权，但是除了公诉权，检察权还包括了相关的权力监督和制约的职能，破坏了控审双方的均衡状态，使法院的裁判权委身于检察权之下，通过依法审判发挥权力制衡机制的功能丧失殆尽。

另外，司法权在中国概念界定的混乱与长期以来政法传统下倡导以

---

①比如，邓小平同志说过，检察机关和司法机关要保持应有的独立性。这里的"司法机关"指的就是人民法院。习近平总书记又认为，在我国，司法机关是包括公安机关、检察机关、审判机关、司法行政机关等在内的，并提出优化司法职权配置，健全公安机关、检察机关、审判机关、司法行政机关各司其职，侦查权、检察权、审判权、执行权相互配合、相互制约的体制机制。

"司法工具论"作为我国司法权的基础理论不无关系：（1）司法是阶级斗争的工具；（2）司法是巩固经济基础的工具；（3）司法是国家利益的工具；（4）司法是贯彻国家政策的工具。[①]"司法工具论"将本应该处于"定分止争、中立裁判"地位的司法权视为一个阶级针对另一个阶级斗争的"刀把子"，将司法看作是在生产资料占据主导地位的统治阶级实现其意志和目的的工具，并不具有独立的本体论价值和意义，那么所有带有司法权功能的权力可能都被广泛地定义为司法权的组成部分。正如童兆洪博士所指出的那样："只要某种国家权力制度的设置，其职能是为了社会秩序的矫正或服务于该职能，并具有司法权所独特的不可诉性，那么，无论这种矫正社会秩序的国家权力如检察权与审判权在表面特征上有何种差异，其实质上仍具有司法权的功能，可纳入司法权。"[②]从工具论的角度定义司法权，把所有与司法相关的权力都纳入其中，所以，在这样的理论指导下，各个刑事司法的参与机关纷纷将自己视为司法机关是有其自身的理论根据而非空穴来风的。

目前学术界无法对此作出一个统一的明晰的回答，这是非常让人失望的。因此，学术界这种模棱两可的司法权主体范围界定现状，给予了司法改革过程中众多主体和部门参与权力分配、利益分享的机会。十几年的司法改革历程却成了各个国家权力部门争权诿责的博弈场，在权力享有上每个部门都希望成为司法权主体，在义务和责任承担上每个部门都试图推给其他部门，在这场旷日持久的博弈与较量中，司法改革中的权力和义务分配就沦为了政治逻辑的产物，在体制内原有的强势的涉法部门（诸如公安系统、国安系统和检察系统）能够运用其众多资源在司法改革中占据有利地位，而体制内原本的权力弱势的涉法部门（诸如法院系统、司法行政系统）就愈发边缘。在各部门利益固化的实然状况下，司法改革一轮比一轮步履维艰。

---

① 胡夏冰：《司法权：性质与构成的分析》，人民法院出版社2003年版，第168页。
② 童兆洪：《民事执行权研究》，法律出版社2004年版，第62页。

二、基本共识：纠纷解决的基本目标

对于司法权这个概念的界定，事实上最重要的是对"司法"这个概念进行界定。日本宪法学家芦部信喜教授认为："所谓司法，一向被认为是指'就具体的争诉，通过适用和宣明法律而进行裁判的国家作用'。如果更加严密地加以定义，则可以说司法是'在当事人之间存在有关具体案件之纠纷的情形下，以当事人提起诉讼为前提，由独立的法院基于其统辖权，通过一定的诉讼程序，为解决纠纷，形成何者为法的判断，保障法的正确适用之作用'。"①芦部信喜教授认为，司法者，法院依法裁判纷争的国家作用也。司法的主体是由法官构成的法院，其使命是依法裁判各种纠纷，其裁判过程的最大特征是严格遵循既定的法律程序和规定，所谓"法官一方面独立于官方命令，另一方面又从属于法律"。②

中国学者对"司法权"这个概念进行了长期的研究和探索，比较有代表性的研究成果主要来自法学理论和诉讼法的学者。与西方学者相似，他们往往先从定义"司法"出发解释司法权。张文显教授认为："司法权则是把法律规范适用于具体案件，以定分止争、定罪量刑、救济权利、修复正义的国家权力。司法权是抽象的、一般的、概括的。"③"这种专门活动以国家名义实现其司法权，属于国家的基本职能之一，在国家全部活动中占有极其重要的地位。司法权既是统一的国家权力体系的组成部分，又是一种相对独立的国家权力。"④陈光中先生将"司法"界定为诉讼，认为"司法是国家解决纠纷、惩罚犯罪的诉

---

①[日]芦部信喜：《宪法（第三版）》，林来梵等译，北京大学出版社2006年版，第293—294页。
②[德]卡尔·施米特：《宪法学说》，刘锋译，上海人民出版社2005年版，第167页。
③张文显：《司法的实践理性》，法律出版社2016年版，第181页。
④张文显、孙妍：《中国特色社会主义司法理论体系初论》，《法制与社会发展》2012年第6期，第3—15页。

讼活动。"①陈瑞华教授认为："司法是与审判有着内在联系的活动，司法权往往被直接称为司法审判权。"②王利明教授认为，司法就狭义而言，是一种裁判活动，即由法院对当事人之间的纷争进行裁判。③汪习根教授甚至认为，尤其在中国的基层司法运作实际中，解决纠纷甚至成为司法过程的"帝王功能"。④黄竹胜教授认为："司法权是一种特殊的权力，它是介于国家权力和社会权力之间的权力。"⑤杨一平教授认为："在现代意义上，司法是指包括基本功能与法院相同的仲裁、调解、行政裁判、司法审查、国际审判等解纷机制在内，以法院为核心并以当事人的合意为基础和以国家强制力为最后保障的、以纠纷解决为基本功能的一种法律活动。"⑥从上文的论述可以看到，中外学者对于司法权理解虽然各有千秋，对司法权的性质、内容、地位等都有不同的定义与理解，但是从他们的叙述中可以得到的共识性结论就是司法权是化解纠纷的一项权力。

三、司法权是判断权

习近平总书记指出："司法活动具有特殊的性质和规律，司法权是对案件事实和法律的判断权和裁判权。"⑦习近平对于司法权是判断权和裁判权的认识是与其将侦查、检察、审判、执行都作为司法活动，将公安机关、检察机关、审判机关、司法行政机关都视为司法机关的认

①陈光中：《中国司法制度的基础理论问题研究》，经济科学出版社2010年版，第4页。
②陈瑞华：《司法权的性质——以刑事司法为范例的分析》，《法学研究》2000年第5期，第30—58页。
③王利明：《司法改革研究》，法律出版社2000年版，第8页。
④汪习根：《司法权论——当代中国司法权运行的目标模式、方法和技巧》，武汉大学出版社2003年版，第243页。
⑤黄竹胜：《司法权新探》，广西师范大学出版社2003年版，第4页。
⑥杨一平：《司法正义论》，法律出版社1999年版，第26页。
⑦习近平：《在中央政法工作会议上的讲话（2014年1月7日）》，中共中央文献研究室：《习近平关于全面依法治国论述摘编》，中央文献出版社2015年版，第102页。

识有关。习近平对司法权的定义将具有判断特征的司法活动都视为司法权行使的表现。孙笑侠、陈瑞华老师早年就从学理的角度充分论证了司法权的判断权性质①，孙笑侠教授指出："司法活动就其本质而言，不是一种管理性的物质力量，而是判断性的精神力量，是一种道义上的力量。简要地说，司法是一种精神活动，只为社会生产道义这种强大的精神力量。"②从本体论而言，司法权是以判断为鲜明特征的国家权力，判断意味着司法权具有独立的思维、独立的意志，判断的前提是法官的主体性，这是以"命令—服从"模式为鲜明特点的行政权所不具备的，行政权的执行不需要独立的思维，甚至反对独立的思维，而仅仅是如同机器一般需要服从命令，行政权执行者的自主性地位极低。马克思早年就提出："法律是普遍的。应当根据法律来确定的案件是个别的。要把个别的现象归结为普遍的现象，就需要判断。判断是件棘手的事情。要执行法律就需要法官。如果法律可以自行运用，那么法官也就是多余的了。"③司法权运行的过程本质上就是一个判断形成的过程，是将复杂的案件事实适用于高度抽象化的法律的过程，是需要用独立自主的意志去推理判断从而形成结论的权力运作方式，因此，司法权作为判断权，其前提是司法权的行使者具有独立意志。

司法权的判断权属性意味着司法权是对矛盾纠纷的一种评价和判断。日本著名学者兼子一教授认为："所谓'裁'是一刀两断地解决，'判'则是作出辨别是非黑白的评价判断。"④这种评价是将纸面上的法律评价的人格化活动，比如我们将犯罪视为刑法对某些不当行为的否定性评价，通过法官对于司法权的运用作出构罪判决，才能真正实现这

---

①孙笑侠：《司法权的本质是判断权——司法权与行政权的十大区别》，《法学》1998年第8期，第34页；陈瑞华：《司法权的性质——以刑事司法为范例的分析》，《法学研究》2000年第5期，第30—58页。
②孙笑侠：《再论司法权是判断权》，信春鹰、李林：《依法治国与司法改革》，中国法制出版社1999年版，第421页。
③[德]马克思、恩格斯：《马克思恩格斯全集（第1卷）》，人民出版社1995年版，第180页。
④[日]兼子一：《裁判法》，有斐阁1956版，第7页。

种判断与评价。汪习根教授认为："司法权是法院享有的，对当事人提请其解决涉及当事人人身权益与财产权益的纠纷作出判断，对法律进行释义并宣告法律是什么的终局性权力。这种权力被赋予法官，以区别于立法权和行政权。"①

司法权是判断权还包括对法律的选择与判断。司法判断是依据法律的判断，司法权作出的判断是法律判断。首先，法律的修改永远落后于世界变化发展的速度，法典一旦形成就落后于生活，法律在制定过程中更是不可能穷尽所有的社会现象对所有可能的存在的矛盾纠纷作出事先规定，在司法权运行的判断过程中，需要法官进行法律推理、法律解释等活动，否则只需要韦伯所言的自动售货机就可以作出判断和评价。其次，法律是抽象的规则，同时也是复杂的体系化的规则，在司法权运行过程中，需要对法律进行判断与选择，需要对每一个法律规则以及法律制度运用的条件进行判断，准确选择所适用的法律。

四、司法权是权威的判断权②

更进一步说，司法权是一种权威的裁判权，是不容再度发起挑战和质疑的终局性国家权力。仅仅将司法权作为判断权的论断，那么会忽略一些特殊性质的同样以判断为主要行使方式的行政权，比如说公安机关的侦查权、行政复议的决定权的行使都是在行使一种判断权，无法精确解释司法权的特殊性和个体性。无论古今中外的司法权形式，即使是古代中国人情社会中的族长和乡绅的化解纠纷权力，之所以具有较好的社会效果和制度效果，使乡民之间的矛盾纠纷很少需要在县衙中解决，是因为在其家族内部或者乡村社会中，族长和乡绅就具有裁断是非的权威，这个权威来自于其通过自身行动积累起来的经验、能力、信誉和名

①汪习根：《司法"异化"的文化反思》，《政法学刊》2008年第1期，第18—22页。
②本章第四部分"司法权是权威的判断权"、第五部分"司法权是终局的、权威的判断权"已整理成论文《司法改革背景下司法权的权威塑造》，发表于《浙江社会科学》2021年第9期，第67—75页、第157页。

声，在于以此基础上民众发自内心的对权威的认可，从而基本不会对其裁决、判断再度发起挑战。但是，在现代社会，由于人们在社会当中存在方式日益原子化，原来乡村社会家族化的机械连带瓦解，有机连带成为了人与人之间新的关系连接方式①。人与人之间的亲情、血缘关系越发疏远，需要更具权威公正中立的第三者来确认权利、调节纠纷。在这样的背景下，布莱克认为，裁判者与双方当事人之间的关系距离越远权威越高，"例如，在原始部落社会中，因充当第三方的人与每个人都相识，其判决的权威性远远低于现代社会，因为在现代社会中第三方与当事人通常是陌生人。"②所以说，司法权是维系社会正义的最后一道关口，是其他解纷方式和权利救济手段穷尽后的最后方式，必须是最为权威的一锤定音的国家权力，没有这样的权威，就无法称之为现代国家的司法权。周世中教授认为："司法权是一种借助权威性来实现权力意志的权力，它的这种权威性，既不是个人的权威，也不是一种强制性权威，而是一种合法性权威，或者说法律权威。正是通过司法权威所产生的力量来形成司法者与权力对象之间的命令与服从关系，并通过法律权威才促使权力对象接受权力意志。"③

司法权为何需要成为权威以及司法权威的意义问题是需要认真回答的，这要从权威在政治、社会权力当中的意义出发。托克维尔认为，权威是秩序的最大保护者④。林德布洛姆在谈及权威的稳定性时说："因为与说服和交换不同，权威是这样一种控制方法，它常常以极简单的方式运作。有时候甚至一个字也不需要；在权威关系中，一个驯服的人懂

---

① "机械连带"和"有机连带"这两个概念主要来自迪尔凯姆的社会团结理论。参见[法]迪尔凯姆：《社会分工论》，渠敬东译，生活·读书·新知三联书店2000年版。

② [美]唐纳德·布莱克：《司法社会学导论》，《外国法译评》1996年第2期，第47页。

③ 周世中：《司法改革与司法基础的重建》，黄竹胜：《司法权新探》，"序言"，广西师范大学出版社2003年版，第17页。

④ [法]托克维尔：《论美国的民主（上卷）》，董果良译，商务印书馆1991年版，第305页。

得需要他干什么，不需要他干什么。"①权威观的最早形式表现为对由神定或神授的规则的信奉。人们为什么会心甘情愿地服从权威的控制？这首先是因为社会生活中存在着对权威的需求②。人们之所以服从某个权威，是"因为他们笃信，某个人最了解怎样做——比如说，某人最了解何时根据季节播种。"③其次，是感到自己在能力上和权威的巨大差距，从而产生对它的信任和崇拜。再次，人们在长期的群体生活中所产生的对于群体的依赖性必然要以对权威的依赖这种形式表现出来，使人们感到只有把自己的命运、希望、要求寄托给权威，才能得到心理上的安全感和满足感。④从上文分析可以看出，权威是一种知识上的优越地位，是知识权威。归根结底，权威的产生基于一种人们在行动中的最为经济理性的行为方式，服从权威在某种意义上是自己认为最为节约成本的行动策略。根据权威的产生方式和权威的特点，笔者将司法权威分为强制型权威与技术型权威两种类型。

（一）强制型权威——司法强制力

司法权作为一种权威的判断权，国家权威在其背后提供强制力保障而赋予其权威。司法的权威性最终应该来源于宪法和法律的权威性，但处于社会转型时期的中国司法往往具有高度的政治性。中国司法在承担"落实国家政策、明确立法目标、界定公共价值"等职能上，则呈现出鲜明的政治性特征⑤，"法律必须服从政治的需要，政治也要借助于法律的技术"⑥。司法权与仲裁权、调解、ADR（非诉讼纠纷解决程序）

---

①[美]林德布洛姆：《政治与市场：世界的政治——经济制度》，王逸舟译，上海三联书店、上海人民出版社1995年版，第20—21页。

②[美]罗斯科·庞德：《法律史解释》，曹玉堂、杨知译，华夏出版社1989年版，第2页。

③[美]林德布洛姆：《政治与市场：世界的政治——经济制度》，王逸舟译，上海三联书店、上海人民出版社1995年版，第20页。

④李景鹏：《权力政治学》，黑龙江教育出版社1995年版，第101页。

⑤王国龙：《从难办案件透视当下中国司法权的运行逻辑》，《法学》2013年第7期，第83—94页。

⑥强世功：《法制与治理：国家转型中的法律》，中国政法大学出版社2003年版，第123页。

等其他化解社会纠纷的方式不同之处在于，司法权是国家公权力，是由国家强制保障执行的。虽然绝大多数的矛盾纠纷最终没有涌入狭义的司法权的运作当中，但是一旦选择了启动司法权作为矛盾纠纷解决方式就意味着默认了司法场域的基本游戏规则，并应当承受通过司法程序的裁判结果。在司法裁判这个领域里，司法是没有柔性与弹性，而是锱铢必较的规则运用，拥有不容挑战的绝对权威。诚如耶林所认为的那样：没有强力支撑的法律命题是自相矛盾的，是无焰的火，不亮的灯。而诉诸历史，我们会看到迄今为止，法律对社会的作用一直不可缺少政治组织力量的支撑。因为"一个法律制度，如果没有可强制实施的惩罚手段，就会被证明无力限制非合作的、反社会的和犯罪等因素，从而就不能实现其在社会中维持秩序与正义的基本职能。这就解释了为什么所有成熟的与高度发达的法律制度试图通过将强制性的国家机器置于执法机构和官员的支配之下以使法律得到最大限度的服从"①。司法权、仲裁权、调解权等此类解决矛盾纠纷的判断权的相同之处在于其判断行为的描述上，本质的不同在于是否有权威保障。仲裁结果、调解协议的达成都体现了高效的纠纷解决方式，是双方认同选择的程序，一般都会接受结果，但也可能因为某一方的拒不执行而难以实现其程序运行的目标，最终有可能仍然要诉诸司法权通过司法程序才能保障权利实现。一旦矛盾一方启动了司法程序，对方的应诉就不是自身可以选择参加的程序，而是国家权威通过司法程序对其强制要求，否则其必然承担程序上和实体上的不利后果。从司法的强制性角度来讲，"司法在形式上和实际上具有'行政管理'的性质，并像后者那样行事，没有固定的形式和期限，根据适当性和公正的观点，由统治者干脆告知或命令下属"②。在这样的权力结构和司法运作环境中，司法的公信力在很大程度上来源于

---

① [美]弗里德曼：《法律制度》，李琼英等译，中国政法大学出版社1994年版，第334页。

② [德]马克斯·韦伯：《经济与社会（下）》，林荣远译，商务印书馆1997年版，第107页。

压制性法律的强制力和威慑力，缺少独立人格对司法的认知和认同。[①]对于司法权运行结果的判决文书，国家作为主权者可以保障任何一个在国家主权范围内的法院作出裁判的法律文书可以在这个国家的任何地方作为强制执行的法律依据。孟德斯鸠在考察英格兰政制后，提出"虽然法院不应固定，判决却应该固定，以使判决书永远是一纸精确的法律条文"[②]。

司法权威是司法权长期运行而在民众心目中塑造的心理状态。司法权威需要司法权——作为强制力的权力保障，司法权力与政治权力有着天然的关系。比如在季金华教授看来："法律的权威还体现在法院判决通过合法的强制手段付诸执行的事实之上。因此，法院的判决不仅仅是依法作出的正义宣告；如果失利一方未能自觉履行判决，政府官员可以强制执行。"[③]但是司法权威的塑造不仅仅来自于司法强制力。曾几何时，在司法工具论的影响下，我们简单地认为司法权威仅仅来源于国家权力。童兆洪认为："任何一项国家权力都有强制性，司法权亦不例外。司法权的这种强制性即体现为司法强制执行权。审判权体现为强制判断权，即法院依职权对争议依法作出判断，当事人必须接受和服从生效裁判。司法裁判的强制性效力则是通过执行权实现。因此，执行权是司法权强制性的集中体现，司法权没有执行权就不能体现其强制性，也不能被称为一项完整的国家权力。"[④]在其看来，司法权的权威来自于作为国家权力的强制性。过分强调司法权的国家强制力属性就会导向司法工具论，司法工具论的极端表现就是将司法权视为"刀把子"。将司法权定位为"刀把子"起码是对司法权行为特征认知的错误。"刀把子"和行为特征是行动而不是讲理。"刀把子"理论把司法权定位于一

[①]关玫：《司法公信力研究》，人民法院出版社2008年版。
[②][法]孟德斯鸠：《论法的精神（上）》，许明龙译，商务印书馆2014年版，第188页。
[③]季金华：《司法权威的结构解析》，《学习与探索》2002年第5期，第38—42页。
[④]童兆洪：《司法权概念解读及功能探析》，《中共中央党校学报》2004年第2期，第84—90页。

个阶级统治另一个阶级的工具是欠妥当的。因为"刀把子"论将司法认定为一种单向度目的指向的暴力行动，忽视了司法权是居中裁判的中立第三方，另外，过分描述司法权强制性行动的学说与司法权的说理性质也并不符合。司法权威的建构过程实际上是一个对司法主体、司法过程、司法结果进行文化定位、文化认同和文化支持的活动，[①]司法权威是一个综合复杂的表现样态，不是仅仅用强制力这样简单的概念可以解释的，因此，司法权威需要技术型权威的构筑。

（二）技术型权威——说理裁判

技术型司法的权威乃是一种拥有自主性的司法权威。司法权的技术型权威是对过分强调的司法权强制性权威理论的补充和矫正，技术性权威论强调了司法权威不仅仅因为强制，更因为其司法技艺带来的心理认同，是一种社会的内心信念。汪习根教授指出："司法权威是司法的外在强制力与内在说服力达到了高度一致而被同化为社会的内心信念的产物。"[②]司法权力和司法权威必须有效地结合起来，没有司法权力的司法权威只能是空中楼阁，没有司法权威的司法权力则是强权，司法权力无法代替司法权威，司法强制力只是司法权力的一种表现形式。一旦司法主要不是依靠权威而是通过权力来强制推行，司法就成了暴力，招致的只能是反抗。"当人们知道这些原则和规则将被一视同仁地适用于所有的人身上时，他们就情愿使自己的要求服从于这些原则和规则，这样做是符合人类尊严的。反之，如果他们被掌握着有组织社会的权力的人在没有法规的情况下，把每一件事情都当作一个特殊问题来处理，对他们任意加以践踏，他们是要坚决反抗的。因此，只有使司法从权力走向权威，才能长久地维持司法权力的存在。"[③]

司法权威不仅仅源于人人遵守的宪法与法律规范，它更有法官裁判

①季金华：《司法权威的文化建构机理》，《法律科学》2013年第6期，第3—12页。
②汪习根：《司法权论——当代中国司法权运行的目标模式、方法和技巧》，武汉大学出版社2003年版，第10页。
③[美]罗斯科·庞德：《通过法律的社会控制》，沈宗灵等译，商务印书馆1984年版，第77页。

客观公正、值得信赖这样的心理信念基础。如果说权威与权力之间不可能互无关联，那司法权威中的权力也仅仅体现在唯有掌握司法权的法官享有裁判权——一种最终的判断权。由法官来掌握行使司法权，是人类在长期历史进步中的共同选择。在司法权运行当中，法官就是法律的运用者，其确认保护的都是法律权利，附加的都是法律义务与法律责任。有学者认为，"法官裁决实际上是私人物品，因为它只对当事双方的利益产生直接影响。只因执行裁决需要强制，所以法庭才成为政府的一部分，否则它可以成为私人企业。"①但是，如果将权威仅仅寄希望于强制，那么其权威已经可能难以长久维系。正如刘军宁先生所言："一旦权威主体动用物理的强制手段来获得服从，这就意味着他的权威开始崩溃。"②通过实证研究发现，从定分止争的实践效果上看，由国家强制行使的司法权在效果的意义上并不比私人裁判有明显的区别，中世纪在地中海沿岸的商人所运用的商法基本上是靠社会同等阶层的力量合作执行，反而更加高效有利于商事活动，符合商法的效率要求。

因此，在贺日开教授看来，"当依靠国家权力建立了司法的权威后，为持久地维系司法权威，国家权力应当远离司法，使司法不再具有权力属性，成为权威裁判"③。司法权在其权能上就并非以其强制作为特征，而恰恰是其非强制的特点塑造了司法权威。正如卢梭曾经指出的："即使是最强者也决不会强得足以永远做主人，除非他把自己的强力转化为权利，把服从转化为义务。"④从卢梭的论断中可以看出，司法权威的构建并不在于司法所依托的强力，而在于司法过程中体现的对权利的维护，从而赢得了民众内心的安全感与满足感，压力型的社会控制方式是不可能长久有效的。因此，塞尔兹尼克、诺内特等提出了从压

①盛洪：《现代制度经济学（下）》，中国发展出版社2009年版，第194页。
②刘军宁：《权力现象》，香港商务印书馆有限公司1991年版，第95页。
③贺日开：《司法改革：从权力走向权威——兼谈对司法本质的认识》，《法律科学》1999年第4期，第30页。
④[法]卢梭：《社会契约论》，何兆武译，红旗出版社1997年版，第19页。

制型—自治型—回应型的法律发展进路①，西方国家的法律发展与国家社会的权力关系的博弈也在让法律"活"起来的司法体系与司法过程中体现，自治型的国家社会关系为司法摆脱纯粹的压制性权威结构提供了基本的土壤。正如季金华教授所言，建立在自治型法律基础之上的司法体系也就相应地成为现代西方社会中具有普遍性、自治性的社会结构体系，能够有效地承担起控制国家权力、保护人权的重要职责，进而确立为政治国家与市民社会沟通、平衡的权威机制②。

司法权的技术型权威的支点就在于其在说理裁判过程中展现的逻辑的力量而非力量的逻辑，罗素在《知识论》里就提出，司法权乃是一种"知识的权力"，而非汪习根所说的那种"屠夫对羔羊、侵略军对被征服民族、警察对被发现的阴谋集团"的"赤裸权力"③。在著名的"马伯里诉麦迪逊"案，马歇尔宣告和确立了美国违宪审查制度的基本原则：联邦最高法院在宪法和法律阐释体系中具有至高无上的权威地位，其有权审议和解释美国的所有法律，有权以联邦以及各州的法律违反宪法为由而宣布其无效。④包括2000年的"布什诉戈尔案"，几乎没有任何武装力量的联邦最高法院通过解释宪法和说理裁判判决美国总统——行政首脑地位的归属，并且胜败皆服。这一定不是通过暴力和强制，而在于联邦最高法院有理有据的裁判。帕特森曾有这样的论述："对所有支持和反对这种审慎的解决方法的论点进行仔细而认真的思考，乃是这一过程的重要部分。如果最终得出的结论不只是基于个别依据而且还得到了诸多理由所具有的集合力量的支持，那么它的合理性和说服力通常

---

①[美]诺内特、塞尔兹尼克：《转型中的法律与社会：迈向回应型法》，张志铭译，中国政法大学出版社1994年版。

②季金华：《司法公信力的意义阐释》，《法学论坛》2012年第5期，第12—18页。

③汪习根：《司法权论——当代中国司法权运行的目标模式、方法和技巧》，武汉大学出版社2003年版，第270页。

④郑成良、王一：《司法能动的格义与反思》，《吉林大学社会科学学报》2012年第2期，第34—45页、第159页。

就会得到增强。"①法官的职业化要求法官的职业特殊性即在于其说理的技能，这一技能决定了法官这个职业的特殊性，仅从国家强制力意义上去理解司法权仅仅提取了司法权与其他国家权力都是国家强制权力这个公约数罢了，这与1949年以来长期以"干警"称呼司法官员，以警服、警帽等警用装备来武装法官具有类似的原理。而国家各个公权力分支中，每个权力分支都有其权力行使的特定技艺，法院行使的司法权的特点在于其裁判说理的技能，仅仅以国家强制权力无法突出司法权的特征。陈端洪认为："司法的本质是理性，法律推理是一种理性过程，裁决者不能有利益、感情牵涉，中立是最基本的要求。"②法治的特点体现在其形式理性的一面，即司法裁判的过程是一个由大前提到小前提推演出来的逻辑过程，是把案件事实与法律规则结合起来说理裁判的过程。法治在某种意义上是规则主义，也是规则之治。司法权不过是推行法律理性的一种手段，司法权不能够直接地借助暴力、武力对人进行强制来实现其意志，而是一种通过说理、说服的方式来赢得权力对象对裁判结论的接受。严谨的逻辑展现的力量在历史长河中的稳定性远远高于一时的暴力和强制力。

司法权在说理裁判与推理论证过程主要包括两种方式：（1）法律解释。在形式主义的法学观下，司法被描述为一个从大前提（法律）到小前提（个案事实）到法律结论的三段论式的确定的推理过程。其典型的是概念主义法学或潘特克登法学。菲特丽丝曾指出："事实上，法官总是无法从一般规则中机械地演绎出裁决。他们必须解释法律规则，并在相互冲突的解释中作出选择。为了使最终裁决能被接受，他们不得不阐明其解释：即必须证立那种关涉法律规则解释的判决。"③法律解释是当法律语义模糊、不明确或者按照法律语词的表面意思将

---

①[美]丹尼斯·帕特森：《法律与真理》，陈锐译，中国法制出版社2007年版，第204页。

②陈端洪：《司法与民主：中国司法民主化及其批判》，《中外法学》1998年第4期，第34—44页。

③[荷]菲特丽丝：《法律论证原理》，张其山等译，商务印书馆2005年版，第2页。

会得出"荒唐"的结论时，运用法律解释学方法并按照一定的解释学顺序，探究语词射程范围内的含义。由于法律规定总是拥有"意思固定的核心地带"以及适用性可争议的"阴影地带"①。法律解释的内容和方式可以包括文义解释、体系解释（扩张、限缩、反对和当然解释）、法意解释、目的解释和合宪解释，解释方法的相关理论具体不再详细论述。但是，法律解释是一种法律权威的塑造方式，因为"只有在被社会公众所接受的司法结构中被解释和应用，法律才能得到尊重——即使短期内未必总是如此，时间久了则必然如此。"②同时，法律解释方法的合理运用，尤其是围绕"法理"所包含的深刻内涵的研究，可以对于机械运用法律所带来明显不正义进行合理而有效的弥补，平衡好法律所追求的规则正义与实体公正的关系，正如丹宁勋爵所言："在明显的不公正面前，法官们是无能为力的、没有资格的和不该有所建树的，这对本法院不适用……不管对法律进行严格的解释在什么时候造成了荒谬和不公正的情况，法官们可以、也应该以他们的善意去弥补它，如果需要，就在法律的文句中加进公正的解释，去做国会本来会做的事，想到他们本来要想到的情况。"③西方反法律形式主义的法学由于种种原因直到晚近才对中国法学产生实质影响。（2）法律续造。法律续造是建立在法律漏洞不可避免的出现这个大前提下。法律具有解决纠纷最后一道屏障的天然属性，要求法官不得拒绝裁判，法官续造法律、填补漏洞以裁判当下案件成为职业的必然要求。在面临法律漏洞时，法官并不是在"造"法——凭空地创制规则——而不过是"发现"法律。正如卡多佐大法官所言："司法过程的最高境界并不是发现法律，而是创造法律。在这里，一些曾经为自己时代服务过的原则死亡了，而一些新的原则诞

---

①[英]H. L. A.哈特：《法律的概念》，许家馨、李冠宜译，法律出版社2011年版，第123页。

②[美]亨利·J.亚伯拉罕：《司法的过程：美国、英国和法国法院评介》，泮伟江等译，北京大学出版社2009年版，第1页。

③[英]丹宁勋爵：《法律的训诫》，杨百揆等译，法律出版社1999年版，第18—19页。

生了。"①现代国家的法律适用，已经不是简单的三段论的逻辑推演，而是一个复杂的规范运用的过程，尤其是真正称得上疑难案件的案例，对于法律发现的需求更加凸显。正如德国诉讼法学家鲁道夫·瓦瑟尔曼（Rudolf Wassermann）所言："我们现在都知道，不可能将法官的裁判行为降低为将规范套用到事实上的逻辑的工作程序。法律适用的过程同时也就是修订法律和创制法律的过程，它虽然与立法在职能上和级别上存在差异，但是在本质上是相同的。"法官在认定和补充漏洞时需要受到重重限制：首先，法律续造，是依据"法理"来进行填补，法理是指法律之一般原理，亦即自法律根本精神演绎而得来的法律一般的原则，②法官从现行立法的评价和调整目的出发，法官依旧只是服务于立法的仆人；其次，法官需要对认定和补充漏洞进行充分的论证，此时的论证义务将需要"更强理由"；最后，法官在案件裁判中运用漏洞填补技术，仅具有个案效力，尤其是在大陆法系国家，此次漏洞填补对今后案件仅具有参考作用，而非"法律化"。

以理服人是司法权运行的特征之一，通过正当性论证是司法权发生作用的基本手段，司法权正是通过自身的理性建构和实践理性行为来展现自己的权威性和有效性，以它自身的权力来源合法性、组织方式的合理性、运作方式的说理性来发挥出权力的能量③。"法官在裁决案件时，不能听命于指令。他似乎处于金字塔的顶端，只服从法律和自己的良心。由此看来，法官独立几乎被认为是一种主权。他的地位是主权机构的地位，他像议会成员，'不受命令'地行使自己的权力。"④正是司法的介入将不同权力的冲突由实力的较量转化为说理，转化为法律问题，以保障权力的正常运作，防止权力的暴力化倾向以及不同权

---

① [美]本杰明·卡多佐：《司法过程的性质》，苏力译，商务印书馆1998年版，第105页。
② 杨仁寿：《法学方法论》，中国政法大学出版社2012年版，第192页。
③ 周世中：《司法改革与司法基础的重建》，黄竹胜：《司法权新探》，"序言"，广西师范大学出版社2003年版，第17页。
④ [意]皮罗·克拉玛德雷：《程序与民主》，翟小波、刘刚译，高等教育出版社2005年版，第22页。

力间的暴力冲突。[①]卢梭曾有言：司法是社会中"将力量化为正义，将服从化为责任"的结构。在中国古代，类似现代司法官的角色被称为"推事""判官"或者人们称包拯等官员裁判案件的行为为"断案"，突出的是"断"这个行为，"一断于法"，近似于现代汉语中的"判断""决断"等意思，在生活用语中"断一断"的用法包含了思考、定夺等含义，而在行政兼理司法的体制下，官员的其他诸如征税、兴修水利等行为都不能称为"断案"，一个"断"字非常形象地说明了对于案件的裁判。

（三）司法权威是通过法院审判实现的权威

司法权的权威在于对既定法律秩序的确定和维系，在于特定时间节点下的相对正确，是以法律真实代替事实真相为基础作出的尽力平衡公正与效率等价值的裁判。如同足球、篮球等比赛中的裁判权一样，其结果是无论如何不能更改，即使出现了误判，也是司法权的权威必须包容的误判，否则比赛将会被随时中止，失去了其本身的目的。裁判的结果就是即时生效。我们无法容忍比赛（法庭）场地之外对比赛内容和结果作出的决定，即使是所谓拥有更高权力的委员会。如果可以容许这样的对案件的判决，那么比赛（庭审）的过程将了然无趣，也失去了其比赛（庭审）本身的意义，法官运用司法权裁判的权威荡然无存。我们毋宁将所有精力放在如何向委员会申诉上，通过申诉由场外的博弈决定最后的结果。按照舒国滢教授的理解，司法权是一种剧场化演绎的权力，是在法官主持下特定的类似剧场的法庭上各司其职每个司法活动参与者扮演好不同角色的演出。[②]但是，当下的司法权问题在于本应该剧场化的庭审过程的走过场化，庭审现场的控辩交锋与举证质证事实上无法成为形成司法裁判的决定性因素。在刑事司法中，根据陈瑞华教授的研究，刑事司法权的运作仍然没有摆脱案卷笔录中心主义的裁判方式，即主要

---

①周永坤：《司法权的性质与司法改革战略》，《金陵法律评论》2003年第2期，第35—42页。
②舒国滢：《从司法的广场化到司法的剧场化——一个符号学的视角》，《政法论坛》1999年第3期，第12—19页。

在于对公安机关、检察机关提交的案卷、笔录等相关证据的书面审查，证人证言也绝大多数都不是出庭作证而是事前书面取证，而忽视了庭审现场的质证和对犯罪嫌疑人、证人的询问。[①]其背后的逻辑就是案卷笔录的制定者（也就是侦查机关）由案件侦查活动开始就从根本上决定了裁判结果，法院的司法裁判权事实上旁落到了侦查机关手里，裁判权被侦查权所牵制和引领，本来应该制衡、审查行政权的司法权最终成为了侦查权实现其侦查执法活动的注脚，这也是为何在中国的刑事司法中的无罪判决所占比例如此之低，是我们的侦查机关的侦查技术能力远远超越其他国家吗？显然不是。除了刑事诉讼参与机关之间互相满足绩效考核的需要外，根本上是因为在现有的庭审方式下，司法权的行使者——法官根本无法主导整个司法程序，毋宁说独立行使自由裁量权。一旦遇到稍微重大的案件，或者涉及同朝为官的职务犯罪案件，因为案件背后错综复杂的外界干涉，绝大多数案件都是选择择日而非当庭宣判，决定案件裁判结果的绝非庭审当中质证的证据，而是庭审过程之外的其他因素，否则，一个经验充足、能力胜任审判长的法官完全有能力保证其能够做出当庭宣判。

庭审的实质化体现了司法权作为一种通过说理而形成的判断权的本质要求，庭审现场是控辩双方质证辩护的场域，双方为法庭呈现出精心准备的证据而论证依据，控辩双方的辩护行为也是站在各自立场的说理论证行为，法官必须平等且认真听取作出裁判。不同的是，司法权却是要在说理之后还要作出判断。法官裁判的素材本身理应来自庭审现场这个场域，法官以庭审取得的相应证据作为说理论证进而作出最后判决的依据，能够防止控辩双方事后无休止地通过各种形式向法官提供证据——即说理素材，使裁判的依据是可视的，控辩双方能够提前作出判断，从而最大限度地能够接受判决，促使控辩双方能够胜败皆服。正如有学者所言"有证举在法庭，有理讲在法庭，事实查清在法庭，是非责

[①]陈瑞华：《案卷笔录中心主义——对中国刑事审判方式的重新考察》，《法学研究》2006年第4期，第63—79页。

任分清在法庭，让当事人输得明明白白，赢得堂堂正正"[①]。可以说，正义不是一种隐居的美德。

因此，司法权要做到真正的独立、中立、终局，庭审实质化的制度安排是其体现形式，当庭审能够成为决定案件结果而非庭审以外的力量时，司法权才真正实现了其定分止争的终局性裁判职能。"司法公正是司法的生命，司法者的独立程度决定着司法者与法律的接近程度。设立法庭的目的就是创造一个与社会保持适度距离的隔离空间，相对隔离各种公共权力、社会势力、社会情绪对法官的指令、干扰和影响。"司法过程既是法律规则和原则权威的宣示和展开过程，也是法律公信力实现过程和司法公信力的确立过程。[②]法官主导下的庭审实质化的推进，需要以下几个方面的努力：（1）庭前会议的实质化，发挥其应有的控辩律之间的协商程序作用；（2）赋予法院对刑事案件审查起诉的权力，对不符合条件的案件可以驳回；（3）庭审证据的去书面化，尽量呈现原始的证据而非书面化后的证据，对公安、检察机关移交的证据交叉质证；（4）保障律师的辩护权，具有专业知识和法律技能的律师参与的庭审和控辩交叉质证，才能有效制衡检察权，让法官在庭审中能够作为不偏不倚的第三方作出公正裁判；（5）对择日宣判的案件进行制度化、精细化地限制范围，只有符合特定条件的案件才能择日宣判，防止择日宣判成为其他权力干涉司法、让案件存在迂回反转、乾坤挪移的时间差。

五、司法权是终局的、权威的判断权

司法权是一项终局性的权力，尤其在矛盾纠纷的解决上是进行终局裁判。法谚有云："裁决一经作出，法官即停止作为法官。"郑永流教授指出："法律判断是应用法律所产生的具有约束力的结论性判断，它最终表现为法院判决和裁定、公安机关和检察院的法律决定、行政决

[①]王怀安：《论审判方式的改革》，人民法院出版社1995年版，第38页。
[②]季金华：《司法公信力的意义阐释》，《法学论坛》2012年第5期，第12—18页。

定、行政处罚决定、行政复议决定、仲裁裁决，在应用法律的不同阶段，也不停地发生着判断问题，如对事实的判断，选择何种规范的判断。"①判断行为可以发生在司法活动过程的各个角落，但只有终局性的判断权才能被称为司法权。司法权作为终局性的判断权，是国家公权力当中最后的一道权力关卡，不允许其他权力对于司法权作出的裁判再度发起质疑和挑战。司法裁判是矛盾纠纷的最终结点，对于社会具有重大意义，诚如信春鹰教授所言："一个社会需要独立而强有力的司法机构的理由是，承认人们无法达到终极真理，在利益冲突的情况下又不能说服对方服从自己的权利主张，因此必须服从规则。赋予法院社会纠纷最终裁决人地位的目的是使规则能够实行。而现在在各个权力部门的交叉作用下，司法机关不可能成为社会纠纷的最终裁决人。其结果是沉重的，当看到诉诸法院的案件成为权力的角斗场时，当看到不同的利益集团都把法院作为实现自己利益的工具时，当看到法院的判决在利益面前成为一纸空文时，我们清楚地意识到，因为没有一个独立的和强有力的司法权力，我们的社会正在无谓地支付经济、政治和道德代价。"②

　　司法的终局性不但是由其裁判权的本质属性所决定的，也是树立法治信仰的一个必要条件。从司法权本质属性来说，司法是诉讼中以终结案件为目的的一系列裁判活动，正是这一系列的裁判行为及裁判结果导致了案件的最终解决。③司法权的终局性包括两个方面：第一，司法权是有确定的最高审级以终结案件；第二，司法权作出的裁判是定分止争的最后方式，绝不允许其他任何权力对司法裁判确定的结果轻易挑战与改变。虽然司法权在实践当中，由于任何司法权的行使主体——法官都是有限理性的生物上的人而非机器，难以避免出现判断上的偶然失误（事实上这是人类活动的规律），但对于其错误的避免和修正只能通过司法权内部运行的方式，比如审级制度的合理设置是修正裁判错误

---

①郑永流：《法律判断形成的模式》，《法学研究》2004年第1期，第140—149页。
②信春鹰：《中国需要什么样的司法权力？》，《环球法律评论》2002年第1期，第59—70页。
③石茂生：《司法及司法权含义之探讨》，《河北法学》2012年第2期，第18—25页。

的有效手段，并且审级制度无论如何设置最终都依然是由司法权运行过程中内部纠错的方式实现，对外仍然是司法权作出的权威判决，当然，基于司法效率和"迟来的正义非正义"等司法价值的要求和司法成本、司法资源的客观条件限制，审级的设置也是要根据国情、民情和民众正义心理来科学合理设置而非照搬照抄他国的具体制度安排。没有高效率实施的法律是无法赢得社会和民众的认可的。霍华德律师曾痛陈道："公众对司法的信任并不是建立在设立赔偿额上限或者是对被诉概率的更好理解之上的。信任只能建立在司法机关将诉讼控制在合理边界内所做的不懈努力。"[①]霍华德所呼吁的"司法合理边界"当然包括法院为守护判决既判力而坚持将诉讼控制在有限的审理次数之内。贺日开教授认为司法终局性应当包括以下内容："第一，法院应对所有司法性质的争议享有最后的管辖权。第二，法院拥有决定某项争议是否由其主管的排他性解释权力。第三，法院对提交到法院解决的案件，无论是基于直接管辖权的案件，还是基于司法审查之管辖权的案件，都享有最终裁判权。"[②]贺日开教授理解的司法终局性意味着法院是司法权行使的唯一机关，进入法院的案件纠纷当且只能在法院解决。并且，要务必谨防在制度设计当中给其他国家权力对司法权作出的生效判决再次启动相关程序的缺口，这个缺口一旦被打开，司法权的权威大堤必然是全面溃坝，伴随而来的是司法权对其他权力的妥协而最终被其他强势的国家权力所俘获，这是因为司法权在国家权力体系中处于非常羸弱的判断权的位置，"司法部门既无军权、又无财权，不能支配社会的力量与财富，不能采取任何主动的行动。故可正确断言：司法部门既无强制、又无意志，而只有判断；而且为实施其判断亦需借助于行政部门的力量。"[③]但司法权的弱势主要在于其能够直接掌握和调动的社会资源比如军队、

---

①[美]菲利普·K.霍华德：《无法生活——将美国人民从法律丛林中解放出来》，林彦、杨珍译，法律出版社2011年版，第100页。
②贺日开：《论司法的终局性》，《岳麓法律评论》2003年第1期，第253—260页。
③[美]汉密尔顿、杰伊、麦迪逊：《联邦党人文集》，程逢如译，商务印书馆1980年版，第191页。

警察、税收等都不如立法权和行政权，因此在实际权力的对比中必然处于下风。如果其他权力可以任性挑战司法权的终局性权威，司法权无论在资源和精力上都无法与其消磨，司法权与其他权力是打不起"消耗战"的，司法权的特点就在速战速决、一锤定音，否则永远无法"定"分和"止"争。

（一）司法权的终局性与审级设置

司法审级设置上的确定性是司法终局性的必要条件。审级设置首先是为了纠错，其次是为了终结裁判。大多数人认为审级越高以及设置更多的审级设置是提高裁判准确率的一种方式，审级越高裁判的正确率越高。在审级当中，必须明确的是，审级越高只是代表最终裁判权的权威，并不代表法官的司法技艺更高和审判的正确率更高。审级设置的目的是制约法官的权力，增加当事人权利救济的途径。美国的司法实践证明："至于初审法官与上诉法院的法官之差别，你是不能从他们个人素质上加以区别的，唯一的差别是上诉法院有终身权，这并不是说法官本人更优秀，仅仅是因为我们有一锤定音的权力，如此而已。"[1]爱德华兹指出："当事人到法院是为了解决争议，如果作出判决后当事人可以置之不理，就同样的争议一诉再诉，那么判决就毫无解决争议的价值。进一步讲，如果同一请求经过反复诉讼获得各不相同的结果，那么通常也没有理由相信第二次、第三次判决就一定比第一次判决更准确。"[2]"不管经历几审，法官对案件事实的认识始终都是主观有限的……多一级法院只是增加了一层行政级别而已。"[3]从上述中美法学家的论述中可以得出共通的结论，就是他们一致认为，上一级的司法审级并不一定比下一级司法审级能够更加准确地裁判案件，司法审级的增

---

[1]这是美国哥伦比亚特区联邦巡回上诉法院首席法官海利·爱德华兹曾经说过的一段话。宋冰：《程序、正义与现代化——外国法学家在华演讲录》，中国政法大学出版社1998年版，第272页。

[2]宋冰：《程序、正义与现代化——外国法学家在华演讲录》，中国政法大学出版社1998年版，第250页。

[3]傅郁林：《审级制度的建构原理——从民事程序视角的比较分析》，《中国社会科学》2002年第4期，第84—99页。

加并不必然带来裁判正确率的提高。

回到司法权定分止争的本性，司法权产生的目的在于以一种相对公正的方式有效化解纷争，确定权利义务关系，并且是在其他化解纠纷的方式已经无力解决的时候。一个社会的进步发展不可能停滞于无休止的纠纷解决上，司法权如果可以因为诉求被反复诉请，司法权存续的意义就不复存在。人类社会资源的稀缺性要求在制度设计时充分考虑权力行使中消耗的资源的其他用途——机会成本。司法权是在根本上以权利为核心，但是，权利是有成本的，桑斯坦有言："认真地对待权利意味着认真地对待稀缺……在现实中，权利就是可以向其他人行使的法律权利，权利总是可能被滥用；为了防止导致错误的结果，权利必须受到限制。"[①]司法权是人类理性设计的一种经济实用的纠纷化解方式，关于司法权的制度设计必须考量社会成本，从制度整体功能上看，司法权运行必须符合经济效率原则，而司法权的终局性以及合理的审级制度的设计，就是司法权的经济原则的重要体现。爱德华兹在批评中国的司法判决缺乏终局性时精辟地指出过："首先也是最重要的一点是，司法制度的最重要宗旨之一是解决矛盾。如果一个解决方案可以没有时间限制并可以不同理由反复上诉和修改，那就阻碍了矛盾的解决。如果败诉方相信他们可以在另一个地方或另一级法院再次提起诉讼，他们就永远不会尊重法院的判决，并顽固地拒绝执行对其不利的判决。无休止的诉讼反映并更刺激了对法院决定的不尊重，从而严重削弱了法院体系的效率。"[②]因此，司法权如果没有终局性，法院作出的裁判文书可以被反复起诉，法院就不再成为法院，司法权也失去了特有的属性。

（二）司法权终局性的经济分析

司法权的终局性是经济理性的产物，司法制度中的审级设置也是基于司法权运行成本的经济考量。著名法官波斯纳运用其成熟的经济学

---

① [美]史蒂芬·霍尔姆斯、凯斯·R.桑斯坦：《权利的成本：为什么自由依赖于税？》，毕竟悦译，北京大学出版社2011年版，第65—71页。
② 宋冰编：《程序、正义与现代化——外国法学家在华演讲录》，中国政法大学出版社1998年版，第3页。

理论分析了审级制度："法院不允许（已决案件）的相同当事人之间再就相同的权利主张提起诉讼，这可能是令人惊讶的……其答案是，再诉是需要成本的，但由于我们无法决定前后矛盾的一系列结果（A诉B，结果败诉；A再诉B，结果胜诉；为此B又再诉A以补偿对A的赔偿，结果B又胜诉；依此无穷）何者为正确，所以减少错误成本的收益在总体上为零。无论这一诉讼链在哪一环断裂，我们都没有任何理由认为最新的判决会比以前与之相矛盾的判决更正确……对于他们为了其心中理想化的实质公正而不计成本地将诉讼无限延续下去的非理性行为，法院理应合法合理地阻止。且单从经济学上考量，法院亦必须为维护判决既判力而坚决终止那些没完没了的马拉松式诉讼。"①美国法律现实主义代表性人物杰罗姆·弗兰克也有类似的精辟评论："司法诉讼一旦在法律上终止了，其结果无论对错，都不会推倒重来。"②马丁·夏皮罗对于司法权的终局性是这么认为的："在争议解决的这一范围内，审判的主要价值在于，它为争议的停止提供了一个确定的点。从审判中得到的判决允许争议者停止试图在彼此之间获得平等的举动。在这个意义上更重要的是达到息讼止争的目的而不是达成一个公平的解决办法。因为一个无休无止的争议经常会造成生理上、社会上和经济上的成本，而这些成本无论是当事人还是社会都没有能力去承担。"③法国法学家金沙尔解释说："法官一经宣告判决即对案件停止管辖。法官停止管辖是既决事由权威效力的直接结果。这种权威效力禁止法院重新受理它已经做出司法权性质的裁判决定的诉讼请求。"④司法权给予的是矛盾纠纷解决的一个确定的点，司法权不是像科学实验那样可以重复实验进一步发现真

①[美]波斯纳：《法律的经济分析（下）》，蒋兆康译，中国大百科全书出版社1997年版，第750—751页。

②[美]杰罗姆·弗兰克：《初审法院——美国司法中的神话与现实》，赵承寿译，中国政法大学出版社2007年版，第23页。

③[美]马丁·夏皮罗：《法院：比较法上和政治学上的分析》，张生、李彤译，中国政法大学出版社2005年版，第63页。

④[法]让·文森·塞尔日·金沙尔：《法国民事诉讼法要义》，罗结珍译，中国法制出版社2005年版，第252页。

理，司法权的目的是终结矛盾纠纷而不是探索绝对意义上的正义，司法权解决纠纷的方式是设定了一系列程序规则与实体规则，在这些确定规则中寻求规则正义。司法权追求的正义是现实的正义而非理想的正义状态。因此，就需要确定的审级设置来保障司法权的终局性，用相对合理的经济成本获得相对的正义、程序的正义、司法的正义。

在民事司法中，如果司法权没有终局性，司法裁判就会从一次博弈变成多回合甚至无限回合的博弈，权利也会一直处于飘忽不定的状态，而有效率的市场制度的基石就在于产权的清晰界定，只要产权是确定的、明晰的，无论将产权归属于何方，都会带来有效率的权利安排，这是制度经济学的理论起点。审级不确定和再审制度带来的无限回合的博弈，最终无法实现法律之内的正义。在现代社会，司法程序是低效率、高成本的纠纷解决方式，在诉讼当中原被告双方都将投入大量的物质成本、时间成本，如果可以一而再、再而三就同一纠纷向法院提起诉讼，在裁判规则公平的情况下，那么具有较高的物力财力一方则能够取得最终的胜利，因为较低物力财力一方基本已经在诉讼成本上耗尽而无法应对继续的诉讼。最终演变为，司法权成为了社会强势群体的话语权，司法成为了为某些阶层服务的工具，本应作为社会公平底线与权利救济途径的、以法律面前人人平等为前提的司法权反而进一步扩大社会群体的力量差距。

（三）审级设置的概率论剖析

美国大法官杰克逊提出："一项民事或刑事判决在这种意义上通常会产生既判力，即它有拘束力并且是确凿无疑的——即使有新的事实被发现、即使有新的法律理论被提出，除非某法律条款同意准予重新审判，而这一般由审判法庭自由裁量且在时间上是有限的。"但是无论存在多少个审判层级，如果把每一级的审判错误的可能性视为数学上的独立事件（虽然在实践中由于案件请示、法院绩效考核等制度可能导致具有相互关联的非独立事件事件概率P1，但这个情况更加复杂，并且据目前的研究成果基本可以推断出P1大于P，本文简化为独立事件概率讨论更加清晰）概率"P"，从独立事件的概率算法来看，只要是那么经过层层审判后所得到的案件错误概率则为P的n次方，而只要P是正数，P的n次方自然也是正数。因此，错案在客观上是不可避免的，而司法权威存在的意义并非将错案的可能性"归零"，而是其权力的特点、性质、地位能够保障其在宏观上的犯错率相较于其他国家权力是最低的。借用博彩上的概率论模型，与概率相对应的是赔付率，即1/概率（P）=赔付率，赔付率反映了该事件发生（可以把其视为商品）的价格和成本，赔付率与概率成反比例关系，概率（P）越低，赔付率越高，该事件发生的成本和对应的价格就越高。此处讨论的事件就是指错案发生，一旦其赔付的成本突破社会可以接受的经济效率底线，那么这样的正义就不值得去购买和维系。设置更多的诉讼机会和审判等级，虽然可能一定程度降低了错案发生的概率，但是却明显提高了防止错案发生的成本，即赔付率，而P的无限接近于零就可能带来成本的无限大。一旦防止错案发生的成本可能远远高于错案发生带来的损失，那就是一个运转良好的社会所无法容忍的制度。错案的预期损失可以被表达为错判概率与错判实际损失的乘积：错判概率（P）×错判实际损失（S）。但是，错判的实际损失会因为案件标的大小等因素存在很大差异，而错案的预期损失则可以通过既有的错案带来的损失进行数理化的平均值计算得出相应结果。因此，在为了避免错判进行审级制度设置时必须符合充分考虑社会成本的容忍程度。另一方面，在当下的审级运行上，如果设置的审级则为n，n为大于1的自然数，最高审级发生错误判断的概率为Pn。那么，无论n为多少，只要最高审级的法院作出了错误判断，那么从整个案件来说发生错案的概率就是Pn，在无法证明审级越高的法院作出裁判的错误越低的大前提下，n的数值再高也无法改变Pn的大小，无法改变案件的错判率。因为我们无法排除一审是正确而终审是错误的情况。既然只有终审裁判的错误概率就能决定案件的错误率，Pn不会随着n的增长而变高，那么初审等终审之前的审级意义何在？是否意味着只要设置一个裁判审级就可以作出"权威的裁判"了？笔者认为，这是对独立事件中的"概率"这个概念的误读。笔者在论证中一直使用"概率"这个概念，因为概率是对"随机事件"发生的可能性的度量，是一种客观论证。

但是，在司法权运行中发生错案的可能性中，客观随机的错案发生概率只是其中的一部分，而且往往发生在客观上的疑难案件的裁判上；司法权的行使者发挥主观能动性而发生的枉法裁判、徇私舞弊、违反程序等造成的错案并非能用客观的"概率"理论去解释。因此，审级的设置并非为了排除由于对案情、证据、法律等理解和观念偏差造成的错误，而是为了防止司法官员徇私舞弊、枉法裁判造成错案，防止司法权被寻租和私人化，是司法权的内部制衡方式。正如美国大法官杰克逊所说："法院变更其判决的频率愈高，那么其判决的合法性就愈低。……无论何时，当一个法院的判决由另一个法院来审查时，一定有一部分判决被推翻。这说明（人们）在观点方面存在差异，在由不同的人所组成的不同法院里发现这一点很正常。然而，被高一级法院推翻并不意味着正义因此得到更好的伸张。毫无疑问，如果有一个超级最高法院的话，那也有相当一部分被我们推翻的州法院的判决再次被推翻。我们不是因为没有错误而成为终极权威，我们只是因为终极权威而没有错误。"[1]客观而言，正确与错误本身就不是两个绝对概念，而是相对的，司法裁判并不存在完美的"唯一正确答案"。并且，在法官行使司法权过程中，只要不是机器而是人，就难免会出现判断上的偏差。把司法权作为终极的、权威的、不容挑战的判断权，并非因为其绝对正确，而在于其相较于其他权力具有较高的正确率，就像民主制度仅仅是人类寻找到的"最不差"的政治制度一样，刘练军教授认为，司法所追求的公正只能是一种有限的公正，是既定诉讼规则下的程序公正、过程公正。它不以当事人在诉讼中赢得实质公正为目标，其目的在于化解尤其是终止争议，从而保护当事人和社会所需的不被纠纷诉讼过分干扰的正常生活秩序。[2]

---

[1] 任东来、陈伟：《美国宪政历程：影响美国的25个司法大案》，中国法制出版社2004年版，第2—3页。

[2] 刘练军：《既判力、再审制度与司法公正》，《杭州师范大学学报（社会科学版）》，2012年第5期，第121—128页。

综上所述，我们可以看到，作为司法权终局性制度形式的审级制度的功能在于遏制法官枉法裁判而非法官在疑难案件中不犯错误。因此，一个国家的审级制度设置应当与其司法权运行中存在的相关问题相匹配和对应。误判的避免和最大程度降低，不是简单的提高审级次数就能有效的，而应在司法程序制度设计当中，让司法权在运行过程中能够最大程度上合理排除出可能产生"误判"、导致"误判"的左右司法判决的因素。一旦选择参与了司法程序，启动了这个游戏，那就必须遵守司法程序和司法规则，承受程序之内的偏差和误判，这是司法权的权威属性所在。"具体的言行一旦成为程序上的过去，即使可以重新解释，但却不能推翻撤回。经过程序认定的事实关系和法律关系，都被一一贴上封条，成为无可动摇的真正过去。"[1]

（四）司法权终局性是国际共识

司法权的终局性不仅是司法权特有的性质，同时也是一条重要的人权原则，为人类所共同拥有。在一系列的国际法律文件当中，司法权的终局性都作为国际人权保障的重要方面被制度化，成为人类的共识性产物。1985年11月29日联合国大会通过的《关于司法机关独立的基本原则》第四条规定："不应对司法程序进行任何不适当或无根据的干涉，法院作出的司法裁决也不应加以修改。"[2]1982年10月22日国际律师协会通过的《司法独立最低标准》第十九条规定："立法机关不得通过与特定法院判决相反而有溯及既往效力之法律。"并且，司法终局性是司法权独立运行的基本要求，如果司法对于案件没有最终管辖权和裁判权，司法权作出的判决可以被其他权力任意挑战和修改的话，司法权就难以真正实现独立运行。

司法权作为权威的判断权，意味着在确定的审级程序下得出的判决是绝对意义上的终审的和不可修改的，也不允许再度启动相应的以改变原审结果为目的的诉讼程序。在刑事司法中，表现在禁止双重追诉原

---

[1]季卫东：《法治秩序的建构》，中国政法大学出版社1999年版，第18页。
[2]程味秋：《联合国人权公约和刑事司法文献汇编》，中国法制出版社2000年版，第212页。

则，联合国大会于1966年12月6日通过并于1976年3月23日生效的《公民权利和政治权利国际公约》第十四条第七项规定："任何人已依一国的法律及刑事程序被最后定罪或宣告无罪者，不得就同一罪名再予审判或惩罚。"[①]从中可以看出，作为司法权威构造的司法权终局性是公民基本权利的"金钟罩"，防止刑事司法中公民因为同一问题被反复追诉，导致公民的人身自由随时处于国家公权力的威胁之中，司法权的终局性排除了对公民权利可能的反复侵害。在公民与国家的关系中，如果司法没有终局性，公民在强大的还可以反复启动的国家追诉权面前就处于任人宰割的羔羊地位，国家只可能展现出暴政的权力，并且，禁止双重追诉原则对司法权行使者和刑事司法活动的参与者提出了更高要求，即在侦查、起诉、审判和执行活动中更加严格地遵守法律程序，因为即使公权力再强大，对一个案件来说也只有一次机会，不容有错，这在根本上能够提高刑事司法活动的法治化。

六、小 结

简单的"法律适用论"无法对司法权进行一般意义上的解释与概念界定，无法成为司法权的一般理论。本书围绕司法权的本质提炼出了一个一般的理论，即司法权是"运用法律或者法律渊源以纠纷解决为基本目标的终局的、权威的判断权"。从本质上来说，"司法权是终局的、权威的判断权"的结论足以对"司法权是什么"作出回答，虽然由于种种原因司法权在各个国家的制度与实践当中各具特点，但是如果一项国家权力可以被称为司法权，那么其本质必然是终局的、权威的判断权。在这个对司法权本质的表述中，判断是司法权运行的基本方式，权威是司法权运行的外在效果，终局性是司法权成为司法权的必要条件。三者之间关系密切，相互作用，共同构成并决定了司法权的本质。司法权的

[①]程味秋：《联合国人权公约和刑事司法文献汇编》，中国法制出版社2000年版，第93页。

终局性是权威性的前提，司法权必须具有终局性才能塑造司法权权威，如果司法权不能成为矛盾纠纷的终结者，司法权威就无从谈起。正是因为司法权所具有强制性权威，才能使判断成为权威的判断，而在判断过程中所合理运用的法律解释与法律推理等方式，塑造了司法权的技术型权威。

将司法权的本质界定为"运用法律或者法律渊源以纠纷解决为目标的终局"，是对司法权应当包含内容的层层筛选，把其他近似司法权的权力或者被认为是"准司法权"的权力排除出本书对司法权力的定义与研究，比如仲裁权、侦查权、调解权、行政复议权等等虽然具有司法权部分本质性特点，但是仍然不能被称为司法权。通过上文讨论对司法权的本质所进行的规范界定，防止司法权这个概念在内涵与外延上的混乱，推动司法权力理论的进一步探讨。笔者认为，在任何国家、地区、时代、文化当中，司法权都应当具备上述品质，缺一不可，否则就不能被称为司法权。

第二章 ― 司法权的基本性质

陈瑞华教授早年提出："实际上，如果不了解司法权的性质，不对司法活动的基本规律形成明晰的认识，那么任何司法改革都将成为丧失目标和方向的试验活动。可以说，在司法改革问题上，当前最需要的是对一系列基本理论问题的冷静分析和对一些司法改革举措的理性反思。"①司法权的性质离不开其产生与演进。司法文明是人类文明的重要组成部分，甚至可以说，正是作为第三方解纷方式的司法权的出现让人类真正从原始走向文明，成为一个"文明体"。人类的司法权历史经历了从社会解纷手段到现代国家的国家垄断，从简单的司法实质正义观到后来愈发突出程序正义，从道德、习俗等非正式渊源为主的司法权走向以成文法为主要法律渊源的审判。因此，司法权的性质随着人类司法文明的演进也在不断发展变化，本书讨论的司法权更多是基于当下的司法权性质理论以及司法权可能应当为何种意义上的司法权为目的。周永坤教授把司法权的性质分为：（1）从司法权的规范依据来看，司法权是宪法位阶的权力。（2）从司法权的行为特征来看，司法权是裁判权。（3）从司法权的归属来看，司法权是社会权力。这或可称为社会主义司法观。②宪法位阶的权力即是司法的政治性权力。杨一平在其代表性著作《司法正义论》中对司法权的性质作了较为全面的阐释：（1）司法权的目的是为了解决既存的纠纷；（2）现代国家的司法权解决纠纷领域已经从处理民事纠纷扩展到处理行政纠纷；（3）司法权是程序性权力，追求程序正义；（4）除特殊涉密纠纷案，司法公开而

---

①陈瑞华：《司法权的性质——以刑事司法为范例的分析》，《法学研究》2000年第5期，第30—58页。
②周永坤：《司法权的性质与司法改革战略》，《金陵法律评论》2003年第2期，第35—42页。

非秘密司法是当下司法权的特点①。司法权从诞生之时到现在，其属性伴随着政治、经济、社会、文化的发展而不断变化发展，内涵越来越丰富，管辖范围也逐步扩大，从原本简单的解决社会纠纷的权力发展到了政治属性、国家属性的权力，在全球化时代国际交往日益频繁的背景下更兼具国际属性和主权特征。胡建淼教授提出："国家权力对外即主权，对内即治权，本质上是一个整体。"②目前的司法权研究更多地聚焦对内治权意义上的司法权。司法权的社会维度是司法权产生的原因和最原生态的属性，即定分止争的市民性司法权；司法权的政治维度是司法权不断发展演进的结果，司法权既是政治权力的组成部分又是政治权力的制衡力量，即制约公权的政治性司法权；在国际交往（包括战争、侵略、贸易、旅游）愈发频繁的全球化时代，司法权在国际关系上成为了国家主权的重要内容，司法主权是司法权研究中被遗忘在角落的内容。

一、司法权的根本目的——权利

（一）权利本位理论的阐释

司法权既有的研究成果对司法权的特征进行概括和总结时，大致认为司法权具有被动性、有限性、终结性、独立性、中立性、程序性、专属性、专业性等③特点，这些都是对司法权外观的描述，笔者认为，司法权究其本质而言，是以司法权的独立运行为根本规律，以司法公正为价值追求，以权利救济和权利保障为根本目的的国家权力，其他外在的特征都服务于上述司法权的本质性特征。

司法权作为国家权力的存在和运行与其他国家权力具有共同的权利指向，依据权利本位理论，权利构成法律体系的核心，义务应来源于权利、服务于权利并从属于权利，在权利义务关系之中，权利是出发

①参见杨一平：《司法正义论》，法律出版社1999年版。
②胡建淼：《公权力研究：立法权·行政权·司法权》，浙江大学出版社2005年版，第206页。
③黄竹胜：《司法权新探》，广西师范大学出版社2003年版，第12—15页。

点，因为一切义务的设定都是为了人民当家作主这一根本权利的更好实现，而不是相反，不论法律规范的表现形式是禁止性还是授权性或是义务性。①对公民义务、责任的课加的目的是确保公民权利的安定。权利本位理论还重点讨论了权利与权力之间的关系。在权利本位范式中，权力来源于权利，来自于人民的授权，设置国家权力旨在服务于保障和实现公民权利，权力的行使边界就应当止于权利的范围，权力从根本上受到权利制约。国家权力对公民发生作用的目的在根本上是服务于个人权利，司法权作为国家公权力的一部分，旨在"保障主体权利的实现，协调权利之间的冲突，制止权利之间的相互侵犯，维护和促进权利平衡"②。习近平总书记在2014年中央政法工作会议上将司法的功能定义为"定分止争""权利救济"与"制约公权"③。可以看出，习近平同志所认为的司法权的这三个功能都是以权利作为本位，并且明确强调了司法权所具有的"制约公权"的功能。本文旨在阐释司法权的三种形态，其仍然贯穿着以权利为核心命题的法哲学进路，其根本上无法逾越"权力—权利"的分析范式，具体而言，就是"司法权力—权利"的分析范式。无论是作为定分止争的市民性司法权、制约公权的政治性司法权还是主权性司法权，笔者都是在司法权力运行的外观上对其进行描述分类，司法权运行的实质是以权利为目的，在司法改革中必须在根本上以权利为核心建构司法权运行的制度体系。

（二）司法权在三种形态上的权利指向

卢梭早年提出："这一由全体个人的结合所形成的公共人格，以前成为城邦，现在则称为共和国或政治体；当它是被动时，它的成员就

①张文显：《权利及权利本位论纲——现代法哲学基石范畴研究》，张文显：《权利与人权》，法律出版社2011年版，第62页。
②张文显：《权利及权利本位论纲——现代法哲学基石范畴研究》，张文显：《权利与人权》，法律出版社2011年版，第85页。
③"这些问题不仅影响司法应有的权利救济、定分止争、制约公权的功能发挥，而且影响社会公平正义的实现。解决这些问题，就要靠深化司法体制改革。"习近平：《在中央政法工作会议上的讲话（2014年1月7日）》，中共中央文献研究室：《习近平关于全面依法治国论述摘编》，中央文献出版社2015年版，第66—67页。

称它为国家；当它是主动时，就称它为主权者；而将之和它的同类相比
较时，则称它为政权。至于结合者，集体的就被称为人民；个别的、作
为主权权威的参与者，就叫作公民，作为国家法律的服从者，就叫作臣
民。"①卢梭的理论区别了"臣民""公民"和"人民"在政治共同体
中的角色和地位，虽然现代社会已经没有了"臣民"这个概念和身份，
但是绝大多数民众在绝大多数情况下只是作为"国家法律的服从者"，
是政治国家当中的民众，我们姑且不用"臣民"这个概念，用"民众"
代替。所以，在卢梭的意义上，司法权三种形态对应了"人"在政治共
同体内不同角色上的权利地位和权利诉求所在。

　　作为定分止争的市民性司法权的存在，其功能在于通过司法权的运
行和司法裁判行为厘定和确认权利，化解、调和、判断民众之间的权利
冲突、权利纠纷，其中包括民事纠纷和刑事纠纷，刑事纠纷只是因为由
国家追诉机关代替民众而提起刑事诉讼②，实质上仍然是以定分止争为
目的。其核心在于保障作为主权国家内"民众"（卢梭意义上的臣民）
的基本权利，体现其权利救济的功能，防止权利之间互相侵害。"无救
济则无权利"，权利只有在受到侵犯的时候得到及时、适当的救助，方
能被称为权利，权利如果不能被救济，就如同一张白纸。司法权运行的
重要价值就在于提供权利救济，任何权利侵犯都可以纳入司法领域进行
救济，习近平总书记提出："所谓公正司法，就是受到侵害的权利一定
会得到保护和救济，违法犯罪活动一定要受到制裁和惩罚。如果人民群
众通过司法程序不能保证自己的合法权利，那司法就没有公信力，人民
群众也不会相信司法。"③在司法活动中，权利救济体现在通过程序权

①[法]卢梭：《社会契约论》，何兆武译，商务印书馆1980年版，第25—26页。
②洛克认为，司法权主要是执行惩罚权，来自人们建立国家时相互形成的社会契约的
转让。人们在自然状态中拥有两种权力：一种是根据自然法自我选择行为的权力；一
种是处罚违反自然法的罪行的权力。其隐含的认识：司法只是审理和裁判社会成员个
人与个人之间的矛盾纠纷。张恒山：《论司法权的人民性》，《法学家》2003年第6
期，第121—127页。
③习近平：《在十八届中央政治局第四次集体学习时的讲话》，中共中央文献研究
室：《习近平关于全面依法治国论述摘编》，中央文献出版社2015年版，第78页。

利的保障来保证公民人身财产权利，尤其是在刑事司法中，公民作为个人在强大的公安、检察、法院等国家权力机关面前十分羸弱，权利十分容易受到侵害，要"加强人权司法保障。强化诉讼过程中当事人和其他诉讼参与人的知情权、陈述权、辩护辩论权、申请权、非法证据排除等法律原则的法律制度"①。

作为现代国家政治体制当中权力制衡重要部分的政治性司法权，旨在通过法律监督权、司法审查权、最高裁判权等司法权的行使，对立法进行合宪性审查，对行政行为的合法性进行裁断，对公职人员滥用公权的行为实施法律监督从而克制可能侵犯公民权利的立法权、行政权以及公职人员的权力，对受到国家公权侵犯的公民权利进行有效救济，其核心在于保障作为法律概念的"公民"的法定权利。按照卢梭的划分方式，因为"公民"是主权权威的参与者与来源，国家权力来自于公民的让渡和授权，国家权力不能反过来侵害公民权利。列宁曾经屡次对普列汉诺夫提出的"人民的利益是最高的法律"②这一命题表示赞赏。这里的"利益"是权利的组成部分。张文显教授也认为："如果说古代司法的文明意义在于定分止争、惩恶扬善，那么现代司法的文明意义则在于保障人权、维护正义，正是对人权的尊重和保障使司法在现代化的道路上走向了文明。"③"人权"这个概念对抗的是公权，可能侵犯"人权"的主体只有公权，民众之间的权利侵害不能被称为侵犯人权，人权保障即是限制公权。无论是社会主义国家的司法还是资本主义国家的司法，公民的权利保障都处于最高价值位阶，权利不能被功利所考量和替代。陈瑞华教授对此进行了二元区分："司法权存在的目的，一方面是给那些受到损害的个人权利提供一种最终的、权威的救济，另一方面也对那些颇具侵犯性和扩张性的国家权力实施一种中立的审查和控

---

① 《中共中央关于全面推进依法治国若干重大问题的决定》。
② 这个命题是由苏联革命领导人之一的普列汉诺夫于1903年在俄国社会民主党第二次代表大会上提出的，列宁非常赞赏。郭道晖：《人民的利益是最高的法律——学习列宁的法制思想》，《法学评论》1992年第4期，第6—12页。
③ 张文显：《人权保障与司法文明》，《中国法律评论》2014年第2期，第1—4页。

制。"①制约公权是现代司法的重要功能，主要针对行政权力、立法权力以及掌握公权的公职人员，张文显教授指出："把权力关进制度的笼子里，把立法权、行政权的运行纳入法治轨道。我国检察机关对公职人员滥用职权、渎职侵权、贪污受贿行为的法律监督，督促起诉制度、法院检察院对行政机关的司法建议，都属于制约公权的制度化活动。行政诉讼则是司法制约公权的重要渠道。行政诉讼是解决行政争议，保护公民、法人和其他组织合法权益，监督行政机关依法行使职权的重要法律制度。"②在社会主义国家，检察机关的法律监督职能比资本主义国家三权分立制度下的司法审查权能够更好地制约公权，防止公权力的腐败和人权侵犯，保障社会主义国家中公民的权利与利益。

作为国家主权重要组成部分的主权性司法权——司法主权，在对外意义上是指司法权力机关在关系到特定的涉外司法案件中能否根据国际法一般原则代表获得管辖资格从而取得审判权，能否按照国际私法和相关国际条约构成的国际法独立适用本国法律作为裁判纠纷的权力，其核心在于保障作为民族国家和政治共同体中的每一个"人民"与外国公民、法人发生矛盾纠纷时的程序权利和实体权利。百余年之前，当时的中国法律人曾经为司法主权的收回而竭力说服清政府，向西方列强争取收回业已丧失的领事裁判权。"中国的司法权都被定位为一种不容置疑的国家权力，这与近代废除领事裁判权、收回司法主权的历史记忆有关。③"正是收回领事裁判权恢复国家司法主权的过程开启了中国司法权近代化历程。在国内法律统一实施的角度上，主权性司法权针对司法权地方化造成的司法割据、法治分裂可能带来的司法不公，公民的程序权利和实体权利在"客场"诉讼中受到严重侵犯；原本具有在全国统一执行力的法律文书在许多地方却不能得到统一有效的执行。主权性司法

---

① 陈瑞华：《司法权的性质——以刑事司法为范例的分析》，《法学研究》2000年第5期，第30—58页。
② 张文显：《司法的实践理性》，法律出版社2016年版，第4页。
③ 廖奕：《转型中国司法改革顶层设计的均衡模型》，《法制与社会发展》2014年第4期，第63—77页。

权要求在国内法意义上保证司法主权的完整性，能够让公民权利得到平等对待。

综上所述，本书阐释的司法权三种形态，其在根本上贯穿和遵从以权利为核心的论证思路。权力制约为理念配置司法权即是前文所述的在现代国家政治权力框架下设置的作为权力制衡的司法权，而其根本目的仍然落脚于权利保护这个司法权运行的核心。因此，从根本上说，司法权无论是定分止争、权力制衡还是主权维护，其根本目的都在于权利保障。

二、司法权的价值追求——公平正义

（一）司法公正要义

法律是公平正义的艺术。公正的法律运作为重要表征的司法文明是政治文明的法律表达[①]。从词源上看，公正与法（jus）以及拉丁语中的法官（judex）都来自同一词源。司法权之所以成为司法权，在于其能够超然于纠纷双方不偏不倚地作出公正的判决，确定权利和义务，无论纠纷双方是普通公民、企业法人还是行政机关，一旦进入司法领域都是司法权面对的平等客体。如果司法权做不到公正，司法权就没有存在的意义，司法公正是司法的生命。英国著名哲学家培根曾经讲过："一次不公正的审判，其恶果甚至超过十次犯罪。因为犯罪虽是无视法律——好比污染了水流，而不公正的审判则毁坏法律——好比污染了水源。"[②]列宁也曾说，如果司法权丧失了公正，"那不过是毫无意义的空气振动而已"。公正的司法在根本上能够区别该社会所实施的是良法还是恶法，是善治还是恶政，法治的应有之义是"法律获得普

[①]在张文显教授看来，司法文明具有五个支点：科学的司法理论是源泉，先进的司法制度是规范，公正的司法运作是表征，卓越的司法精英是主题，理性的司法文化是基础。张文显：《司法的实践理性》，法律出版社2016年版，第198页。
[②][英]弗兰西斯·培根：《论司法》，《培根论说文集》，水天同译，商务印书馆1983年版，第193页。

遍的服从，而大家服从的法律本身制定良好的法律"①，公正的司法所适用的一定是"制定良好的法律"，方能实现良法善治。汪习根教授早年也将司法公正作为司法权运行的核心："公正的司法运作本质上就是司法权的公正行使，公正的司法运作核心在于司法权的公正行使，司法权的统一公正行使是司法文明最为核心的要义，因为司法的本质就在于公平公正，只有公平公正地行使司法权才能构筑文明意义上的司法。司法的过程是一个判断形成的过程，而且这样一个判断还必须是公正的……司法权所追求的价值目标既不能是民主，也不能是效率，而只能是公正。"②这是因为，"既然民众选择了司法方式化解纠纷，只要司法对纠纷的裁判是符合社会正义的，就有充分理由相信公开的必要和合理"③。从经济学角度来看，公正是司法裁判这个产品的"内在价值"。既然权威性裁判被当作产品来看待，那么，它就应该有产品的内在属性，即"使用价值"和"价值"。像一般产品一样，司法产品的"使用价值"也指的是它的有用性，即用来满足人们需要的属性——权威性裁判可以被用来满足社会利益、个人利益的需要。而司法产品的"价值"则指的是在司法过程中凝结到裁判中的无差别的某种成分，就像无差别的人类劳动构成了一般产品的价值一样，这个成分就是体现在裁判中的公正。……一方面，司法裁判的有用性决定了它能够满足人们的某些利益，从而形成了它与社会的一般联系。但是，这种联系是否能够发展到整合社会的程度则取决于它的另一方面，因为就像在经济领域价值构成了交换的基础，而交换在经济上使社会整合起来一样，凝结在司法裁判中的公正也构成了司法与社会互动的基础，只有在这个基础上形成的互动才能在行为上将社会整合起来。④这是因为，"尽管

---

①[古希腊]亚里士多德：《政治学》，吴寿彭译，商务印书馆1983年版，第199页。
②汪习根：《司法权论——当代中国司法权运行的目标模式、方法和技巧》，武汉大学出版社2003年版，第19页。
③汪习根：《司法权论——当代中国司法权运行的目标模式、方法和技巧》，武汉大学出版社2003年版，第9页。
④程竹汝：《国家治理体系现代化进程中的司法治理》，《中共中央党校学报》2014年第3期，第15—21页。

司法处于同个别人直接打交道的场合，但它对整个社会来说无疑是一个更为全面的过程产品，它对人们行为的可预测性和安全感的形成至关重要"[1]。这就是司法权运行的外部性，在某种意义上，一个公正的司法裁判就如同确立了一个正义的法律制度，可以引导人们在未来的行动，从而在全社会形成良好的风气和法律秩序。所以说，司法是通过向社会拓展正义促生社会秩序及其变迁的张力结构……司法权不仅仅是一个国人心中的'打官司'概念，在现实性上它至少是由相关的价值、制度、组织、角色构成的一个与社会互动着的结构。[2]

（二）司法公正重在程序正义

司法公正包含着实体公正与程序公正双重含义。但是实体公正是所有公正实践方式的共同目标，程序公正是司法公正实现的特殊方式。因此，司法所追求的公正相对而言重在程序公正，司法权的命令性也主要体现在司法程序权的命令性。人类一直在探索和寻求实现公平正义的方式，程序化的司法权运行是人类发明的通过一整套司法程序运作、根据事实、援引法律得出相应的裁判结果的纠纷解决方式。司法公正寻求的是法律之内的程序正义，正是程序决定了法治与恣意的人治之间的基本区别。罗尔斯意义上的程序正义是指"不存在对正当结果的独立标准，而是存在一种正确程序，这种程序若被人们恰当地遵守，其结果也会是正确的，无论它们可能是什么样的结果。"[3]这种结果的正义性与确定性来自程序的正义性与确定性。"按照程序正义的观念，正义是正义程序的结果。只有程序是确定的，而结果则是不确定的。也就是说，如果程序本身是正义的，那么它所达到的任何结果都是正义的，无论它们是

---

[1][美]阿尔蒙德：《比较政治学》，曹沛霖等译，上海译文出版社1987年版，第486页。

[2]汪习根：《司法权论——当代中国司法权运行的目标模式、方法和技巧》，武汉大学出版社2003年版，第234页。

[3][美]约翰·罗尔斯：《正义论》，何怀宏等译，中国社会科学出版社1988年版，第86页。

什么。"①人类寻求正义的方式有很多，公平正义也不仅仅局限于司法追求的法律之内的公平正义，还有分配正义、机会公平、矫正正义等由社会其他组织力量来追求和实现的公平正义。但是，当公平正义的诉求一旦进入司法场域，在某种意义上正义的实现期待就已经委托于司法权这个固定、死板的程式化操作的权力，运用得出的裁判不一定能够符合民众内心的正义期待，但这就是司法程序所得出的正义。如果无法接受这种程式化操作的正义结果，可以诉诸其他正义实现方式。司法活动通过程序的设置，以程序权利的保障来界定实体权利，在程序面前没有特权。通过程序性的操作，正义不仅被实现，而且是以人们看得见的方式实现。简而言之，司法权的公平正义实质上重在实现法律程序的正义。

（三）司法权在三种形态上追求公平正义

在定分止争的市民性司法权上，司法权从其原生意义上，就在于通过中立且公正的第三方裁判厘定权利，确定责任。当人们通过其他手段无法化解纠纷而让纠纷进入司法场域来解决时，需要公正的司法权运行给予回应。作为制约公权的政治性司法权更加需要在面对强势并且拥有更多资源的立法权和行政权面前恪守其公正的本色，否则政治性司法权就会被立法权、行政权等其他国家权力以及官员的腐败行为所轻易吞噬，或者在立法权、行政权以及官员的腐败行为违反宪法、法律侵犯人权之时，司法权以及司法官员与其成为一丘之貉最终导致走向暴政的政治统治，纳粹时期的德意志司法权就是典型的失去公正本性而助纣为虐沦为屠杀工具的司法。只有政治性司法权的公正性才能真正实现制约与控制公权，才能成为一个现代国家实现良法善治的必备条件。主权性司法权的目的就在于通过司法主权在国际交往中的独立地位保障其在涉外纠纷中接受公正裁判，遏制"强权即公理"的国际社会丛林法则，同时，在主权范围内保证案件能够得到同案同判与同样的执行效果，司法权在主权范围内得到统一公正地行使，司法权才能够摆脱司法权行使中

①姚大志：《何谓正义：罗尔斯与哈贝马斯》，《浙江学刊》2001年第4期，第10—16页。

因受地方权力影响而带来的司法不公和地方保护。

三、司法权的根本规律——独立运行

司法权是司法理论的基石范畴，司法规律的核心是司法权的运行规律，是司法规律的对象和范围。①司法规律究竟是在何种意义上成为规律？司法权运行存在哪些规律？一些"规律"是否属于司法权运行规律？这些都是司法规律研究当中悬而未决的问题，不同的学者基于其个人的知识背景、司法经验等原因对此都无法形成共识。习近平总书记认为司法规律应当包含"权责统一、权力制约、公开公正、尊重程序"，并在其他讲话中提出"裁判终局性"，学术界还认为司法规律也包括"法官中立""律师自由"等②。从认识论的角度，司法规律体系包含一般规律、特殊规律、根本规律等层次，本书仅讨论作为司法权的运行最具有根本性质的规律的司法权的独立运行，因为司法权运行的根本规律统领了其他司法规律，是其他一般规律、特殊规律的基础。司法权的是否独立运行在宏观意义上是一个国家能否被称为法治国家的标杆，因为司法规律本身属于政治规律、法治规律。《布莱克法律词典》对于法治就有如下定义：法治有时被称为法律的最高原则，它要求法官制定判决（决定）时，只能依据现有的原则或者法律，而不得受随意性的干扰和阻碍。

（一）司法权独立运行的内涵

在西方国家，"'司法独立'绝不是一个经过严格界定的概念而是一个一般化的英美国家中的经验。"③司法权独立运行究竟包括哪些内容一直存在广泛争议。笔者认为这是司法权研究中必须澄清的一个重

①彭巍：《司法规律学术研讨会纪要》，《法制与社会发展》2015年第3期，第109—128页。
②张文显：《论司法责任制》，《中州学刊》2017年第1期，第39—49页。
③[美]马丁·夏皮罗：《法院：比较法上和政治学上的分析》，张生、李彤译，中国政法大学出版社2005年版，第89—90页。

要问题，这也是本书特别将司法权独立运行作为单独一章展开讨论的原因。郭道晖先生从国家政治体制角度上提出："就国家政治体制而言，司法独立是指司法权从行政权、立法权中分离出来，在国家权力结构中居于不依赖也不受行政权、立法权干预的独立地位。"①龚祥瑞教授从司法独立的内涵角度提出：（1）司法权在运行中独立于立法权与行政权，与它们无涉；（2）法官在行使司法权过程中有民事豁免权，对其行为和发表的言论不受法律追责。②笔者认为，认知司法权独立运行主要有三个角度：第一，是指司法机关的地位独立，司法机关独立行使司法权；第二，是法官独立，即法官作为个体独立行使司法权，不受外部环境和司法机关内部管理的影响和制约；第三，司法官员职务独立，司法官员是相对独立的职业群体。司法权独立运行要求在司法权运行中法官没有上级和命令，法官的义务就是服从法律规范，法律规范是法官作出判断的准据。正如拉德布鲁赫所言："对法官而言法律规范则是目的本身，而且，在法官那里降临尘世的法律还不能受到异物的侵入：为使法官绝对服从法律，法律将法官从所有国家权力影响中解脱出来。只在仅仅服从法律的法院中，才能实现司法权的独立。"③正是因为司法权运行仅仅服从法律而不以权力和命令的改变而受影响，司法的逻辑不同于行政权、立法权行使中贯彻的政治逻辑，所以在法治社会"因为法官的权威在于人民相信法院确实是在'根据法律'而决策"。④在法治较为发达的美国，"最高法院之所以受到公众的尊重，很大程度是基于这样的信念：它的所作所为使之区别于'政治'。"⑤因此，司法权威

---

① 郭道晖：《实行司法独立与遏制司法腐败》，《法律科学》1999年第1期，第5—15页。

② 龚祥瑞：《西方国家司法制度》，北京大学出版社1993年版，第24—25页。

③ [德]拉德布鲁赫：《法学导论》，米健、朱林译，中国大百科全书1997年版，第100页。

④ [美]阿奇博尔德·考克斯：《法院与宪法》，田雷译，北京大学出版社2006年版，第128页。

⑤ [美]罗伯特·麦克洛斯基、桑福德·列文森：《美国最高法院》，任东来等译，中国政法大学出版社2005年版，第74页。

的重要来源就在于司法权独立运行，来源于司法权只服从法律的运作方式，因为只有法律是不变的而政治与权力是善变的，司法权独立运行是法治社会树立法律权威的必要条件。"司法独立本身并不具有终极价值；它本身并不是一种目的，而只具有一种工具性价值，它的最终目的是保证法官公正无私地审理案件。"①一是司法权的独立与分化必须以社会关系的充分展开为前提。社会关系充分展开一方面是指社会关系发展到需要一个专门的法律机构来进行调整和处理，另一方面是社会的文明程度已发展到出现专门的法律职业家群体；同时，它还需要形成一种足够的社会力量，这种社会力量能够迫使统治者在国家与社会之间寻求一种权力的平衡关系，只有社会关系发展到这种程度，司法权的独立与分化才有真正的可能性与现实性。二是国家统治方式的文明化程度。在高度专制的社会里，国家借助强大的行政权足以有效地控制社会秩序，留给司法发挥作用的社会空间较小，因而司法权分化和独立的可能性必要性都不大。在这种社会形态下，要么由行政权来完成或代替行使某些司法职能，使司法权成为行政权支配下的无足轻重的权力；要么使司法权成为行政权的御用工具，完全失去自身独立的品性。可以说，文明化程度较低的国度中，司法权的奴性使它难以冲破重重禁锢而获得独立和分化。三是与司法的品性有关。司法的本质属性在于追求公平与正义，要求一切事件和社会关系都要纳入法律的天平上进行合法性与合理性的评判，这容易与行政权发生冲突，更容易让特权阶层在法律面前无法感受到在其他领域的高人一头的"特权"地位，从而触犯到其习惯了的特权利益，进而自己或者联合其他特权阶层挑战司法权，压制司法权发展的制度空间。

（二）权力分立结构中的司法权独立运行

权力分立是现代法治国家的基本特点，法治也包含有分权之意，因为将各种权力集中于一个机构之中就是独裁与专制，按照自由主义的

---

①CAPPELLETTI M. "Who Watches the Watchmen?—A comparative Study on Judicial Independence".The American Journal of Comparative Law,1983,31(1):pp.1-62.

观点，就是潜在的暴政。①立法权、行政权、司法权是现代国家权力主要形式。为了确保（法律的）普遍性，行政必须与立法分离；而为了确保一致性，审判必然与行政分离。实际上，这两种分离恰恰是法治理想的核心。②而在中国古代统治者将司法置于伦理道德的权威和最高统治者专制权力之下。司法审判制度的基本特征是行政与司法混同，司法从属于行政，特别是地方司法权历代都是由地方行政长官兼理，使行政与司法完全合二为一，司法管辖也就是行政管辖，司法权是行政权的一部分，不具有丝毫的独立性。司法体现的是行政专制权威，是专制权力借司法形式体现出的独断权威。③因此，权力分立尤其是司法权从行政权中分立出来是一个国家法治化程度的重要体现。在立法权、行政权、司法权这三种国家权力中，惟有司法权强调独立行使，并且特别强调司法权独立于行政权。从权力运行的表征看，立法权可以被视为"创设"的权力，行政权可以被看作"管理"的权力，司法权的特点则表现为"判断"的权力。在任何一个人民主权国家，立法权都是由代表民意的代议制机构——议会来行使，其无所谓是否独立，因为立法权根本上是由民众的意志所决定，民众的意志同时也决定了主权者的产生，其本身是一致的，是公意的反映，没有任何一个民主国家的国家元首可以凌驾于议会机构之上从而影响立法权。立法权优越是有坚实的正当性、合法性基础的。这个基础就是民主政治的理念——由民意代表来表达民意、确认民意。因此，在《英宪精义》一书中，戴雪把英国宪法的根本特点归结为"议会主权"，其含义为："议会有制定和不制定法律的权力，英国法不承认任何团体或个人有推翻或废止议会立法的权力。"④换言之，议会至上，统治一切。关于议会主权，一句名言道出了其实质，议会

---

① [英]詹宁斯：《法与宪法》，龚祥瑞、侯健译，三联书店1997年版，第34—35页。
② [美]昂格尔：《现代社会中的法律》，吴玉章、周汉华译，译林出版社2001年版，第51页。
③ 季金华：《制衡与互动：司法权威的制度支撑》，《新疆大学学报（哲学社会科学版）》2002年第3期，第45—49页。
④ DICEY A V. *Introduction to the Study of the Law of the Constitution*.London:Macmillan, 1952，p.29.

除了"不能把男人变成女人，不能把女人变成男人"以外，什么权力都享有。[1]立法权以公共选择的形式行使，公共选择的基础是每一个人的效用函数，公共选择作为由个体的效用函数形成的外部意志无所谓是否独立。行政权是一种国家权力，而权力一般以"命令—服从"的轨迹运行。究其性质而言，行政权是一种不平等主体之间的管理与被管理的权力，即行政主体代表国家强制被管理者服从的力量。[2]但是，行政权是立法权产生的意志的执行者，以立法权作为其权力行使的力量来源，行政权在国家政治、经济、文化、社会生活的方方面面贯穿始终，是唯一能使国家权力在宏观和微观上真正进行运转的权力。行政权可以说是一个国家治理的能动的最基本方式，行政权可以调动的财力、警力是司法权所不可比拟的。因此，在人民主权的国家，行政权在意志上是由立法权所决定的，只能按部就班地按照议会的决定执行，也就无所谓是否独立。

但是，司法权的特殊性在于其本身并非代表多数民意的权力，而是由少部分法律精英运用法律裁断是非曲直的权威判断权，它本身没有人民主权理论上的合法性基础，虽然大多数国家的法官都由议会任命，但法官在司法权行使过程中并不绝对服从议会，而只服从法律。季卫东教授认为："司法审查制度似乎不仅与法官必须忠于法律并严格适用法的实证主义法理学发生冲突，也与民主化的时代潮流发生冲突。"[3]司法权是法官的个人判断选择而非公共判断与选择，如果说立法权作为公共选择无所谓是否独立，那么个人选择却是因为个人容易受到干扰和影响因而需要独立，正如孙笑侠教授所言："试想，在是与非、真与假、对与错、曲与直、有与无等问题的判断上，如果判断存在着外来干扰，有

---

① 龚祥瑞：《比较宪法和行政法》，法律出版社1985年版，第59页。
② 胡建淼：《公权力研究：立法权·行政权·司法权》，浙江大学出版社2005年版，第205页。
③ 季卫东：《合宪性审查与司法权的强化》，《中国社会科学》2002年第2期，第4—16页、第205页。

自身杂念，那么势必导致判断失察、失真、失误和最终的失败。"[1]正是因为司法权的特点不在于外在的强制，而在于主观的认识和判断，因而"司法权是判断权这一理论隐藏着对司法独立的内在理论需求"[2]。陈卫东教授指出："如果司法权没有排斥抵御外来干预的独立性，则法官作为最终的裁判者的权威性就荡然无存了。"[3]司法权仅仅是说理判断的权力，因此，为了作出客观、公正的判断，就需要排除法律之外因素的阻碍和干扰，保持法官意志的独立性，因为在司法权是弱势权力的情况下，法官的说理裁判本身非常容易受到干扰。贝勒斯曾有言："在法官作出判决的瞬间，被别的观点，或者被任何形式的外部权势或压力所控制或影响，法官就不存在了。宣布决定的法官，其作出的决定哪怕是受到其他意志的微小影响，他也绝不是法官。"[4]司法权独立运行的基本特点就在于法官的意志不受任何外来的干扰和影响。并且，司法权缺少行政权可以调动和运用的社会资源来保护自己不受干涉。

在司法权独立运行的三种形态中，归根结底司法权的独立运行根本上是要独立于行政权，立法权自身没有直接行动的能力来直接影响司法官员的判断，立法权对司法权的影响首先在于初期的任免和任期内的权力监督，其次在于通过法律的立、改、废、释影响司法权据以裁判的依据，在中国的宪法法律框架下，还包括了作为立法权行使者人大对于司法权的个案监督，比如《宪法》第六十七条规定："全国人民代表大会常务委员会行使下列职权……（六）监督国务院、中央军事委员会、最高人民法院和最高人民检察院的工作"。《地方各级人民代表大会和地方各级人民政府组织法》第四十四条规定："县级以上的地方各级人民代表大会常务委员会行使下列职权……（六）监督本级人民政府、人民

---

[1] 孙笑侠：《再论司法权是判断权》，信春鹰、李林：《依法治国与司法改革》，中国法制出版社1999年版，第422—423页。
[2] 胡夏冰：《司法权：性质与构成的分析》，人民法院出版社2003年版，第184页。
[3] 陈卫东：《我国检察权的反思与重构——以公诉权为核心的分析》，《法学研究》2002年第2期，第3—19页。
[4] [美]迈克尔·贝勒斯：《法律的原则——个规范的分析》，张文显译，中国大百科全书出版社1996年版，第41页。

法院和人民检察院的工作，联系本级人民代表大会代表，受理人民群众对上述机关和国家工作人员的申诉和意见。"由于地方人大代表受亲友或利益相关方之托，以人大代表身份在审议法院工作报告时就个案处理向法院施压的情况，在我国已经十分普遍。人大的个案监督实际上等于增加了法官主体或者说是合议庭成员，并且极有可能主导判决结果，破坏主审法官和合议庭的裁判方式，改变裁判结果，把审案法官捆绑住手脚，破坏了法官对于案件审理的绝对主导权和绝对权。在人民主权的国家，司法权的行使者本身来源于议会民主，司法权运行依据的法律来自于议会制定，因此，在政治学理论上，刘练军教授认为对司法权的这种民主监督不应该是一个政治秩序良好的社会的常态现象，因为考量司法本是执行民主立法者的意志，民主监督与控制司法有民主对自身不信任之嫌疑，不利于民主制度本身的健康发展。从这两个方面来说，民主直接监督及控制司法权力看似是民主对司法的不信任，实则是民主对自己本身的不信任，自己不能信任自己，这说明，民主监督和控制司法实非政治实践之常态而是一种插曲性的非正常、非逻辑的变态政治之产物。

（三）司法权独立运行是人权原则

司法权独立运行关乎社会基本的公平与正义，事关公民的自由权利。司法权独立运行在各个国家、各个层级的制度规定和政法实践中都呈现不同样态，具有明显的程度区分，但是，司法权以及作为其根本规律的独立运行最终是以权利为核心的，在司法权独立运行的理论与制度实践中，必须贯彻权利本位的逻辑。这是因为，司法权由于其在公权力中处于最弱小的一个，无法独立的司法权就非常容易与行政权结合，或者被行政权俘获，成为更为强大的暴政工具，公民权利受到行政权力的侵害非但在司法机关状告无门，司法机关和行政机关反而紧紧结合在一起侵害公民权利。德国著名法学家拉德布鲁赫也同样认为："行政是国家利益的代表，司法则是权利的庇护者，同一官署忽而忙于维护国家利益，忽而又将国家利益弃置一边，忙于维护正义，显然极不协调。司法不仅不能与行政共存于同一机关中，而且也不可以隶属于行政：司法不依赖于行政！司法的任务是通过其判决确定是非曲直，判决为一种

'认识'，不容许在是非真假上用命令插手干预。"①在现代国家，权力只能分立而绝不能被轻易混同，革命导师恩格斯就曾指出："在那些确实实现了各种权力分立的国家中，司法权与行政权是完全孤立的。在法国、英国和美国就是这样的，这两种权力的混合必然导致无法解决的混乱；这种混乱的必然结果就如同让人一身兼任警察局长、侦查员和审判官。但是司法权是国民直接所有的。国民通过自己的陪审员来实现这一权力，这一点不仅从原则本身，而且从历史上来看都是早已证明了的。"②Henry T.Lummis认为："为了维护人民的自由，司法独立有其绝对的必要性。如果法官不能独立，则没有人能够宣称他拥有权利和自由，公正和正义也将遭受扭曲，法官将会为富人、强权者或者假藉公平正义之名而实行统治的魔鬼和阴谋家效力。"③如果司法权不能真正独立于行政权和立法权，所谓审判就有可能成为披着司法外衣的行政命令，司法过程只是对行政权运行的合法性确认，司法成为了一部分人在法律之外活动的工具。波斯纳大法官指出："如果独立性仅仅意味着法官按照他们的意愿来决定案件而不受其他官员的压力，这样一个独立的司法机构并不显然会以公众利益为重；人民也许仅仅是换了一套暴政而已。一旦法官获得了独立于显贵的政治干涉之后，法官又将从何处寻找指导？他们将仅仅作为不受一般的政治制约的政客来活动，还是将受到职业规范的某种约束？有没有一套客观的规范（或者是实在法，或者是自然法）或一套分析方法（法律推理）将保证司法决定客观、确定、非人情化？如果没有，法官是否就仅仅是通过命令（fiat）来裁决，而这些命令之所以令人难忘，只不过是由于审判中神圣的舞台技巧——高高的审判席、法官袍、法庭誓言以及法律术语和雄辩？"④可以看出，在

①[德]拉德布鲁赫：《法学导论》，米健、朱林译，中国大百科全书1997年版，第100—101页。
②傅兆龙：《权力制约——一条重要的政治规律》，《中国法学》1993年第2期，第68页。
③郑正忠：《海峡两岸审判独立制度之比较与评析》，《法学丛刊》1999年总第181期，第7—12页。
④[美]波斯纳：《法理学问题》，苏力译，中国政法大学出版社1994年版，第8—9页。

司法审判过程中，来自各方面的压力尤其是来自位高权重的政治家与领导人可能实施的法外干预是司法权独立运行的巨大挑战，他们总是希望能够将司法权工具化与私人化，试图俘获与控制司法权力，让司法权力与长官意志保持一致。

司法权独立运行的根本规律是人权保障的需要，同时还是一项重要的人权原则。在国际法律文件上，1948年12月10日联合国大会通过并宣布的《世界人权宣言》第十条规定："人人完全平等地有权由一个独立而无偏倚的法庭进行公正的和公开的审讯，以确定他的权利和义务并判定对他的任何刑事指控。"联合国大会1966年12月16日通过的《公民权利和政治权利国际公约》第十四条也明确规定："在判定对任何人提出的任何刑事指控或确定他在一件诉讼案中的权利和义务时，人人有资格由依法设立的、合格的、独立的和无偏倚的法庭进行公正的和公开的审讯。"这两个联合国人权文件明确强调司法的独立性。联合国人权委员会就《公民权利和政治权利国际公约》通过的一般性意见认为，上述规定要求法庭必须依法成立，宪法和有关立法中应有关于司法、行政、立法部门相互独立以及如何设立法庭、如何委任法官以及委任的条件、任职期限、晋升、调职、停职的条件等规定。站在人权的高度看，任何对司法权独立行使（运行）的干预不但妨碍司法权健康运行、有损司法的权威和尊严，而且从根本上是对人权的粗暴践踏。[①]《世界人权宣言》是联合国的基本法律之一，《公民权利和政治权利国际公约》是在《世界人权宣言》基础上签署的重要的国际公约，两者是世界人权保障领域的"基本法"。它们都将能够接受"独立而无偏倚"的审判作为一项人权原则，司法权独立运行是"独立而无偏倚"的审判得以实施的前提和规律性要求，这就客观上将司法权独立运行作为一项人权原则对各个国家政府提出了人权保障的要求。

在我国，"国家尊重和保障人权"在2004年的宪法修正中已经为宪

---

① 张文显：《论司法责任》，《中州学刊》2017年第1期，第39—49页。

法所确立①，《宪法》第二章具体规定了公民的各项权利与义务，排在"国家机构"之前，以示宪法的公民权利本位观。人权原则为公民基本权利提供了合法性依据。因此，人权原则可以被理解为被我国官方所认可并通过宪法上升为国家意志。在理论上，司法权独立运行是人权原则的重要内容，这是被国际社会所认可的一项原则。在人权理论上，"人权一词，依其本义，是指每个人都享有或都应该享有的权利，是'人人的权利'。它包括两层意思：第一层指通常所说的法学意义上的权利，由各种各样的权利构成；第二层是指若干类关于人及人类社会应该怎样对待人、尊重人的原则，可简称为'人道'。一般说来，人权概念是由权利和人道这两个概念构成的，它是这两者的融合"。②人权原则的具体实现需要相关政治制度设计的支持，一个独立运行的司法权即是人类在探索政治制度过程中所发现、发明的人权保障的有效方式，并且得到普适性的认同。司法程序是人权原则所包含的内容，而这个内容就体现在司法权的独立运行上。严海良教授认为："国家机构不仅须为公民基本权利的实现提供相应的政治和司法程序，而且要求国家权力的运行、国家目标的实现须以人权的尊重与保障为前提，以人权的实现为旨归。在国家机构的架设上，人权原则的保障则要求国家权力的法治化，实现国家权力的分散化、权力配置的明晰化和程序化。"③

　　从本书对于司法权本体论的理论阐释可以看出，司法权的根本目的在于保障权利，司法权在根本上是以权利为本位的权力，因为，司法权是一种在现代社会被国家所垄断的公共权力，公共权力来源于权利的让渡与授权，公共权力存在的目的在于服务于权利实现。人权是人之为人的最基本权利，司法权只有独立运行才能实现对于人权的保障。这是因为：首先，司法权如果不能独立于行政权、立法权等国家权力实现独

---

①《宪法》第三十三条第三款。

②夏勇：《人权概念起源——权利的历史哲学》，中国政法大学出版社2001年版，原版"导言"。

③严海良：《人权原则：意涵、限制与实现——"国家尊重和保障人权"条款解读》，《金陵法律评论》2009年第1期，第141—143页。

立运行，司法权如果没有独立的价值和地位，那么，司法权在地位上就无法与其他国家权力平起平坐而沦为其他权力的附庸，司法工具论以及"刀把子"理论才会大行其道，司法权在失去独立运行后极有可能成为其他国家权力大规模侵犯人权的帮手或者执行者，比如当年纳粹德国时期的司法权最终成为了整个屠杀机器的一枚螺丝钉，是纳粹德国大规模侵犯人权的"刀把子"。其次，司法权运行是人类在历史演进中所产生的共识性得出的化解矛盾纠纷的具有底线性质的方式，并且在现代政治国家中的司法权不仅仅具有定分止争的功能，还具有权力制衡和权力控制的职责。"人权"这个概念对抗的是"公权力"，人权为公权力的行动范围划定了边界。侵犯人权的主体不可能是私人权利而只可能是国家公权力，司法权成为了公权力行使的一个有效的刹车装置，通过现代社会的政治性司法权的行使，对于业已侵犯人权或者极有可能侵犯人权的国家权力的合法性与合宪性进行审查与监督，让人权在强大的国家公权力面前可以找到司法权这个"靠山"。"人权原则的实现不仅意味着国家权力的正当性在于遵守宪法确立的基本程序框架，而且也离不开国家权力机构间的有效监督。国家权力的正当性并非仅是一次性地通过确立宪法限制就能满足的。该限制尽管必要，但不一定足够，随时移转，也并不必然是充分的。它要求建立一种制度化的机制，使国家权力不仅仅是把自己的行为约束在宪法已经确定的条件之内，还要持续不断地监控这些条件，对自身的正当性进行持续的反思，并且在必要的时候有效地校正关于这些条件的现存规定。"司法权发挥和有效实现其权力制衡的基础就在于司法权与其他国家权力之间保持的独立地位，司法权只有按照其根本规律独立运行，才有可能通过只服从法律的审判将其他国家权力可能侵犯人权的行动进行法律上的否定性评价，从而对侵犯人权的国家权力及其行动进行有效遏制。没有司法权的独立运行，司法权对于其他国家权力的制衡就不可能实现，人权保障和救济的最后一道防线也将不复存在。因此，司法权的独立运行也就成为一项基本的人权原则，司法权独立运行状况在考量一个国家和地区的人权保障水平时就可以作为重要的参考因素，马克思曾经说过："普鲁斯不可能做到公开和公布，因为自由的国家和不自由的法庭是互不相容的。"①可以说，没有司法权独立运行，是不可能有良好的人权保障，甚至可以说人权状况将非常糟糕，民众的基本自由和基本人权都根本无法得到有效保障，独立的法庭是公民权利的最大守护者。

（四）司法权在三种形态上的独立运行

司法权的独立运行也与上文阐释的司法权的三种形态休戚相关，可以从三个层面展开：首先，作为定分止争的市民性司法权的独立运行，要求司法权在运行过程中应当处于不偏不倚的中立第三方地位，当事人双方的意见应当被平等地听取，裁判者本身与案件没有利益相关，司法权在运行过程中超然独立于案件的利益相关者，市民性司法权的独立主要体现在司法权相对于纠纷双方的中立性上。习近平总书记对司法权的独立运行提出自己的看法："要确保审判机关、检察机关依法独立公正行使审判权、检察权""司法不能受权力干扰，不能受金钱、人情、关系干扰，防范这些干扰要有制度保障"。②作为原生形态的司法权——市民性司法权，最早是在英国完成了与立法权及行政权的分离与独立。英国古典经济学家亚当·斯密在其最伟大的著作《国民财富的性质和原因的研究》一书中对"司法经费"进行了局部讨论。亚当·斯密最后认为"司法权如不脱离行政权而独立，要想公道不为世俗社会政治势力所牺牲，那就千难万难了。"③其次，在政治性司法权中，司法权的重要功能就在于对行政权、立法权扩张的遏制，是将行政权、立法权关进制度笼子的有力武器，拥有丰富社会资源的行政权、立法权对于司法权行使进行反抗和干扰。政治性司法权要求其在运行过程中独立于立法权、行政权才能实现其他权力控制的目的，司法权运行的资源供给、裁判方

---

① [德]马克思、恩格斯：《马克思恩格斯全集（第27卷）》，人民出版社1972年版，第423页。

② 习近平：《在十八届中央政治局第四次集体学习时的讲话》，中共中央文献研究室：《习近平关于全面依法治国论述摘编》，中央文献出版社2015年版，第69页。

③ [英]亚当·斯密：《国民财富的性质和原因的研究（下册）》，郭大力、王亚南译，商务印书馆1974年版，第284页。

式都是充分独立于其他权力分支，司法权在国家权力体系中是作为一个独立分支的权力；最后，作为国家主权组成部分的主权性司法权，在国际上，司法权的独立运行体现在主权国家的领土范围内排除其他国家的司法管辖权和裁判权以及对本国司法权运行可能存在的国际干涉影响，司法权的运行和裁判的准据法是本国的实体法和程序法，一个国家的司法权完全独立于其他国家，在相对封闭和绝对独立的环境中运行。在国际关系层面上，司法权能否实现独立运行根本上在于国家综合实力的提升。在主权范围内，主权性司法权的独立在于司法权是中央权力而非地方权力，绝大多数司法机关虽然设置在地方，但司法权并不属于地方而归属中央，司法权必须独立于地方党委、政府和党政官员的意志，司法权运行不受地方的影响和干扰。在市民性司法权的独立运行中，市民性司法权可能涉及的包括"民告民"的民事诉讼、"民告官"的行政诉讼和"官告民"的刑事诉讼，市民性司法权需要在处理民众与民众、民众与国家权力纠纷中保持独立。虽然人情、面子、金钱、权力等等可能会影响司法官员的判断而造成司法不公和司法腐败，但这些诱惑并非像行政权那样是一种强制的影响，或者反过来说，正是法官能够独立行使司法权，才给予了人情、面子、权力发挥作用的空间。在司法官员独立于双方当事人的情况下，可能影响其判断的就是来自行政性权力或者掌握行政权力的公职人员为了自身利益的干扰，以及在刑事司法当中来自侦查权、公诉权甚至刑罚执行权的干预进而影响司法机关独立作出判断。

（五）司法权独立运行的中外法律文本表达

我国第一部《宪法》即"五四宪法"第七十八条规定：人民法院独立进行审判，只服从法律。历经"文化大革命"后确立的"八二宪法"第一百二十六条规定：人民法院依照法律规定独立行使审判权，不受行政机关、社会团体和个人的干涉。后来的宪法修改也都保留了这个表述。司法权的独立运行在域外国家已经成为权力运行的常态，并且往往都在宪法或者宪法性文件中明文规定。如《德意志联邦共和国基本法》第九十七条第一款规定："法官独立行使职权，只服从法律。"《日本国宪法》第七十六条规定："一切司法权属于最高法院及按照法律规定设置的下级法院。""所有法官依良心独立行使职权，只受本宪法及法律的约束。"《俄罗斯联邦宪法》第一百一十八条第一款和第一百二十条第一款分别规定："俄罗斯联邦的司法权只能由法院行使。""法官独立，只服从俄罗斯联邦宪法和联邦法律。"《大韩民国宪法》第一百零一条第一款规定："司法权属于由法官组成的法院。"第一百零三条规定："法官根据宪法、法律和良心独立审判。"《卡塔尔国永久宪法》第一百三十条规定："司法权独立。司法权由不同种类与等级的法院行使，法院根据法律作出判决。"第一百三十一条规定："法官独立。除了法律，任何权力都不得凌驾于法官的判决之上。任何主体均不得干预司法程序。"《沙特阿拉伯王国治国基本法》第四十六条规定："司法机关是独立机关。判决时，除了伊斯兰教法，没有其他机关可以凌驾于法官之上。"《南非共和国宪法》第一百六十五条"司法权"规定："共和国的司法权赋予法院。法院是独立的并且只受宪法及法律的限制，其必须公正无惧地，不偏不倚地、无偏见地适用宪法和法律。任何个人或国家机构不得干涉法院的运作。国家机构必须通过立法以及其他措施协助及保护法院以确保法院的独立、公正、尊严、开放及效率。法院发出的命令或决定拘束其所适用的所有人及国家机构。"虽然我们的司法改革不能完全移植西方的模式、经验与制度，但是，上述列举各国的关于司法权独立运行的宪法性规定涵盖了发达国家与发展中国家，包括了基督教国家、伊斯兰教国家，以及与我国一样深受儒教影响的日韩等东亚国家，至少可以看出，司法权独立运行的实践与否很难用国情论去解释，司法权独立运行是全世界现代国家与现代政治共识的法理基础，司法权独立运行是人类共同的政治文明的结晶。

第三章 — 市民性司法权

本章开始讨论司法权三种形态中的第一个形态——市民性司法权，市民性司法权的基本目标是解决私人纠纷，本书所使用的市民性司法权一词旨在表达司法权的对象是普通公民之间的矛盾纠纷，司法权在普通民众当中发挥其定分止争的功能，该用法来源于美国吉布森法官在伊金诉罗布案（Eakin v. Raub）的判决书中首次提出的对司法权的可能划分，他认为司法权在某种意义上是可分的，即能分为政治的司法权和纯粹民事的司法权，市民性司法权与政治性司法权具有明显界限。黑格尔甚至认为，司法是市民社会的一个重要部分，而非政治国家所必要的构成要件。①定分止争的市民性司法权是司法权的三种形态中最为原生态的形式，是司法权三种形态的最大公约数。权力制衡的政治性司法权和主权性司法权都是定分止争的司法权在人类文明不断前进中自我演化变异后形成的升级版司法权。司法权从原来的社会属性上升到国内政治属性再到国际关系属性，在司法权的主体、客体、对象上都不尽相同，原生态的市民性司法权的基本属性决定了其他司法权的最基本属性，司法权运行中绝大多数情况下仍然在权力外观上表现为作为中立的第三方裁判矛盾纠纷的司法权。本章论述的定分止争的市民性司法权的对象主要包括民事纠纷、刑事纠纷以及行政权行使不当的纠纷。

一、市民性司法权的起源——理论进路

（一）人类社会矛盾纠纷的解决需要

定分止争的司法权的形成和演进有一个从社会权力到国家权力的

---

①[德]黑格尔：《法哲学原理》，商务印书馆1995年版，第217—219页。

历史过程。司法权作为一种定分止争的司法权的历史演进是建立在社会资源的有限性、司法公正的相对性和权利的稳定性的基础上，司法权的形成和演进在当时的社会条件下是为了更好地化解矛盾纠纷从而保护权利，每个时代都需要符合当时时空条件下的司法权运行方式。在中世纪的欧洲，甚至提出了"然而一个与自由主义理论有关的事实是，让强制执行成为公共事业而不是私人事业，绝对不是确保契约可信和可靠性的途径。一个令人感兴趣的证据是在传统的罗马法实践中，民事诉讼只有判决由法庭作出而那种由国家法庭的垄断，也只是一个特殊事例。历史上也有许多私人判决的例子，判决由受到信赖的同等人和对争执比较了解的半专业仲裁人作出。没有什么理由断定，这些私人安排不如后来的国家垄断来得公平和高效。"[1]司法权面对的对象是矛盾纠纷，司法权也因为矛盾纠纷而产生的，是人类在行动中不可避免出现的双方自身无法调和与化解的纠纷催生了被视为中立的第三方角色的介入，在形成稳定的某种共识性的规则、理念乃至习俗的秩序后，在其不断获得权能并成长为权力后也就出现了我们称为"司法权"的权力。博登海默指出："历史表明，凡是在人类建立了政治或社会组织单位的地方，他们都曾力图防止不可控制的社会现象，也曾试图确立某种适合于生存的秩序形式。"[2]清末法学家沈家本分析道："人不能无群，有群斯有争，有争斯有讼，争讼不已，人民将失其治安，裁判者，平争讼而保治安者也。"[3]因此，虽然在不同的时代、国家、地区、民族、村落当中可能由于地理环境、文化习俗、物质条件等原因呈现出不同的司法权表现形式和行使方法，但是无论是司法权还是其他准司法权性质的权力的出发点与归宿点都在于有效地解决矛盾纠纷，在根本上服务于形成良好的社会秩序。

---

[1][英]安东尼·德·雅赛：《重申自由主义》，中国社会科学出版社1997年版，第85页。
[2][美]博登海默：《法理学：法律哲学与法律方法》，邓正来译，中国政法大学出版社1999年版，第153—154页。
[3]沈家本：《历代刑法考》，张全民点校，中国检察出版社2003年版，第2235页。

定分止争毫无疑问是司法权最原始的功能，"定分止争"语出《管子·七臣七主》，其意为"确定名分、止息纷争"，"定分止争"相较于"定纷止争"具有更为丰富的内涵，尤其是"定分"意为确定名分，在法律上就意味着一种"确权"，是对权利的界定和确认，体现了司法权在根本上的权利指向。塔尔提出："司法最初的功能是裁判案件。"①本书在这一部分，就从司法权最原生态的定分止争这个形态阐释司法权。定分止争是司法权之所以为司法权的逻辑起点，是司法权的最基本功能，正如费斯所言，从某种意义上看，现代社会解决纠纷的司法本质与机理，与传统社会由德高望重的长者裁断纠纷并无二致。"两个人从本性出发为财产而争执不休。他们为此进入僵局，接着为了寻求力量，他们转向由第三方或者陌生人作出决定。法院是机构化的陌生人。"②司法权对于矛盾纠纷的解决实质上是法院这个利益不相关的第三方对权利的界定，是解决权利之间的冲突，是回应当事人的权利主张。《布莱克威尔政治学百科全书》中"司法"的含义包括：在诉讼案件中，对有关当事人之间的权利分配问题作出有约束力的裁决；而这些权利被认为在原则上已为现行的法律所确定。③而这个有约束力的裁决，需要由一个权威的机构作出，这个机构必须是超然于纠纷之上并且能够做到不偏不倚的中立，在各个国家往往都由法院作为裁判机构，由法官作为机构权力的行使者和裁判作出者。在汪习根教授看来，司法权的行使本质上是一种对利益的重整，"司法权旨在对民意加以分析、筛选、判断与确认，对争议利益在性质上进行明确区分，使不具有合法性的利益被分离、使合法的利益被涵盖"。④利益是权利的一种形式，对于利益争议的解决实际上也是对权利冲突问题的解决。可以看出，无论

---

①TAYOR A. *The Civil Law System*.New York:Little,Brown and Company,1957,p.1129.
②[美]欧文·费斯：《如法所能》，师帅译，中国政法大学出版社2008年版，第32页。
③[英]戴维·米勒、韦农·波格丹诺：《布莱克威尔政治学百科全书》，邓正来等译，中国政法大学出版社1992年版，第6页。
④汪习根：《司法权论——当代中国司法权运行的目标模式、方法和技巧》，武汉大学出版社2003年版，第18页。

是古今还是中外，司法权的定分止争功能，即对于权利冲突和矛盾的裁判决定了司法权之所以成为司法权。

（二）洛克的司法权起源理论

在市民性司法权的起源上，西方国家从政治哲学角度对作为权力的司法权进行研究，洛克从西方政治哲学的基础——"自然状态"出发。"人们既生来就享有完全自由的权利，并和世界上其他任何人或许多人相等，不受控制地享受自然法的一切权利和利益，他就自然享有一种权力，不但可以保有他的所有物——即他的生命、自由和财产——不受其他人的损害和侵犯，而且可以就他认为其他人罪有应得的违法行为加以裁判和处罚，甚至在他认为罪行严重而有此需要时，处以死刑。"①洛克虽然仅仅提出了立法权和行政权，但是事实上洛克已经提出了大量有关裁判权的论述，只是在其理解当中仍然将司法权作为行政权的一种。洛克在《政府论》下篇中展开了如下的论述："第一，在自然状态中，缺少一种确定的、规定了的、众所周知的法律，为共同的同意接受和承认为是非的标准和裁判他们之间一切纠纷的共同尺度。因为，虽然自然法在一切有理性的动物看来，是既明显而又可以理解的，但是有些人由于利害关系而存偏见，也由于对自然法缺乏研究而茫然无知，不容易承认它是对他们有拘束力的法律，可以应用于他们各自的情况。第二，在自然状态中，缺少一个有权依照既定的法律来裁判一切争执的知名和公正的裁判者。因为，既然在自然状态中的每一个人都是自然法的裁判者和执行者，而人们又是偏袒自己的，因此情感和报复之心很容易使他们超越范围，对于自己的事件过分热心，同时，疏忽和漠不关心的态度又会使他们对于别人的情况过分冷淡。第三，在自然状态中，往往缺少权力来支持正确的判决，使它得到应有的执行。凡是因不公平而受到揭害的人，只要他们有能力，总会用强力来制正他们所受到的损害；这种反抗往往会使惩罚行为发生危险，而且时常使那些企图执行惩罚的人遭受损害。""在这种自然状态中，由于人人有惩罚别人的侵权行为

---

①[英]洛克：《政府论（下）》，叶启芳、瞿菊农译，商务印书馆1964年版，第78页。

的权力，而这种权力的行使既不正常又不可靠，会使他们遭受不利，这就促使他们托庇于政府的既定的法律之下，希望他们的财产由此得到保障。正是这种情形使他们甘愿各自放弃他俩单独行使的惩罚权力，交由他们中间被指定的人来专门加以行使；而且要按照社会所一致同意的或他们为此目的而授权的代表所一致同意的规定来行使。这就是立法和行政权力的原始权利和这两者之所以产生的缘由，政府和社会本身起源于此。"①从洛克的这些分析中可以看出，洛克认为司法权主要是执行惩罚权，来自于人们建立国家时相互形成的社会契约的转让。洛克的裁判权理论被包含在洛克的对于政府的契约理论的基础上。洛克认为，人们在自然状态中拥有两种权力：一种是根据自然法自我选择行为的权力；一种是处罚违反自然法的罪行的权力。洛克事实上认为，司法只是审理和裁判社会成员个人与个人之间的矛盾纠纷。洛克从自然状态这个人为构造出来的概念入手，对司法权的起源和最初始的"审理和裁判社会成员个人与个人之间的纠纷矛盾"这个功能展开了严谨的理论推理，让我们对司法权何以在人类社会出现和产生具有了初步的理论认识。但是，洛克的契约论以及作为契约论逻辑起点的"自然状态"这个概念，是一个并未获得实证考察和在人类学意义上得到印证的概念，也没有与其相关的历史记载，是一个在政治哲学上被设计出来的概念。因此，除了理论考察之外，本书运用一些人类史和法律史的现有材料，对司法权的历史和演进进行一个概括的描述。

二、市民性司法权的起源与发展——历史视角

人类社会对于矛盾纠纷解决经历了从同态复仇和血亲复仇为标志的私力救济、神明裁判、族长裁判再到国家裁判这些历史时期，即使到今天，绝大多数国家的司法权都是由国家掌握。"故国家愈进步，私力

---

①[英]洛克：《政府论（下）》，叶启芳、瞿菊农译，商务印书馆1964年版，第77—78页。

救济的范围愈益缩小，以至于现代法律遂以禁止私力救济为原则。"①
如果把司法权视为一个商品，那么司法权经历了从自产自销、以物易物
到向国家购买服务这个过程，"自产自销"阶段是指私力救济阶段通过
同态复仇和血亲复仇完成的权利救济，"以物易物"阶段是指民众直接
向族长、长老等具有较高的权威威信的个人寻求纠纷矛盾的公正解决阶
段，到了"向国家购买服务"阶段，是指矛盾纠纷的解决需要公民支付
一定的费用（无论以税收的形式还是诉讼费用的形式）向国家购买"裁
判服务"以及附属的"强制执行"服务。这其实也证明了人类社会的
司法权经历了由社会司法权向国家垄断司法权的历史过程，是社会权力
向国家权力的一次非常重要的让渡仪式。人类建立政治社会组织后，国
家司法权和社会司法权仍然共存于纠纷解决体系中。正如季金华教授指
出，法院"通过适时地提供判决，并且因此通过参加该制度政策产品的
创制，司法机构维持了自身的存在和它在社会中的持久作用"②。"权
威观"的最早形式表现为对由神定或神授的规则体的信奉③，最后进化
为宪法化和法律化的人民意志高于一切的权威观，人们最终形成了这样
的共识:裁判机关必须依据法律来进行裁决，而不是依据某些人的意志
或伦理道德规范。司法权的这个过程意味着人类对于矛盾纠纷解决者信
任的变化过程，矛盾纠纷解决的权威经历了个人强制力、族长权威到国
家权威，同时也是由不同的物质生产条件和技术手段的客观条件所决定
的。本书对于司法权的历史演进并非单线条的历史线性描述，而是通过
私力救济阶段、神明裁判阶段、族长长老裁判阶段与政治国家掌握和垄
断司法权阶段这四个类型化的阐释与研究，对司法文明进程中的历史或
者现实存在的具有典型代表的司法权类型进行阐述，而并非意味着在某
个阶段只存在其中某种司法权运行方式，事实上往往是不同的司法权运
行方式在不同文明阶段中共时性地存在，互为补充。

---

① 梁慧星：《民法总论》，法律出版社1996年版，第252页。
② 季金华：《司法公信力的意义阐释》，《法学论坛》2012年第5期，第12—18页。
③ [美]罗斯科·庞德：《法律史解释》，曹玉堂、杨知译，华夏出版社1989年版，第2页。

（一）私力救济阶段

定分止争的司法权是以一种第三方权力介入代替纠纷双方以同态复仇和血亲复仇为标志的私力救济的产物。有人的地方就有矛盾和纠纷，矛盾是普遍存在的，关键在于如何化解矛盾。人类社会的文明进程与纠纷解决方式的进程是高度同步的，通过作为中立第三方的司法权化解矛盾纠纷是人类进入"文明"时代的重要标志，司法文明的产生是人类文明的重要组成部分。正如洛克所言，"设置在人世间的裁判者有权裁判一切争端和救济国家的任何成员可能受到的损害"，"而由于这种裁判者的设置，人们便脱离自然状态，进入一个有国家的状态"。①原始社会也有与自己的生产关系和社会关系相适应的各种矛盾和纠纷，也曾经出现解决矛盾和纠纷的私力救济方式，但是由于这种解决的方式具有不可克服的缺陷，私力救济可能导致的是人类社会中弱肉强食的丛林法则，复仇只可能导致更大的仇恨，每个人都有或者潜在存在着可能发起复仇的敌人，人们的权利永远不可能处于稳定的状态，甚至无法谈及权利的概念。原始社会的私力救济更多的是人类好斗野性的野蛮展现，与高级动物族群并无实际区别，如果矛盾纠纷无法得到及时而合理的解决，依赖同态复仇的纠纷解决方式与人类文明无关，也不可能真正化解纠纷，不可能保护原始社会中的人的权利和利益。血亲复仇和同态复仇是血亲集团或个人之间的无限多回合的博弈，而这种博弈对于当时的社会而言显然是一种负和博弈，对于负和博弈，理性的社会都会尽量降低博弈的回合，减少这种多回合的反复博弈带来的经济损失，所以，这种矛盾纠纷解决方式不可能长期被人类社会所接受。从公正性的角度上，我们把这种纠纷姑且称为"强者的正义"。

（二）神明裁判阶段

在私力救济不能满足大部分矛盾纠纷的解决后，人类认识到了同态复仇与血亲复仇可能带来的无休止的纠纷与矛盾以及耗费人力物力的高

---

①[英]洛克：《政府论（下）》，叶启芳、瞿菊农译，商务印书馆1964年版，第53—54页。

成本解纷方式已经无法满足人们解决矛盾纠纷的实际需要。人类社会从无休止的同态复仇和血亲复仇的解纷方式逐步走向了来自第三方中立者的权威裁判。富勒曾就此指出："法治的目的之一在于以和平而非暴力的方式来解决争端。但和平解决争端并非仅靠协议、协商和颁布法律等就能实现的。必须有一些能够在争端发生的具体场合下确定各方权利的机构。"①虽然成文法律仍然没有出现，但是神明裁判是比较早期的一种相对和平解决争端的裁判方式，通过有组织的"神明裁判"能够和平地确定权利，远离暴力的同态复仇。在人类的意识中，神具有无所不能的能力，自然包括主持公道，神明裁判成为人类诉诸正义的方式。神明裁判包括水裁、火裁、对神宣誓以及其他的一些形式，比如说我们常说的皋陶，就塑造了中国人当年所崇拜的半人半神的形象。虽然神明裁判在现代意义上缺乏科学依据，但是在一个文明程度较低、生产力极端落后的时代和社会中，比起可能无休止的同态复仇与血亲复仇却能够给予一个让纠纷双方都能在程序上和心理上接受的裁判结果，神明裁判借助于当时人类由于内心的不安而构建出来的内心的神明，具有可以让人类完全发自内心服从的裁判权威和力量，神明裁判是超脱于矛盾纠纷双方的来自第三方的判断力量，在对神明存在的敬畏之心下，比起对于私力救济中彼此互相不服，人类不可能对神明不服和不敬。神明裁判给予了矛盾纠纷的终局性裁判，让矛盾纠纷就此画上休止符，权利回归稳定的状态，而无论权利是否被科学地裁判。

但是这种化解方式本身又是有缺陷的，因为它的裁决在数学上类似随机事件，裁判是否公正可以说就是随机事件的概率，而无法保证在结果上的公正性，但是，正是由于没有更好的方式能够寻找到更加公正更加权威的裁判结果，神明裁判中神的旨意才是能够假装"公正"的，至少是一种概率上的公正，或者说是运气正义论，这种运气正义和概率正义至少实现了机会均等和作为公平的正义，每个人在神明面前都是平

---

①FULLER L L. " The Forms and Limits of Adjudication". American Court System.New York:W.H.Freman &Company,1978.

等的，无论其在武力上的多寡强弱，这种"正义"避免了同态复仇和血亲复仇带来的"强权即公理"。并且，通过第三方裁判带来的这种可能"不公正"的结果，矛盾和纠纷会尽量通过私力救济避免被提交到神明裁判（这里的私力救济是指协商与和解，同态复仇和血亲复仇在这个阶段已经被排除），大部分理性个人都不愿意将自己认为有理有据的权利诉请交给一个可能是随机的神意，而协商和解对于双方和社会来说都是成本较低的解纷方式，在现代社会亦是如此。因此，神明裁判用一种并不科学和不公正的裁判方式促进了纠纷的解决和权利的稳定，相较于原始社会的私力救济，神明裁判的特点在于由利益无涉的第三方权威按照特定的仪式和程序作出裁判，初步具备了现代司法权所要求的中立性和程序性。从公正性的角度上，我们将之称为"运气的正义"。

（三）族长、长老裁判阶段

随着人类文明进程的发展，科技进步带来了人们认识自然、改造自然、认识真理能力的显著提高，对于矛盾纠纷的解决也逐步走向对理性与实质效果的追求，因此，回归到由人来处理人之间的纠纷而非虚无缥缈的神意成为纠纷解决的客观需要。在当时的社会条件和技术手段下，人们认为可以借用世俗社会中人的理性与物质力量寻找到真相与公正，世俗的公正可以摆脱神明而用世俗法方式去实现。矛盾纠纷的化解方式进而世俗化。这种解决方式建立在人们不再将正义寄托于无法察觉的神明做出的裁判之上，裁判逐渐从具有高度宗教色彩回归到世俗世界，用世俗的裁判主体和裁判方式解决世俗的矛盾纠纷。人们选择了同样能够做到第三方中立的裁判者，将信任委托于他。苏门答腊的库布人，由"长者调停争执，并对犯法行为进行惩罚"[1]；晒延人的印第安部落在其成员双方发生纷争时，则由部落首领、部落委员会或者军事集团出面解决；西非的阿散蒂部落不仅由共同尊敬的长者或族长负责调停族内纠纷和族外纠纷，而且他们还可以通过这些调停活动得到一些象征性的小

---

[1][英]埃利奥特·史密斯：《人类史》，李申等译，社会科学文献出版社2002年版，第169页。

礼品或者一点棕榈酒。①在爱斯基摩人的世界里，一个人如果屡次因为暴力、盗窃、谋杀等行为威胁到部落安全，就可能被酋长和祭司处死。正如恩格斯对这个时期的矛盾纠纷解决方式描述的那样："没有军队、宪兵和警察，没有贵族、国王、地方官和法官，没有监狱，没有诉讼，而一切都是有条有理的。一切争端和纠纷，都由当事人的全体即氏族和部落来解决……在大多数情况下，历来的习俗就把一切调整好了。"②在当时，比如中国农村乡绅自治社会中形成的各个家族的族长以及西方社会的封建领主们，在矛盾纠纷当中成为了公平正义的主持者或者说是矛盾纠纷的化解者，他们解决纠纷的效果和管辖的范围都是皇权或者君权无法触及的地带，事实上成为了特定范围内的司法长官。

在那个时期中西方的裁判权运行方式虽然不尽相同，但都是根据各自相应的规则、政策和习惯法等法律渊源形式作出判断，尽管这些标准是零散的、模糊的、彼此对立的、甚至是前后不一致的，和近现代社会法律渊源的相对明确性和连贯性不可同日而语，有可能表现为具有浓厚宗教色彩的图腾、禁忌，日积月累的风俗、习惯，维持当时生产和生活条件的共同规则，处理具体行为和类似行为后形成的判决、判例，"原始人的法"包括非常粗疏的原则和政策，甚至是具有明显阶级倾向的习惯法。正是借助于这些原始的、粗糙的标准，神明裁判的武断性、任意性和世俗裁判的主观性、片面性，才受到一定程度的抑制，并在抑制的过程中，使它们在连接世俗裁判者和现实社会矛盾和纠纷的作用，日趋突出。③庞德在理解法律起源时候就曾经指出："在一个不以个人为单位而以血亲集团为单位的血亲组织社会中，法律的任务只是在好战集团之间保持和平这样一个简单任务。如果一个血亲集体成员伤害了另一个成员，就由血亲集团的内部纪律来加以处理。如果某一个血亲集团的成

---

① [美]霍贝尔：《原始人的法》，严存生等译，贵州人民出版社1992年版，第22页。
② [德]马克思、恩格斯《马克思恩格斯选集（第4卷）》，人民出版社1972年版，第92—93页。
③ 吴春雷、张晓燕：《发生意义司法权的逻辑结构分析》，《山东警察学院学报》2011第3期，第33—39页。

员伤害了另一个血亲集团的成员，就没有共同的上级来调整所产生的争端。而通常的结果就是血亲复仇。最早设计的法律制度，是通过要求被害血亲放弃复仇行为和规定旨在确定事实的机械的审讯方式，来调节并最终制止私人之间的战争。"①这个时期的司法权最突出的特点就是司法权的行使主体成为了具有社会理性的个人，开始用世俗的方式解决世俗的纠纷，不再将纠纷裁判和纠纷化解寄希望于神明，并且出现了所谓"原始人的法"，定分止争出现了稳定的规则、政策、习惯法等依据，人们事实上生活在这些规则、政策、习惯法中，通过规则、政策、习惯法约束自身的行为，对行为后果提前做出预测和判断，在规则、政策和习惯法中趋利避害，司法权终究成为了世俗的权力，正义成为了规则之内的正义，权利受到了规则、政策与习惯法的保护。从公正性的角度上看，这是一种"理性的正义"。

（四）政治国家掌握和垄断司法权阶段

随着政治国家的出现和建立，司法权的权力来源逐步从社会过渡到由国家垄断，但仍然有强烈的宗教色彩，也同时允许部分的私力救济方式②。在古代西方，司法权由民众法庭审判，在古代中国，出现了"官僚化审判"。在古埃及，"在法律上，法老是最后裁决者。任何案件，如有必要，均可呈请法老裁决"③。在古巴比伦，祭司扮演了法官的角色，神庙成为了审判的场所；汉穆拉比时代国王所享有的"伸张正义"、"铲除邪恶"、"抑强扶弱"的最高审判权力，被认为是直接从主管司法的太阳神手中接过来的。古印度吠陀时代，自治的乡村均有民选的裁判官，到国家形成后，主要由婆罗门宗教贵族行使审判权。在中国，"理，治狱官也。""士，夏曰大理，周曰大司寇。"主要功能是

---

①[美]庞德：《通过法律的社会控制》，沈宗灵等译，商务印书馆1984年版，第11页。
②古埃及的《汉谟拉比法典》当中就规定了一系列的比较原始的私力救济的方式，比如以牙还牙、以血还血等。参见《汉谟拉比法典》，法律出版社2000年版。古印度的《摩奴法典》就规定了通过私力救济的方式来索取债务是符合法典规定的，参见《摩奴法典》，法律出版社2000年版。
③[美]威尔·杜兰特：《世界文明史·东方的遗产》，幼狮文化公司译，华夏出版社2010年版，第113页。

"以诘邦国，以刑百官，以纠万民。"①周礼曾云：大司徒"以两造禁民讼，入束矢与朝，然后听之；以两剂禁民狱，人钧金。三日，乃致于朝，然后听之"②。在中国古代"司法"不仅有主管执掌法律之义，还是一种官名。《辞源》对"司法"作了如下解释："司法，官名。如两汉郡之佐吏有决曹，贼曹掾，主管刑法。北齐称法曹参军。唐制，在府叫法曹参军。元废。"③从这些文献当中可以看到，中国古代社会很早就开始由国家设置专门的"纠万民"的官职。在西方，比较典型的是在雅典城邦时期，梭伦通过改革废除了贵族对于司法权控制，而由人民参与到法庭中审判，最后出现了"人民服从治理的人，而治理的人服从法律"的局面④。克利斯提尼和伯里克利执政后继承了梭伦改革带来的政治遗产，促进了平等人的审判，尤其是解决私人争执的时候，每个人在法律上都是平等的。⑤当时雅典的法庭是一个非常庞大的机构，最少的时候也有201人，一般有501人，最多的时候有1001人⑥，著名的苏格拉底之死就是由民众法庭审判的。所以说，中国古代社会的审判是不断走向国家化审判，而西方国家则不断体现民众法庭或者同等人的审判，这些理念事实上直接影响了当今中西方不同的审判方式和司法理念。

战国时期的秦国在商鞅的影响下设置了系统的司法权官职："天子置三法官，殿中一法官，御史置一法官及吏，丞相置一法官。诸侯郡县，皆各置一法官及吏。"⑦秦始皇统一中国之后，继承了秦国的政治法律制度，推行法家思想，厉行法制，中央最高司法长官被称为"廷尉"，代替了"大司寇"。其"属下有左右正、左右监及掾吏"。"秦

---

① 张兆凯：《中国古代司法制度史》，岳麓书社2005年版，第1—3页。
② 《周礼·秋官司寇》。
③ 商务印书馆编辑部：《词源（修订本）》第2册，商务印书馆1979年版，第464页。
④ [美]威尔·杜兰特：《世界文明史·希腊的生活》，幼狮文化公司译，东方出版社1999年版，第153页。
⑤ [古希腊]修昔底德：《伯罗奔尼撒战争史》，谢德风译，商务印书馆1960年版，第130页。
⑥ 胡伟：《司法政治》，三联书店（香港）有限公司1994年版，第7页。
⑦ 《商君书·定分》。

有十失，其一尚存，治狱之吏是也。"①这就突出了秦朝在司法权建设方面的贡献；汉承秦制后，汉武帝推行"独尊儒术，罢黜百家"的思想策略，原本奉行法家思想并且"缘法而治"和"事断于法"的司法官员越来越受到儒家思想的影响，中央司法官员改名为"大理寺卿"，中央司法机构被称为"大理寺"，专门化的审判机构基本建立并为后世所继承，唐代的"三法司"就是由大理寺、刑部、御史台三个机构构成，其审判制度被称为"三司会审""三司推事"的制度。从这些材料中可以看出，随着政治国家的出现，司法权从一种纯粹的社会权力被国家所垄断，司法权在被国家垄断后，司法权威不再依靠纠纷双方的力量、神明的力量与族长的力量，而是依托国家这个政治共同体的力量，在这个阶段司法权最显著的特征就是逐步被国家垄断并由国家作为司法权的权威力量，政治国家成为公平和正义最有力的实现者，权利受到了来自国家权力的保障。正如瞿同祖所言："法律机构发达以后，生杀予夺之权便被国家收回，私人便不再有擅自杀人的权利，杀人便成为犯罪的行为，须受国法的制裁。"②国家垄断了司法权后，国家可以调动更多的社会资源来保障司法权的公正行使，只有通过司法权定分止争，让矛盾最终都得以通过司法的方式得到解决，那么对于国家而言，这是维系社会秩序，保证社会稳定和政权稳定的有效方式。"国家之所以成为居于社会之上的力量，是因为国家除了执行阶级统治这个主要职能之外，还必须负担缓和社会内部冲突、顾及社会整体利益的公共职能。"③在西方的中世纪，教会的权威对于社会秩序的构造起了举足轻重的作用，教会法与世俗法作为规范性权威共时性地存在并作用于当时的社会秩序，教会法与世俗法分别调整着人们的精神世界与世俗世界，教会法庭与世俗法庭分别适用不同的规范，裁决不同领域的纠纷。

汪习根教授认为："秩序是司法的第一功能，古有定分止争的司法

---

① 《汉书·刑法志》。
② 瞿同祖：《中国法律与中国社会》，中华书局1981年版，第70页。
③ 李光灿、吕世伦：《马克思恩格斯法律思想史》，法律出版社1991年版，第684页。

功能之说，今有秩序之法律基本价值之谓。"①从汪习根教授的论断中可以看出，定分止争是司法的最基本功能，而这个功能的目的是服务于国家对于社会秩序的维系，保证国家的政治秩序和社会秩序。莫斯卡从政治科学的角度提出，"法官是大众道德意识的工具，他们通过一个个案子，抑制个人的激情欲望和作恶本能，使其得到有效控制。"②定分止争对于国家司法权而言具有维系社会秩序底线的功能。如果民众的公正诉求无法得到满足，如果秩序的破坏者和制度的机会主义者无法得到公正地处理，权利将长期处于不稳定、不安定状态，必然导致私人救济和解纷力量的壮大（比如黑帮替人讨债行为）。在国家垄断司法权后，社会内部通过其他方式对矛盾纠纷的解决就成为了国家权力不欢迎的产物，尤其是带有血亲复仇性质的私力救济等行为是对国家试图建构的法律秩序的极大挑战，是国家权力无法容忍的。司法权的这种社会化成为对国家政权的威胁与不稳定因素。因此，国家对于司法权的掌握与司法资源的供给是古代以来司法权的客观需要和国家的主观推动的结果。定分止争的司法权在被国家垄断后成为了权威的判断权，正如恩格斯所言："这种公共权力在每一个国家里都存在。构成这种权力的，不仅有武装的人，而且还有物质的附属物，如监狱和各种强制机关，这些东西都是以前的氏族所没有的。"③从司法权的公正性角度上看，国家垄断司法权后实现的是一种"国家主持的正义"。

从上述司法权的演进过程可以看出，司法权的形成和演进的根本目标是化解矛盾纠纷，司法权的形成与演进与法律的从无到有、从零散分布到体系化是相得益彰的，因为，司法所司的是"法律"，人类学家霍贝尔认为："我们所说的法律行为的领域，如果出现在尚无文字的人类

---

① 汪习根：《司法权论——当代中国司法权运行的目标模式、方法和技巧》，武汉大学出版社2003年版，第5页。

② [意]加埃塔诺·莫斯卡：《政治科学要义》，任军锋等译，上海人民出版社2005年版，第186页。

③ [德]马克思、恩格斯：《马克思恩格斯全集（第21卷）》，人民出版社1956年版，第195页。

文化中，我们就称之为原始法律；如果在刚跨进文明门槛的古代社会中就被人们发现，就称之为古代法律；而当我们经过文明发展的社会结构中找到它，就称之为现代法律。"①人类的定分止争司法权运行也经历了从原始社会的神明裁判、族长裁判到现代的法院裁判，司法权也逐步形成了被动性、中立性、程序性、法律性、理性化和国家化的特点。定分止争的司法权是来源于社会而最终被国家垄断的权力，这与法律社会学家埃利希的"法律发展的中心自远古以来就不在国家的活动，而在于社会本身"的观点不谋而合，法律社会学理论关注的是法律在社会中的产生："法律史已证明，最初，立法和执法都是在国家范围以外的。司法并不是来自国家，而是根源于国家存在以前。"②但是，司法权的形成和演进并非完全是线性演进，在许多历史时期，不同的司法权形式是共时性存在的，比如在古代中国，我们既有乡绅社会中的家长、族长对于家族内部事务的管理和裁断，同时在县级以上又是以国家司法权为主要形式；在同一时期的一些少数民族聚居区域，仍然以神明裁断作为司法权运行的主要形式，而在其他地区早已进入国家垄断司法权的时代。因此，本书对于司法权演进和形成的分析主要是从宏观上做一个概括描述，而非法制史研究意义上的考察。

三、"委托—代理"框架对司法权演进的分析

从制度经济学的角度看，司法权是由民众委托给司法权的主体代理行使的权力，与洛克的契约论较为相似，民众与法院、法官之间的关系是"委托—代理"的关系，"委托—代理"关系可以形成的基础是信任，"委托—代理"关系中需要解决的是代理人的机会主义问题以及为了克服代理人机会主义问题所需要的监督成本问题。司法权的产生和演进的过程是人类在纠纷面前对解纷主体与解纷方式的信任不断产生变

①[美]霍贝尔：《原始人的法》，严存生等译，贵州人民出版社1992年版，第192页。
②沈宗灵：《现代西方法理学》，北京大学出版社1992年版，第272—273页。

化的过程：在私力救济时代，人们只信任自己的血亲集团和自己的拳头，用武力和复仇的方式去解决纠纷；在神明裁判的时代，基于来自对宗教的信仰，人类的信任在当时的物质条件和发现事实的技术手段有限的情况下转移到了信仰的神明上，神明裁判这种并不科学的裁断方式之所以能够持续存在一个时期，根本上来自于人们内心的信任；到族长、长老裁判时代，人们将公正解决矛盾纠纷的信任交给了自己族群中的权威——族长和长老，交给了理性的具有一定权威的个人；在政治国家出现以后，与其说国家垄断了司法权，不如说人类自己将公正解决纠纷的期待交给了国家这个"利维坦"。在这里，神明、族长、国家都成为了解决矛盾纠纷的代理人，司法权的出现就是一种委托—代理关系的形成，而人类在不同时期为何将解决共同体内纠纷矛盾的权力委托给了不同的主体，其在于基于信任程度而产生的对代理人机会主义行为监督成本的变化。在处于较为蒙昧状态的神明裁判时代，矛盾解纷的过程与其说是相信正义不如说是相信仪式的正当性与神明的权威性，正是因为人类自身无法寻找到更好的方式来寻找真相和正义，才将公正诉诸无理性的神明，其监督的成本只是对于世俗世界的仪式的监督，较低的监督成本符合当时社会物质条件和技术手段；到了族长裁判时代，作为有情感、有理性的被委托人——族长、长老成为了裁判主体，族长、长老在可以运用理性解决矛盾纠纷之时，也可能基于理性和情感而机会主义行事，作出因为私心和理性的不公正裁判，这个时候就需要相对较高的监督成本，但是因为族长和长老的裁判权直接来源于作为部族成员的委托者，如果机会主义行事就会让委托者撤回委托授权，因此其监督是非常直接的，因而监督成本较低，但是这种监督能够发挥的空间也是十分有限的，其原因就在于族长的权威在绝大多数情况下难以被真正地监督和挑战。在国家出现以后，解决矛盾纠纷代理人成为了基于国家公权力产生的法院和法官，与族长、长老仍是族群内部的甚至具有血缘关系不同，法院和法官必须回避这些可能影响司法公正的血缘关系，法院成为了机构化的陌生人。长老、族长审判时代因为存在血缘关系而令其机会主义行事的空间较小，因为其机会主义行事而偏私裁判可能导致其中族群内部长时间付出巨大成本所建立起来的权威削减，在抬头不见低头见的族群中容易形成"舆论"监督，"唾沫星子淹死人"是对代理人的无形监督。

国家掌握司法权是因为代理人与授权者在血缘和"关系"上割裂开来，防止血缘、关系等因素可能带来的对司法权公正行使的影响。但是，在相对陌生的社会，血缘关系对司法权的公正行使的影响式微，但是作为金钱等一般等价物带来的物质诱惑却成为影响司法权公正行使的重要因素，金钱等成为了代理人机会主义行事的重要诱因，并且这种影响可能超越任何一个局部和个案，可能发生在任何一个裁判之中，因此需要更加严格的耗费成本的监督。法院及其法官作为代理人在接受委托后是相对独立于委托者行使国家司法权，委托者作为一个整体对司法权的监督就十分困难，只能依赖委托者委托给国家的其他权力，比如更高位阶的君主权力，平行的财政权、立法权、行政权等来实现以权力制约权力的监督方式，这种陌生人化的监督成本是这几种裁判方式中最高的。因此，可以说，司法权的演进是人类寻求更加公正的纠纷解决方式的一次次试错和探索的结果，在司法权的演进路径上，司法权的委托者和代理者的距离被拉得越来越远，从委托者和代理者的关系上看，司法权行使者的机会主义行事空间越来越大，对于其进行监督的成本也越来越高，其根本原因还是在于随着生产力的进步，经济发展的需求和压迫导致了人类社会结构的变迁和以血缘为中心的氏族团体的瓦解，人与人之间的关系逐渐原子化和陌生化，法院机构陌生化根本原因是人与人之间关系的陌生化，并且随着人类物质财富的积累，通过权力来监督权力是人类可以承受的监督成本，从而最终形成了国家垄断司法权的局面。

四、市民性司法权的特征

从定分止争的司法权的历史演进，我们可以看出，定分止争的司法权当且应当具备独立性、被动性、中立性、程序性、终局性和国家化等特点。司法权的独立性、司法权的终局性、司法权的国家化等都在总论部分已经展开讨论，司法权的这些品质和性格涵盖了本书定义的司法权的三种形态，在此就不再赘述。本部分主要分析和阐释司法权的被动性、中立性、程序性与民主性。

（一）司法权的被动性（消极性）

从司法权的历史演进可以看到，司法权的产生来源于矛盾纠纷的出现，并且矛盾纠纷只能依靠第三方的中立机构来解决。如果没有上述的矛盾纠纷的推动甚至逼迫，人类不会发明出司法权这样一个权力。从司法权初始意义上的社会权力这个角度看，司法权来源于社会的解纷需要，无论是神明裁判、族长裁判还是国家化了的司法权，司法权都是因为社会中的矛盾纠纷在禁止了无休止的同态复仇、血亲复仇的情况下无法通过合作、和解方式解决才向第三方发起了裁判请求。司法权与积极的、主动的行政权力是截然不同的，行政权力需要主动调整、引导、规范人们的行动。定分止争的司法权与作为权力控制的司法权也具有不同的属性，作为权力制约和控制的司法权是以能动司法为司法哲学的基础，司法权在这个维度上不能消极被动，否则就无法有效地制衡权力，维护宪法和民众的权利。因此，无论是托克维尔著名的"从性质来说，司法权自身不是主动的。要想使它行动，就得推动它。向它告发一个犯罪案件，它就惩罚犯罪的人；请它纠正一个非法行为，它就加以纠正；让它审查一项法案，它就予以解释。但是，它不能自己去追捕犯罪、调查非法行为和纠察事实。如果它主动出面以法律的检查者自居，那它就有越权之嫌"[①]，还是美国法官格雷的"法官是一种由某一有组织的机构任命，并应那些向其主张权利的人申请而确定权利和义务的人。正是由于必须有一项向他提出的申请他才采取行动这一事实，才将法官与行政官员区别开来"[②]等关于司法权耳熟能详的名言和论断，都是在讨论作为定分止争意义上的司法权所具有的特点。

定分止争的司法权被动性主要表现在：

---

①[法]托克维尔：《论美国的民主（上卷）》，董果良译，商务印书馆1991年版，第110—111页。
②HOROWITZ D L. *The Courts and Social Policy*. Washington:the Brookings Institution,1977, pp.22—23.

（1）司法权程序启动上的被动性。"无诉讼即无裁判，无诉求即无法官。"司法权是不告不理的权力。通过司法维护社会正义是一个社会最为底线性的正义实现形式，也就是说一个社会绝大多数的纠纷矛盾的化解与正义的实现都没有通过司法权或者与司法权有着直接关系的方式化解，最终能够进入司法领域直至需要司法裁判才能解决的矛盾纠纷属于极少数。司法权在矛盾纠纷的汪洋大海中根本不可能主动寻找和选择适合自身解决的矛盾纠纷，这样的策略在经济效益上也是十分低下的。并且，司法权的解决方式对于当事人、社会和国家来说都是成本最高、消耗最大的方式，当事人极有可能基于实实在在的经济策略而通过其他方式解决社会矛盾，因此，司法权在启动程序上会采取的是"守株待兔"的保守策略，是一种经济上合理的策略。司法权启动上的被动性同时包含着上诉程序上启动的被动性，只有当事人及其他权力机关对于其认为有失公正的判决可以再次启动上诉程序，作为司法权主体的法院及法官是不能主动启动上述程序的。但是，司法权的被动性和消极性是在能动还是被动的司法哲学上的区分，司法权需要有消极被动的特质并非指在面对当事人提起诉讼时仍然是消极被动的对待和拒绝，如果对其进行错误理解就可能成了"立案难"问题的帮凶。

（2）定分止争的司法权在案件实体内容审理中的被动性。司法权在案件实体审理中的被动性体现在"就事论事"，也就是说司法权不能逾越当事人提出的诉求而对诉求范围以外的内容进行审理裁判，日本著名法学家谷口安平认为："自近代以来，司法消极性原则被西方法律所普遍采用，其含义是司法机关仅仅在提起诉讼的原告所要求的范围内行动。在此原则下，法院的审理范围被原告提出的主张所限制，判决不能超出原告所主张的范围，也不能有与原告要求不相对应的内容。"[①]司法权只能"就事论事"而不能"多管闲事"，这对于"既无军权，又无财权"的司法机关而言是一种经济上合理的策略。司法权在实体裁判

---

① [日]谷口安平：《程序的正义与诉讼》，王亚新、刘荣军译，中国政法大学出版社1996年版，第25页。

中的消极性决定了司法权只能对特定的诉讼请求、权利主张进行裁判，其范围是有限的，目标是明确的，法官只要根据事实和法律作出判断即可。如果法官可以超越诉讼请求而对其他与诉求相关和不相关的内容进行审理，那么司法权需要关注和审理的内容可能就成为没有确定范围的，这对于司法机关的人力、物力、财力来说都是不堪承受之重，司法机关超越诉讼范围进行的审理就相当于自己向自己提起诉讼，司法机关既是运动员又是裁判员，法官审理自己提起的案件，这显然违背了控审分离和司法权中立的原则。司法权主体主动超越起诉的范围进行审理，极有可能违背当事人的主观意愿，对一些当事人并不关心或者并不愿意被司法机关了解掌握的情况审理，可能会造成新的矛盾纠纷，而在这些新的矛盾纠纷中司法权自身就与其纠缠不清。另外，司法权如果超越诉讼请求范围进行审理如果常态化，当事人可能不再谨慎对待起诉，而是随意随时地向司法机关提起诉讼，并且在诉讼过程和准备诉讼过程中将不会认真准备，而将这些责任和工作都推给法院去承担。这显然是任何一个国家的司法权都无法接受的，司法权审理的范围必须是"画地为牢"而"不敢越雷池一步"，尤其是在刑事诉讼中，更是涉及对基本人权的保障。如果审判主体可以超越公诉机关提起的追诉范围而另起炉灶去发现新的罪行，法院成为了新的追诉机关而非审判机关，司法权沦为控审不分的追诉权而非判断权，这与业已被废止的劳动教养制度中公安机关的控审不分又有何区别？司法权的人权保障功能丧失殆尽不说，司法权成为了新的可能侵犯人权的力量。因此，司法权的被动性绝不是一种对司法权外在的运行方式的描绘，而是根植于司法权基本性质，塑造司法权品性的司法权特质。

但是，作为权力制衡的政治性司法权却彰显了积极能动的一面，西方国家的司法审查权在审理宪法诉讼时除了对案件本身作出判决，更加重要的功能在于根据宪法作出合理解释，同时对与案件相关的立法和行政行为作出是否合宪的判断，社会主义国家的检察监督权同样可以主动启动对国家权力开展法律监督。因此，本书所谓司法权的被动性是被严格限制在定分止争意义上的司法权。

（二）司法权运行的程序性

司法权运行的程序性是塑造司法权本质属性的另一重要特征，"不是所有的请求都会如愿以偿，耐心地听诉却苏暖胸膛。"[1]司法的程序化可以让所有的司法程序参与者能够清楚、明白司法的操作规则，能够根据自己的利益和程序对审判结果有个预期与判断，从而通过程序化的操作促进案结事了。"程序按照理性原则进行运作，会使具有理性能力的人更加理解程序本身和裁判结果据以作出的理由，他们会有一种被说服而不是被强制或压服的感觉，从而更愿意接受裁判结果。"[2]司法权的程序性当中就包含司法权的理性化，司法权彰显的理性是一种程序理性，司法权维护的是程序正义。程序正义实现的基础是司法的正当程序原则的实践。正如丹宁勋爵所言："'正当程序'即'未经法律的正当程序，不得剥夺任何人的自由和财产'"，"我所说的经'法律的正当程序'，系指法律为了保持日常司法工作的纯洁性而认可的各种方法：促使审判和调查公正地进行，逮捕和搜查适当地采用，法律救济顺利地取得，以及消除不必要的延误，等等。"[3]在某种意义上，程序就是司法的代名词，程序也是司法维护自由和人权的基本组织方式，美国法兰克福特大法官坦言："自由的历史极大程度上是遵循程序保障的历史。对刑事司法的有效管理几乎不可能无视法律所施加的程序公平。"[4]从司法权的演进可以看到，即使在神明裁判时期，神明裁判都是一种程序化的运作方式，神明裁判之所以在无法诉诸实质正义的情况下仍然为身处那个时代的人们所欣然接受，除了人们对于神明权威的信仰，同时也在于其程式化（或者说在当时体现为仪式化）的操作，这种程式化的操作对于参与程序的人们而言实现了程序上的平等，没有人可以享受特权和例外。后来到由国家垄断司法权，相比于族长裁判权，国家的司法权

---

[1]刘勉义、蒋勇：《行政听证程序研究与适用》，警官教育出版社1997年版。
[2]陈瑞华：《走向综合性程序价值理论——贝勒斯程序正义理论述评》，《中国社会科学》1999年第6期，第120—131页。
[3][英]丹宁勋爵：《法律的正当程序》，李克强等译，法律出版社2011年版。
[4]刘练军：《司法要论》，中国政法大学出版社2013年版，第171—172页。

更加强调程序性，因为国家司法权使司法权行使者的距离越来越远，司法活动参与者之间逐渐陌生化，司法权的公正和权威就要依赖更加不偏不倚的司法程序，现代司法实现的是法律程序内的正义，而族长裁判可能更加关注事实之真与结果之善。在现代司法活动中，程序正义被更加突出，其中包含了人权保障等司法价值。这就更加要求司法权在运行过程要严格按照司法程序裁判案件，司法权对整个案件的证据收集、事实认定等相关活动是否严格遵守相关法律程序也要严格审查，对违反程序收集的证据不能采信。

司法权的程序性具体体现在：（1）司法权的参与性。司法权的程序性要求双方当事人以及诉讼相关人员应当充分参与司法活动尤其是庭审活动，在庭审活动中进行辩论和质证，利益相关者的程序权利与实体权利应当受到充分的尊重和保护。正义应当被实现，而且要以被看得见的方式实现。（2）司法程序的对等性。司法程序的对等性是要求司法程序对案件当事人都是平等适用，当事人具有平等的程序性权利和程序性义务，程序对于双方而言是绝对中立和不偏不倚的，程序一般情况下不能为了特定当事人的利益和诉讼目的被违反，但是在双方诉讼实力明显失衡的情况下可以适当地运用相关规则——比如举证责任倒置等保护特定权利，实现司法权运行的目的，最终是为了矛盾纠纷的适当解决与司法正义的实现。（3）程序的合理性。司法权的程序性表现在司法程序的合理性。司法程序通过其程序理性实现实质理性，表现在对于程序要进行理性的控制，对案件事实作出理性分析以及合理论证，对庭审参与者要和平理性地对待，对其提供的相关证人、证言也要合理取舍，合理分析运用。（4）司法程序的自治性。司法程序的自治性要求司法程序自身要具有独立的本体价值和意义，司法权运行的结果要以司法程序和司法权运行过程中形成的证据链条为依据，不能超越程序武断地作出裁决，也不能"未审先判"更不能"审者不判"，司法权通过正当程序抵制对于司法裁判过程的干涉，司法程序的自治性意味着法官只服从法律程序，只依法裁判。（5）司法程序的终结性。司法程序都有特定的时间和期限，通过司法程序的时间和期限安排能够保障司法权的终局性，司法程序的终局性是司法权终局性的保障，司法程序的完结应当意味着司法权运行的完结，因为司法活动作为一项程序性活动必须在法律程序之内进行，不允许程序之外的司法裁判。

（三）司法权运行的中立性

笔者将司法权运行的中立性放在本书的市民性司法权这部分进行讨论而没有在司法权总体理论上将司法权的中立性作为一个特点展开分析。这是因为在任何国家，国家所掌握和行使的公共权力在涉及政治纠纷时必然无法处于中立地位而必须表明自身的倾向性态度。在政治性司法权中，司法权必然是以一种积极审查其他国家权力的态度行使；在主权性司法权中，司法权也是以保护主权范围内的国民权利的态度出现。所谓司法权运行的中立性，从定分止争的市民性司法权的产生与历史演进足以看出，司法权作为第三方裁判权的出现就在于其第三人的中立地位来保障矛盾纠纷得以在至少看起来公平正义的框架下解决。即使是缺乏科学的裁判方式与无法保障实质公正的神明裁判阶段，其裁判方式对于双方而言也是可接受的，这是因为这种裁判方式下的神明的裁判权是中立的、不偏不倚的。司法权的历史演进过程实质上就是在特定的历史时期寻求能够保障司法权在中立的基础上作出权威裁判的过程。"自法官从文明的曙光初次登场，与其名称（法官）这一概念不可分离的品质就是公正。法官是争议中的第三方，无涉于诉讼人的利益和情感，冷静、超然、客观地审查他们的争议。他是旁观的在场者，或者，更准确地说，是在上者。他不受与冲突中的一方利益相关的、任何私自的个人利益的驱动；相反，通过合法和平地解决争议，且不受当事人压力的影响。"[①]在政治国家建立后，人们相信对整个政治、社会、经济具有全面系统控制力的全能型国家在定分止争的市民性司法权上相对中立。当然，仲裁等准司法权同样能够得到较为普遍的应用也在于其中立性，虽然不是以国家权力为强制保证，但是却受到仲裁程序选择者的信任，那是因

---

①[意]皮罗·克拉玛德雷：《程序与民主》，翟小波、刘刚译，高等教育出版社2005年版，第15页。

为相对于国家司法权来说它成本较低、权力运行的效率较高。

定分止争的市民性司法权的中立性是市民性司法权的本质属性。司法权的中立性要求裁判者应当在矛盾纠纷的利益相关者以及其案件中抱持一种超然于上和不偏不倚的地位。美国法学家戈尔丁认为司法权的中立性主要有以下内涵：（1）与自身有关系的人不应该成为该案的法官；（2）案件处理的结果中不应包含纠纷解决者的个人利益；（3）纠纷解决者不应有支持或者反对某一方的偏见。[1]这也是目前对司法权的中立性比较权威的论述。

定分止争的司法权的中立性与司法权的被动性是紧密相连的。司法权只有被动受案，才能保证司法权的中立行使。司法权如果主动出击，往往就带上主观目的，因为主动性意味着主观意志和主观能动性，在裁判过程中就容易被事实或者潜在的偏见所影响，导致司法权丧失中立性。因此，定分止争司法权的中立性实现的前提是司法权的被动性。司法权的中立性主要体现在司法权的程序中立，只要司法权的行使者还是具有感情、有思想、有欲望的作为人类的法官，那么就不可避免地会出现在裁判中受到个人因素的影响而无法做到绝对的同案同判，法官可能会将个人的偏见在自由裁量权的范围内嵌入到司法裁判当中，正如著名的法律现实主义者杰罗姆·弗兰克指出的那样，法律规则并不是美国法官判决的基础，因为司法判决是由情绪、直觉的预感、偏见、脾气以及其他非理性因素决定的。[2]因此，只有通过司法裁判中的程序性设置来保证和实现程序中立，司法权的中立性是程序中立。

定分止争的司法权的中立性是保障公民在司法活动中的程序权利与实体权利的基本要求。在民事诉讼中，司法权对当事人双方的不偏不倚能够更加公正、准确、科学地界定权利义务关系，化解纠纷矛盾，保证个人权利的实现。在刑事诉讼中，司法权的中立性则意义重大，事关基本人权，是一个国家司法文明的重要标志。法院的司法权在司法裁判过

---

[1][美]戈尔丁：《法律哲学》，齐海滨译，三联书店1987年版，第240页。

[2]FRANK J. "Are Judges Human?" 80 University of Pennsylvania Law Review,1931～1932,p.17,233.

程中必须在追诉机关与被告人之间恪守中立，不能因为司法权与检察权同属国家权力机关而对其有特殊对待，不能因为检察权具有的检察监督职能而对其有所畏惧，在审判过程中，法官就应当法庭的国王，超然于控辩双方。如果法院的审判权与检察权合为一体，最终导致控审不分，既当运动员又当裁判员。刑事诉讼中的被告人权利将可能同时面对两个公权力机关合作下的侵犯。在行政诉讼中，法院的裁判权需要在公权力与私权利发生纠纷之时居于中立的第三方角色，根据法律与事实对行政行为是否违法进行审查，平等对待公民个人和行政机关，不能因为司法权在行政权面前相对弱势的关系而对行政权的违法行为进行包庇和照顾。

（四）司法权的民主性

1.司法权民主性的具体体现

司法权具有一定的民主性。2010年3月的中华人民共和国第十一届全国人民代表大会第三次会议报告中，时任最高人民法院院长王胜俊首次将"司法民主"纳入法院工作报告："完善司法公开和司法民主机制，进一步发挥人民陪审员作用，加强民意沟通，做到透明公开、阳光司法。"民主本身是一个内涵丰富并且难以被轻松界定的概念，关于民主的理论也不断推陈出新，比如主体民主论、实体民主论、规范民主论、协商民主论、程序民主论，等等。[1]无论民主是以何种形式和方式运行，民主的核心在于民众是国家权力的授权者以及国家权力必须反映公民的意志。

在司法权的民主性问题上：首先，在人民主权论中，任何一个现代国家的包括司法权在内的公权力最终都来源于人民的授权[2]，虽然在各个国家具体制度表现不尽相同，但是法官手中的司法权都是民众以直接或者间接的形式和民主的方式所赋予，司法权行使过程中必然代表着人民的利益和意志，司法权作为国家权力的分支，在每个国家因政体不同而

---

[1]周永坤：《违宪审查的民主正当性问题》，《法制与社会发展》2007年第3期，第78—89页。
[2]比如《宪法》第二条规定：中华人民共和国的一切权力属于人民。

具有不同的权力地位与权力性质。[①]正如列宁所言，"彻底消灭那种不是完全和绝对依靠人民的、不是由人民选举产生的、不是向人民汇报工作的、不是由人民撤换的国家政权"[②]。"法官及民政方面的和军队方面的公职人员都必须由人民选举产生。"[③]人民的权力在司法权之上。

其次，司法权行使无论在哪个国家所"司"的都是凝结了公民意志的法律，适用的都是由人民主权的实践机构的议会所制定的法律。"对民主地颁布的法律而言，法官是（有思考地）顺从的奴仆，而不是主人。"[④]民意具有不稳定的特点，而法律的制定、修改、废止都是经过民意之间通过立法程序长期博弈与讨论的结果，是民意之间达成的均衡的稳定状态。因此，司法权的民主性同样体现在司法权运行过程中恪守以法律为准绳的司法权运行准则。美国宪法学家惠廷顿也同样认为："法院并非美国政治中具有反民主特性的东西，相反却是人民维护其最高层次民主约定中的重要因素。"[⑤]

第三，在权力行使的结果上，司法权是反映民众的内心意愿。在20世纪八九十年代，最高法院的温和派多数所作出的宪法裁决，比国会两极化的共和民主两党领袖更准确地代表了美国大多数人的意愿。2005年认为自己信任国会只占到22%，而相信联邦最高法院却超过了40%。最高法院作出的判决往往能够运用其自由裁量权与宪法解释权反映当下的现实潮流，同时能够促进和引领社会观念。[⑥]2006年美国CBS新闻网调查显示，国民对司法权的支持率近年已达新高，比例为86%，而同期认

---

①周永坤：《我们需要什么样的司法民主》，《法学》2009年第2期，第3—16页。
②[苏]列宁：《列宁全集（第12卷）》，人民出版社1986年版，第89页。
③[苏]列宁：《列宁全集（第29卷）》，人民出版社1986年版，第476—477页。
④[德]魏德士：《法理学》，丁晓春、吴越译，法律出版社2005年版，第307页。
⑤[美]基思·惠廷顿：《宪法解释：文本含义、原初意图与司法审查》，杜强强等译，中国人民大学出版社2006年版，第102页。
⑥任东来、颜廷：《探究司法审查的正当性根源——美国学界几种司法审查理论述评》，《南京大学学报（哲学·人文科学·社会科学）》，2009年第2期，第24—37页、第142页。

可国会的比例仅为27%[1]。在中国的和谐司法构建中，中国的司法权充分发挥其通过调解、商谈以及运用相关的民间力量追求矛盾纠纷的根本解决，不仅仅让案件得到解决，同时也能够打开矛盾纠纷双方的心结，通过司法权的行使真正赢得人民群众的支持，实现社会效果上的和谐善治。

第四，司法权民主性的制度体现是让普通民众适当地参与审判过程，法官的产生程序必须是民主的或者体现了民主价值的。尤其是在涉及生命、财产、自由等基本权利的刑事审判中能够接受同等人的审判，防止国家权力专断对人权的侵犯。现代国家在审判过程中往往将授权者即人民也作为一种力量纳入进来，英美的陪审制度、欧陆的参审制度以及中国的人民陪审制度都体现了司法权的民主性。

第五，司法权运行过程中以民主作为其价值导向的内容。公平正义是司法权运行最根本的价值追求，但是民主包含的根本价值——人的尊严与人格平等同样需要司法权来保障与追求，司法民主包括司法为民，体现在司法权的行使是以人民的权利与自由为根本目的，司法为民针对传统司法仅仅作为君权或者皇权的一部分，反对传统司法权运行为专制统治者服务，因为无论何种意义上的民主都是伸张民权而反对专制的，司法民主的价值与民主的价值是高度统一的，是民主的目标价值通过司法权力的行使来体现与追求，是通过保障少数人的基本权利来追求民主价值的真正实现的。

在司法民主的实践上，从法院内部来说，中国当下的合议庭制度、审判委员会制度、人民陪审制度以及西方的陪审团审判制度采取的都是多数决原则。有学者认为，民主司法的实践形式在外观上具有凝结多方智慧、更好地实现党的领导与司法权公正行使性统一、政策与法律相协调等优势，这种认识是基于中国司法体制在当下确实存在着由于法官往往都是来自刚刚大学毕业的学生而导致的法官社会经验少、水平较低、缺乏审判智慧和司法艺术等问题。但是笔者认为，民主司法的核心在于实现司法权力的法院内部控制，防止法官滥用权力、寻租权力，尤其是

---

[1] 任东来等：《在宪政舞台上——美国最高法院的历史轨迹》，中国法制出版社2007年版，"序言"部分脚注。

在一些重大、敏感案件当中，法官作为个人可能无法承担法律之外的干涉和政治压力，法院可能通过集体决议的形式来对抗这种对司法权公正行使的干扰。同时，也让法官在案件审理当中、在司法权行使当中，其自由裁量权受到一定的内部制衡，防止司法专制。所以，问题解决的落脚点应当回归到如何解决中国法官存在的阅历浅、经验少等问题，以及如何形成一套体制能够通过有效的激励手段让坐在审判席上挥舞法槌的是那些真正具有司法智慧、社会经验的法官，并且，事实上中国并不缺乏这样的法律人可以来行使这个职责。因此，民主司法是需要的，但是其出发点应该在于对法官滥用权力行为的防范。

2.司法民主必须反对司法民粹

民主性是所有人民主权国家的公权力都应当包含的价值。但是，民主司法是一个必须警惕的司法权的特点，其边界也应当被严格限制而不能被轻易放大，将过多的民主因素、方法、手段、价值、目的纳入司法权运行当中，过分地强调司法权的民主化行使，则极有可能导致司法权沦为简单的民主多数决，走向另一个极端。司法权固有的终局的、权威的判断权属性将不复存在，司法权的公平正义的价值追求和权利保护的根本目的也难以实现，而如果没有上述司法权的特点、价值与目的，司法权在何种意义上可以被称为司法权呢？笔者认为，司法权具有民主性，司法权根本上来源于人民授权，作为公权力也最终服务于其授权者——公民。但是司法权绝不是一种民主多数决的权力。司法民主的追求应当在于对民主的内在价值的追求上而不是民主的外观形式上。如果所有国家公权力都可以冠之以民主的行使方式，那么国家权力行使过程中就只需保留民主的外观形式而不需要行政权、司法权以及其他从权力外观上看非民主的权力。所以，在这个意义上，司法权的民主性却绝非简单地通过民意左右审判，否则就会从精英主义走向民粹主义的极端，"乌合之众"成为了司法权的掌握者，而其本身是不稳定的力量，所以，"文化大革命"时代的大民主就走向了极端，司法机关成为了反民主的力量，"砸烂公检法"是司法当中民粹主义的终极表达，我们必须旗帜鲜明地警惕和反对司法民粹主义。

民主制度越纯粹、其在国家政治生活中贯彻得越全面彻底，那少数人的自由和权利就越有可能在民主面前一览无遗、剥夺殆尽。因此，如何在坚持和发展民主的同时制约民主本身，避免它排斥"异己"之本性随心所欲、不受控制以致侵害少数者的权利终而危及其自身合法性，是民主制度必须破解的"阿喀琉斯之踵"①。司法权来源于人民主权，司法权在自己的权能领域又必须排斥民主的操作方式，司法权甚至要限制一人一票多数表决来代替多数人暴政，是对当下民主的操作方式的一种限制力量。所谓司法，按《布莱克法律词典》的解释就是"负责解释法律和主持正义（Administering Justice）的一个政府部门"②，司法权的核心是法官说理裁判的法律技艺，是让少数人的权利与多数人的权利平等地运用法律去裁判而非用人多力量大的逻辑去实现正义，司法是以公平正义作为终极目标理性过程，民主选举并不一定是理性的产物，更多的是个人的政治信念和习惯好恶。"选举一个议会议员正如人们之间的交易一样，不需要公正不偏。选民不须对任何有权得到的东西作出裁决，也不须对竞选人的一般优点作出判断，所要做的只是宣布谁是最得到他个人的信任，或者谁最能代表他的政治信念。法官有义务完全像对待其他的人一样来对待他的政友或他所最了解的人；但是，如果一个选民这样做，那就会是没有尽到责任和愚蠢可笑了。"③

司法民主把民主制度中的多数决引入到司法程序中，再加上意识形态下对人民司法或者司法群众路线的误解，它极可能让司法成为民众集体意识宣泄和狂欢的伴奏者。正如英国学者卡农范指出，在种种民粹主义类型之间不可能找到其核心价值，"它们唯一的共同主题就是依靠对人民的号召力以及对精英人士的不信任"。司法审查制度正是通过最高院对立法权、行政权合宪性的审查，通过司法程序对可能激情澎湃的集体意识进行冷却，理性行使审判权。正如一位美国学者指出的："在程序所规定的界限和对符合宪法的立法设想加以尊重的范围之内，最高法

---

① 刘练军：《司法与民主的三种关系》，《东方法学》2011年第3期，第83—93页。
② 刘练军：《陪审的性质与功能新论》，《华东政法大学学报》2012年第4期，第3—17页。
③ [英]密尔：《代议制政府》，汪瑄译，商务印书馆1997年版，第199页。

院就成了我们进行'冷静的再思考'的场所,成了美国社会内个人和弱小群体的天然论坛——这正是人权法案之父麦迪逊强烈地希望它能永远保持不变的地方。"司法民主走向极端就最终成为民粹主义司法,民粹主义司法在我国已经对司法权独立运行和司法公正形成巨大影响。"哪里有普遍的怨恨情绪,哪里就有民粹主义。"①我国社会矛盾日益尖锐,而维稳压制型体制又使得民众的怨毒情绪无从发泄,于是普罗大众便把司法案件当作出气口,通过批判司法裁判来排泄心中的怨气,司法因遭遇民粹主义浪潮席卷而沦为民粹司法。唯独不能通过对正在审理的司法个案实施舆论审判来表达此等诉求,因为这样有干预司法之嫌。但这些社会精英对自己的言行是否干预司法毫无反省和自问,社会普罗大众对其不适当甚至违法的评论更是不加反思地迷信及追捧,民意舆论审判由此形成,民意审判的结果极有可能违背了同样是民意表达结果的立法的初衷。总体而言,司法民主首先意味着在司法机关内部应当按照民主的方式进行管理,防止权力集中与权力寻租,在审判当中借鉴和利用民主的方式可以集思广益充分凝结审判智慧,实现司法权运行中的法律效果、社会效果与政治效果的统一,避免过分精英主义的司法可能带来的司法专断与裁判偏见。但是,司法民主绝不等于由民众来事实上行使司法权、不等于由民意决定裁判结果,司法民主仅仅意味着在审判形式上利用了民主方式的优点,不等同于民意审判与司法民粹主义。

(五)司法权功能的有限性

司法权是国家权力体系中不可或缺的权力,是维系社会秩序的重要力量。司法权的独立运行是一个法治国家的标志,让社会矛盾纠纷进入司法领域并通过司法程序解决,而不是依靠武力和暴力解决,是人类文明的重要体现。但是,司法权并不是万能的,司法权发挥其权能仅限于特定情况、特定对象。

首先,定分止争的司法权是矛盾纠纷的终结者,司法权往往是在其他化解矛盾纠纷的方式被穷尽的情况下才被启动。在矛盾纠纷面前,存在着多元的纠纷解决机制(ADR),比如调解、仲裁等等。这些纠纷解

①刘练军:《民粹主义司法》,《法律科学》2013年第1期,第15—29页。

决机制相较于司法权而言往往更加高效、成本更低。司法权是程序化的解纷方式，矛盾纠纷一旦进入司法领域，则必须严格按照司法程序规定的期限、方式解决，对于大多数人而言诉讼耗费时日和财力，绝大多数矛盾纠纷都可以通过其他方式得到解决，任何社会都不可能也不可以让所有的纠纷都进入法院，这是法院所不堪承受之重。对于司法权提供者的国家或者共同体而言，其拥有的公共资源也是不可能满足所有纠纷的司法化解决的。正如霍布斯所言："人类的法律既不能惩罚又甚至不能禁止一切恶行。这是因为，在力图防止一切恶行的时候，会使很多善行没有机会贯彻，从而也会妨碍公益。"[①]霍布斯的这段话其实表明了，司法权解决矛盾纠纷对于公共财政而言是机会成本非常高的活动。这意味着司法权的行使是需要成本的，人类的自由、权利是需要公共资源和税收投入的。因此，如果说司法权的意义重大，并不意味着司法权化解了最多的矛盾纠纷，而在于当其他的矛盾纠纷解决方式无法解决时，司法权提供了终局的法律裁判。只有将司法权作为一种底线性的秩序维护者而不能随意将其推到矛盾纠纷解决的最前线，司法权才能在真正需要定分止争和权利保护的时候发挥作用，司法权是不能被"滥用"的国家权力。

其次，定分止争的司法权只能解决法律纠纷或者涉法纠纷。根据《辞海》可以知道，"司法"是"掌管法律"的意思，司法权能够解决的就是与法律有关的纠纷，但是其他矛盾纠纷可能转化为法律纠纷或者包含法律纠纷。比如，司法权无力解决夫妻之间的感情问题，但是可以对夫妻间因感情破裂而导致离婚的相关法律问题进行审理。就像庞德指出的那样："一个法院能使一个原告重新取得一方土地，但是它不能使他重新获得名誉；法院可以使一个被告归还一件稀有的动产，但是它不能迫使他恢复一个妻子的已经疏远的爱情；法院能强制一个被告履行一项转让土地的契约，但是它不能强制他去恢复一个私人秘密被严重侵

---

①[意]托马斯·阿奎那：《阿奎那政治著作选》，马清槐译，商务印书馆1963年版，第107—108页。

犯的人的精神安宁。"①同样，司法权在思想领域也是有限的，比如，尤其是在刑事司法中，司法权只能针对人的行为而不能对其思想作出裁判，不能惩罚"思想犯罪"，这也是人权保障的基本需求。这就是司法权在作用对象上的有限性。

---

① [美]罗斯科·庞德：《通过法律的社会控制》，沈宗灵等译，商务印书馆1984年版，第31—32页。

第四章 — 政治性司法权

　　2017年1月27日，新上任不久的美国总统唐纳德·特朗普签署了一份名为"阻止外国恐怖分子进入美国的国家保护计划"的行政命令。这份行政令要求，未来90天内，禁止伊拉克、叙利亚、伊朗、苏丹、索马里、也门和利比亚等七国公民入境美国。因为所涉七国均为以穆斯林为主要人口的国家，这份行政命令也被媒体和民间团体称为"禁穆令"（Muslim Ban）。这份禁穆令涉及美国宪法当中的人权平等与自由等原则，引起了全世界舆论与民众的激烈反应。2月3日，美国华盛顿州西区联邦地方法院法官詹姆斯·罗巴特在西雅图作出裁决：在全美范围内暂停实施特朗普入境限制令，即刻生效。随后美国国土安全部将入境规范恢复到特朗普签署行政令前的状态，数千名被半途遣返和滞留境外的相关人员开始进入美国。罗巴特法官的判决引起了由特朗普主导的美国行政系统的不满，特朗普甚至公开批评罗巴特法官及其法院系统将美国置于"如此危险境地"，并说如果（美国）发生了什么（不测），"这个法官和司法制度就得担责"。2月27日，美国联邦第九巡回上诉法院拒绝了司法部有关暂停审理总统特朗普"禁穆令"的请求。该上诉法院裁定，维持华盛顿州西区联邦地方法院法官詹姆斯·罗巴特的裁决，即暂停执行该行政令。但是，2017年3月10日，在"亲信干政"风波后，韩国宪法法院宣布赞成弹劾总统朴槿惠，朴槿惠成为韩国史上首位被弹劾罢免的总统。从大致的案情可以看到，美国的法院系统在总统作出不适当或者有违宪法和法律的行政命令时，可以通过司法权运行制约行政权，韩国宪法法院也可以根据法律程序决定对其国家元首的弹劾。

　　美国法官吉布森最早在司法权内部对其进行了这种现代司法权的二元划分。吉布森法官在伊金诉罗布案（Eakin v. Raub）的判决书中首次提出了对司法权的可能划分，他认为司法权在某种意义上是可分的，即能分为政治的司法权和纯粹民事的司法权（its civil）。这是最早由法官提出来的司法权的内部划分理论。吉布森法官认为，市民性司法权是最常见的司法权力，也是司法权的基本行使样态。市民性司法权来源于依据相关规则对矛盾纠纷的解决，并不需要特殊授权等方式。作为国家权力的分支，其与行政权、立法权等其他国家权力是各司其职的分工关系，其特点在于依法审判。也就是说司法权是执行和分配正义的权力，这种权力仅仅在社会场域发挥其定分止争的作用，对于传统的原生形态的市民性司法权而言，政治与权力已经去中心化了，司法权的功能就在于纯粹的定分止争，在这个意义上，"司法功能是一种与政治功能不相关的功能"。以色列著名巴拉克大法官也区分了司法权应当具有的两项职责："法官的职责在于认识法律在社会中的目的，并帮助法律实现其目的"，这是法官的第一项职责；"法官在民主国家的第二项职责就是要保卫宪法和民主本身。"①"在这个国家里，司法权可以被分为政治权力和纯粹司法权力。那些被一个政府机关用来控制另一机关、或对其行为施加影响的权力，是政治权力。"②从吉布森法官以及巴拉克法官关于司法权的论述中已经可以看到，部分法官群体已经认识到了司法权的超越定分止争的原生态功能的政治属性，甚至关系到民主以及法治国家最基本的宪法秩序，司法权已经可以分为了政治性与市民性部分，这是司法权理论早期的重大突破。

一、政治性司法权：国家政治权力分立意义上的司法权

"政治性司法权"这个概念具有双重含义：首先是指作为国家政治权力的裁判分支的司法权，是政治权力的组成部分，由国家所垄断行使，是国家政治权力谱系中的一部分，司法权运行当中也一定程度上贯彻着政治逻辑；其次是指司法权在国家政治生活中运用其宪法解释和

---

①[以]巴拉克：《民主国家的法官》，毕洪海译，法律出版社2011年版，第15页。
②北京大学法学院司法研究中心：《宪法的精神》，中国方正出版社2003年版，第23页。

裁判的方式对立法权、行政权等国家权力的相关活动的合法性、合宪性进行判断，达到制衡其公权、保障私权、维系宪法所确立的秩序乃至政权稳定的目的。无论在西方资本主义国家还是社会主义国家，司法权都是由国家所垄断的一项政治权力分支，最高的司法机关不仅仅是审判机关，同时也是政治机构。社会主义国家的政治性司法权理论与资本主义国家的政治性司法权仍然具有一定的理论基础上的差异，在西方传统的分权理论中更加强调权力分立背景下的司法权，而在列宁的司法权理论中则更加强调司法权是人民政权的组成部分，突出了司法权的人民性，也体现了司法权在政权当中处于维护政权的工具性地位。

（一）西方分权理论中的司法权

1.古典分权理论中的司法权

在人类社会进入国家状态、产生"国家权力"之初，权力尚处于浑然一体的状态，此时并无所谓的分权之说，更谈不上有相对独立的司法权。在西方政治学传统中，亚里士多德最早提出将国家权力分为立法权、行政权和司法权；继亚里士多德之后，探讨司法权理论问题的著名学者是波里比阿，与亚里士多德不同的是，波利比阿不仅指出了权力分立的思想，而且还提出了权力制衡的观念。波利比阿的司法权思想与列宁司法权思想类似，是以政权思想为基础并暗含在政权理论当中，作为权力制衡的司法权，只有在政体之中才能发挥权力制衡权力的功能，包括当代资本主义国家的司法审查权，同样也是以资本主义的政治体制为基础，并且因为欧洲国家和美国在政治体制上的区别，司法审查权的形式也并不相同。在波利比阿看来，古罗马政制对国家权力进行了明确而细致的分工，整体上而言有元老院、民众大会和高级官吏三种权力机关。虽然执政官是罗马共和国的最高行政首脑和军事首脑，但其权力仍然受到元老院、民众大会和保民官的限制，国家各种权力都处于相互制约的关系链条中，形成权力平衡的局面。波利比阿在其著作《罗马帝国的崛起》一书中对古罗马政制发出这样的感慨："集君主制、贵族制和民主制的优点于一身，又不使其中任何一个原则过分地膨胀，从而蜕变为自己的对立面。每一种力量都被其他两个所抵消，任何一个都不能压倒和超过其他力量。因此，这个政体能够保持长时间的均衡状态。""权力就是这样组合的，每个部分钳制其他部分，又与之合作，无论在什么危急的时候，都可以成为一种很坚固的团体。除了这种政治制度外再也不能找到更好的政治制度了。"①波利比阿在研究中进一步将国家重大事务管理权分为行政权、司法权、监督权、平民利益保护权、维护社会治安权和财政权。它们之间相互监督、相互制约，司法权同时受元老院和民众大会制约，并独立于执政官。波利比阿的司法权理论揭示了古罗马政体与古希腊政体在权力制衡上的不同，第一次以权力制衡的角度将司法权纳入国家权分工中，为后世的研究最早开辟了作为国家权力制衡一部分的司法权理论根基。

2.近现代分权理论中的司法权

近现代的司法权理论背景是社会契约论的兴起。在资产阶级时期启蒙思想家洛克、孟德斯鸠等人的极力倡导和推动下，权力从"混沌"走向分化。洛克的社会契约论与霍布斯将人人为敌的自然状态作为前提不同，洛克假设了一个人人和平相处的自然状态，但是人们在相处过程中"缺少一种确定的、规定了的、众所周知的法律"，缺乏"是非的标准和裁判他们之间一切纠纷的共同尺度"，"缺少有权按照既定法律来裁判一切争执的知名而公正的裁判者"，以及"缺少权力来支持正确的裁决，使它得到应有的执行。"②因此，在自然状态中的人类让渡出了部分权利达成了社会契约组建政府，"可以向其诉请救济"的"权威"或"权力"，这样"纠纷就可以由那个权力来裁决。"③"设置在人世间的裁判者有权裁判一切争端和救济国家的任何成员可能受到的损害"，"而由于这种裁判者的设置，人们便脱离自然状态，进入一个有国家的

①[古希腊]波利比阿：《罗马帝国的崛起》，翁嘉声译，社会科学文献出版社2013年版。
②[英]洛克：《政府论（下）》，叶启芳、瞿菊农译，商务印书馆1964年版，第77—78页。
③[英]洛克：《政府论（下）》，叶启芳、瞿菊农译，商务印书馆1964年版，第14页。

状态。"①事实上，这个裁判者就是司法官，其行使的就是司法权，并且这个裁判者的存在和司法权的产生是国家产生的必要条件。洛克将国家权力组成分为立法权、执行权和对外权力，虽然没有在其理论中明确提出司法权这个概念，但是将其包含在"执行法律"的执行权当中，在洛克的理论中，立法权居于权力的最高地位，执行权（包括司法权）是低于立法权的。孟德斯鸠是最早提出平行意义上的立法权、行政权、司法权三种权力相互制衡的理论的鼻祖，其理论是对亚里士多德分权理论的继承与发展。孟德斯鸠的司法权理论根植于其政权理论，孟德斯鸠在提出权力制衡之前，首先认为国家的各种权力必须有效合理地分工与配置，才是一个良好运作的国家及其政治制度的标志。国家权力应当分工给不同机构行使。孟德斯鸠认为政体的类型可以分为共和政体、君主政体、专制政体，共和政体是人民掌握最高权力的政体，政治制度和政治权力是为了保障人民的权利与自由，他把政治权力分为立法权力、有关国际法事项的行政权力、有关民政法规事项的行政权力，第二种权力是行政权，第三种权力就是后世所称为的司法权②，司法权即国家政治权力的分支。在分权的基础上孟德斯鸠进一步阐述了国家政治权力之间的制衡，其理论最早为美国所实践，其比较有代表性的是作为联邦党人的汉密尔顿在美国建国之初的政治制度设计中明确将国家权力分为立法权力、行政权力、司法权力，司法权力具有违宪审查权与宪法解释权，对立法权、行政权违反宪法法律的行为可以依据宪法进行审查，司法权包括联邦司法权与地方司法权，最高司法权由联邦最高法院行使。

（二）列宁主义政权思想中的司法权

在"十月革命"后苏联作为新生的社会主义政权的目标首先是巩固政权稳定。因此，在这样的时代背景下，以列宁司法权思想为代表的社会主义国家政治性司法权理论体系将司法权作为政权的一部分。司法

---

① [英]洛克：《政府论（下）》，叶启芳、瞿菊农译，商务印书馆1964年版，第53—54页。

② [法]孟德斯鸠：《论法的精神（上）》，张雁深译，商务印书馆1959年版，第185页。

权的人民性和阶级性等性质是列宁司法权思想的基本标志，司法权中蕴含了人民性和阶级性这两个辩证统一的概念，司法权运行的根本目的就在于保障作为统治阶级主体的人民群众的权利。列宁主义的司法权思想是以列宁的政权理论为基础，司法权理论是列宁政权理论的重要组成部分。列宁的政权理论主要包含：（1）以苏联为代表的社会主义国家的特点是无产阶级专政；（2）国家的政体是苏维埃共和国；（3）苏维埃共和国以工农联盟为基础；（4）苏维埃政权实行民主集中制；（5）赋予检察权对全社会的监督权是苏联特色；（6）苏维埃政权巩固需要通过法制工具。①从列宁的政权思想可以看出，苏联的国家权力来自于人民授权，司法权同时也是维护苏维埃政权的工具，司法权是社会主义国家因为政权建设、政权巩固而探索对权力的有效监督之道。

在列宁的政权理论基础上凝结的列宁司法权思想包括：

（1）司法权产生于国家机关。这个思想来源于马克思主义对社会主义政权组织形式"议行合一"的基本原则。马克思早年就对"国民议会现在就应该把全国的一切国家权力统一于自身"这个理论表示赞同②，巴黎公社时期，法官与国家其他公务人员一样通过最民主的方式选举产生，并且由作为统治阶级的人民中的代表来任职，并且可以被随时任免和撤换，工资水平也与普通工人相差无几③。因为司法权是巴黎公社政权的组成部分，任何政权都应当来自人民的选举和投票，司法权也必然来自于人民，受人民监督，可以被人民罢免。"法院正是吸引全体贫民参加国家管理的机关（因为司法工作是国家管理的职能之一），法院是无产阶级和贫苦农民的民意机构，法院是纪律教育的工具。"④列宁明确提出了"一切政权归苏维埃"，苏维埃政府就是人民授权统一

---

① 胡夏冰：《司法权：性质与构成的分析》，人民法院出版社2003年版，第115—120页。
② [德]马克思、恩格斯：《马克思恩格斯选集（第5卷）》，人民出版社1956年版，第45页。
③ 《巴黎公社公告集》，罗新璋译，上海人民出版社1978年版，第202页。
④ [苏]列宁：《列宁全集（第33卷）》，人民出版社1986年版，第102页。

行使国家权力的机构。"苏维埃不仅把立法权和对执行法律的监督权集中在自己的手里，而且通过苏维埃全体委员把直接执行法律的职能集中在自己的手里，以便逐步过渡到全体劳动居民人人履行立法和管理国家的职能。"①1918年制定的宪法规定了苏联国家权力结构为：全俄苏维埃代表大会是国家最高权力机构，在代表大会闭会期间由苏维埃中央执行委员会行使国家最高权力，一切具有全国性的事宜都由全俄苏维埃代表大会和全俄中央执行委员会决定。苏维埃共和国工农政府即人民委员会是专门行使行政权的国家最高管理机关。人民委员会由最高权力机关任免，对全俄苏维埃代表大会和中央执行委员会负责并受其监督，全俄中央执行委员会有权撤换政府及其成员。作为法院的司法机关设在政府内，成为行政机关的一个组成部分，即司法人民委员部。在这样的权力格局下，司法权的行使机关是行政机关的一部分，司法权是行政管理权的一部分。

（2）司法权由人民群众直接行使。恩格斯早年就指出："司法权是国民的直接所有物，国民通过自己的陪审员来实现这一权力，这一点不仅是原则本身，而且从历史上来看都是早已证明了的。"②恩格斯称那种受行政控制的司法为"批发式"的宣判，批判由"领取薪金的国家官吏而不是由独立的陪审员根据起诉进行的审判"③。列宁在《俄共（布）党纲草案》中指出，在从社会主义向共产主义过渡当中，要打破维护资产阶级利益的资产阶级旧式司法机关，改变其运行方式，建立掌握在无产阶级手中的工农法院。新型的工农法院"主要不是用高压的力量，而是用群众实例，用劳动者的威信，不拘形式地把法庭这一剥削的工具改造成了按照社会主义社会坚定的原则施行教育的工具"④。

---

①[苏]列宁：《列宁全集（第3卷）》，人民出版社1985年版，第448页。
②[德]马克思、恩格斯：《马克思恩格斯全集（第41卷）》，人民出版社1965年版，第321页。
③[德]马克思、恩格斯：《马克思恩格斯全集（第41卷）》，人民出版社1965年版，第143页。
④[苏]列宁：《列宁全集（第33卷）》，人民出版社1985年版，第271页。

"无论是警察，无论是官吏，都没有任何独立的权力；他们完全服从于人民。""全体人民享有全部权力，即统一的、完全的和整个的权力。"①在《俄共（布）党纲草案》中，提出了"仅仅由劳动者选举劳动者出身的法官"口号，并在所有司法机关宣扬这个口号。列宁指出："我们不承认有超阶级的法院，我们的法院应是选举产生的，应是无产阶级的，而法院应该知道，我们容许的是什么。"②列宁反对法官的终身制，要求彻底的民主制度来选举法官，才能真正代表广大人民群众的利益。这相当于说，法官乃非特定职业，它是一种暂时性的官职；法官之存在并非长期，而是短期的、临时的；而且在需要的时候，法官这种官职可以授予任何人。1917年，人民委员会通过了关于法院的第一号法令，规定人民法庭由一名专职审判员和两名陪审员组成，并且将审判员由直接民主选举产生和人民陪审员参与法庭审判作为苏维埃司法制度的最重要原则。1918年全俄中央执行委员会通过了关于法院的第二号法令，规定州法院的组成人员由地方（市或县）苏维埃选举产生。

在监督问题上，苏联共产党的领导下的司法权理应受到党的监督与领导；其次，司法权同时也要对苏维埃代表大会负责并受其监督；再次，司法机关要接受具有全国最高监督权的检察机关的监督，关于检察机关在社会主义国家的监督权，下文会具体展开论述。

二、制约公权的政治性司法权理论基础——能动司法的哲学转向

（一）司法权不存在？

"司法不是一种'权力'，在这一点上不同于其他权力。"③

对于司法权的认知经历了从孟德斯鸠以来的不存在论到政治性司法权的过程。孟德斯鸠在他所处的时代没有看到司法权在政治结构中的制衡功能，孟德斯鸠没有从政治权力和政治结构功能上去理解司法权，

①[苏]列宁：《列宁全集（第10卷）》，人民出版社1987年版，第312—313页。
②[苏]列宁：《列宁全集（第43卷）》，人民出版社1987年版，第117页。
③[德]卡尔·施密特：《宪法学说》，刘锋译，上海人民出版社2005年版，第196页。

孟德斯鸠意义上的司法权仅仅是市民性司法权。孟德斯鸠在《论法的精神》中最先提出："在上述三权中，司法权在某种意义上可以说是不存在的。"①国家的法官"不过是一些呆板的人物"②。维尔的研究成果表明："只是在讨论君主制政府时，孟德斯鸠才把司法部门视为一个由职业法官组成的常任机构。在写到英国宪制时，他想到的是一种共和政权，没有常任的司法部门，而只有特别任命的陪审团。"翁岳生教授评论说："他（注：即孟德斯鸠）并未想到司法还可以制衡立法和行政。所以，就制衡这一点而言，他认为司法是等于零的。"③虽然孟德斯鸠没有进一步阐释这种意义的不存在，但孟德斯鸠的这一提法，却给予了将司法权理所应当视为一种"权力"的理论一个新的理论挑战和研究的契机。

市民性司法权在运行中是一断于法的，法官较为机械地运用法律，司法权的运行必须以客观存在的立法为依据。因此，法官的权力"在一定意义上等于零"。司法权的不存在论在很长时期都成为各个流派法学家们的基本共识。英国宪法学家戴雪在其著名的《英宪精义》中说："法院的职务只是听讼；必俟讼案发生，法院对于公司的规则乃有机缘间及……判决虽是审判员的意见，然仍有客观的标准在。"④新康德主义法哲学的代表人物拉德布鲁赫把法官视为司法运行的机器："在法官座椅上的法官只不过是归纳器械、判决机器、法律自动装置，或者是人们按照新的完美法官模式所描述的无评价能力因此也无个性的理性化身。"⑤"法官不得作为立法者，他不仅不可以撤销现行法律，更不能

①[法]孟德斯鸠：《论法的精神（上）》，张雁深译，商务印书馆1961年版，第160页。

②[法]孟德斯鸠：《论法的精神（上）》，张雁深译，商务印书馆1961年版，第163页。

③翁岳生：《法治国家之行政法与司法》，月旦出版社1994年版，第337页。

④[英]戴雪：《英宪精义》，雷宾南译，中国法制出版社2001年版，第163页。

⑤[德]拉德布鲁赫：《法学导论》，米健、朱林译，中国大百科全书出版社1997年版，第105—106页。

针对现行法律创制新法律，换言之，他的职责只是适用现行法律。"①
新分析实证主义法学创始人哈特通过研究规则得出了以下认知："法
院把法律规则并非作为预测，而是作为判决中必须遵循的标准，法律
规则虽有空缺结构，但其明确得足够限制（虽不排除）法院的自由裁
量。"②而将法院视为"法律帝国之首都，法官乃帝国之王侯"的德沃
金以为："司法的一项重要原则是，对某一特殊罪行的惩罚，必须由立
法机构事先规定，法官不能在判决之后对该罪行另加处罚。"③所以，
韦伯甚至提出了司法运行的自动售货机模式，"自动机器，人们从上面
放进事实和费用，以便让它从底下吐出判决和说明理由"④。韦伯认为
法官只不过是一个处理案件的机器，如果人类的理性能够设计出这样的
机器，那么它完全可以替代法官的工作。"对于法官来说，他的职责就
是将法律的有效性意志变成有效性，并且为了权威的法律命令将自己的
法律观牺牲掉，从而只是关注什么是合乎法律的，而绝不关心它是否是
正义的。"⑤斯塔姆勒早年提到："一个司法判决'应当是一个客观上
正确的判决，并且没有主观和随意的看法；是一个裁断而不只是一个
个人性的命令'。"⑥上述来自西方著名法学家、政治学家们的论断事
实上是针对传统的原生性司法权的，在法律较为完善的国家，司法权留
给自己作为政治权力那样自由行使和运作的"自留地"是十分有限的，
司法权在实践中、在绝大多数案件中更多的是一种机械化的权力运行方
式，司法机关只能以法律为准绳进行审判，不能以其他规范作为审判依
据，更不能任凭法官个人的喜恶。这种严格限制自由裁量权的司法权运

---

① [德]拉德布鲁赫：《法学导论》，米健、朱林译，中国大百科全书出版社1997年版，
第104—105页。
② HART H L A. *The Concept of Law*. London: Oxford University Press,1961,p.143.
③ [美]德沃金：《法律帝国》，李常青译，中国大百科全书出版社1996年版，第17页。
④ [德]马克斯·韦伯：《经济与社会（下）》，林荣远译，商务印书馆1997年版，第
140页、第206页。
⑤ [德]拉德布鲁赫：《法哲学》，王朴译，法律出版社2005年版，第86页。
⑥ [美]本杰明·卡多佐：《司法过程的性质》，苏力译，商务印书馆1998年版，第
66页。

行方式是现代法治国家的重要特征，司法裁判是依法作出的冷静判断而不是法官任性的选择，否则这样的司法权力将危害法治。法官对于法律的解释权也只能在个案当中体现，他们可以在案件审理当中宣布一项违宪的法律无效。但是对于具体的法律，尽管其可能是危害民众基本权益的"恶法"，只要与他们审理的案件不直接相关，他们就无权过问以及审查。黑格尔指出："司法应该被视为既是公共权力的义务，又是它的权利，因此，它不是以个人授权与某一权力机关那种任性为其根据的一言以蔽之。"[①]尤其是对于法律明确了的法律权利和法律义务问题而言，"严格适用法律"而非"通过自由裁量"来办理案件，这乃是法治社会中司法权运行所必须遵循的一个基本要求，"在一般司法工作中，不断要求审理民事案件的法官，作出判决之时不要牵涉任何自由裁量权……法官必须行使的权力是裁判的权力，而非自由裁量的权利。法官作出其裁决，不会比历史学家的裁量权更大"。[②]在这里，宾汉姆对司法裁量权的限制本身限定在了"一般司法工作中"和主体限定在了"审理民事案件的法官"，也就是我们日常生活中接触的定分止争的市民性司法权运行场域中。

市民性司法权是一种政治与权力去中心化的权力，孟德斯鸠所谓的司法权在某种意义上不存在主要是指司法权在政治与权力的意义上不存在。主要指在司法裁判中,除了法律所彰显、保护的权利与利益外，没有任何别的权力及意志。因而，司法裁判能在两者之间最大限度地实现正义、公平，这已是几百年来无人质疑的公共信念。既然司法本质上执行的是民主立法者而不是法官本人的意志，既然司法权在政治与权力的意义上具有不存在的特性，那民主监督和控制司法权力就完全没有必要。[③]在此意义上，司法权并不像其他政治权力那样行使当中具有独立意志和高度自主性，司法权被议会机构的立法牢牢控制，无论是在程序上还是实体上，司法权运行必须严格按照法律程序准确适用法律作出裁

①[德]黑格尔：《法哲学原理》，范扬、张企泰译，商务印书馆1961年版，第230页。
②[英]汤姆·宾汉姆：《法治》，毛国权译，中国政法大学出版社2002年版，第74页。
③刘练军：《司法与民主的三种关系》，《东方法学》2011年第3期，第83—93页。

决，司法权根本不能恣意，但在前文探讨司法权独立运行时所言司法权具有独立意志并不矛盾，因为其承载的独立意志所回应的是其他国家权力对司法权运行的干扰和影响，较为弱小的司法权需要独立的运行空间来保障自己的意志能够仅仅对案件依法做出判断，这里所指的"司法权独立运行"是相对于其他国家权力的外部性的独立，在法律面前，留给司法权的空间甚小。市民性司法权没有作为政治权力那样的能动性，市民性司法权只是将原来由社会享有的司法权上升为被国家权力所垄断，在国家权力体系中市民性司法权更多体现出来的是工具性价值，是国家权力的一种分工形式。

（二）政治性司法权：从不存在到存在

政治性司法权进入人类政治文明并且构筑了现代国家的重要内容，其基础在于司法哲学的转向，是定分止争的市民性司法权在政治领域的存在方式，并且改变了市民性司法权的本质内涵，注入了新的司法哲学，扩大了司法权运行的作用场域。那么，改变司法权运行方式的司法哲学是什么？司法哲学是在何种意义上影响司法权运行？刘练军教授认为："司法哲学是法官涉及法律、司法和法治认知的一套综合性理念和思维，而决定法官司法哲学的是其司法权认知。传统的司法权认知主张法官无意志，是消极主义和保守主义司法哲学的理论基础和政治理念；现代司法权认知主张法官有意志，认为司法权系一种权力存在，积极主义和进步主义司法哲学就建立在此认知基础之上。"[1]在上一章市民性司法权的讨论中，我们认为市民性司法权的重要特点在于其被动性，在于其不告不理的居中裁判性质，奉行克制主义是市民性司法权的基本哲学。与市民性司法权相比，政治性司法权不一定是完全被动的，无论是司法审查权还是检察权都可能对于其他公权力采取主动积极的姿态审查监督行动，因为其在权力体系中就扮演着无时不在的监督者的角色，在司法过程中发挥主观能动性不断创设法律和解释法律。在政治领域，司法权不再是"何种意义上不存在"的没有存在感的司法权，而是一个令

---

[1] 刘练军：《司法哲学的本相》，《太平洋学报》2013年第2期，第1—14页。

其他权力不得不小心谨慎面对的可能随时主动出击的权力。司法权的这种属性是一种暗处对明处的权力，是一种给立法权、行政权极大的心理压力的权力，是一种权力的潜在威慑，也是对权利的潜在保护。司法积极主义最有力的理由是，由于法院居于特殊的地位，可以保护政治上无法得到适应代表的少数派。不是法院不用对选民负责，而是法院与选民之间保持了一定的距离，正是这个距离的存在可以让法院超然于选票之上作出依据法律的判决，从而可以根据宪法法律有效地保护少数人的利益。司法权的本质并非遵循"人多力量大"的群众运动思维，而是靠少数法律精英娴熟运用法律技艺来说理裁判，是一种少数对抗多数、个人对抗群体的某种意义上具有独裁性质的权力运行方式。

王名扬教授认为："没有司法审查，那么行政法治等于一句空话，个人自由和权利就缺乏保障。司法审查不仅在其实际应用时可以保障个人的利益，而且由于司法审查的存在对行政人员产生一种心理压力，可以促使他们谨慎行使权力。"[①]在司法权的中立性上，虽然政治性司法权仍然必须做到依法裁判，但是在法律解释与法律续造过程中就难以避免地代入了主观偏好与价值选择，一个试图主动制约其他国家权力的公权力在行使过程中很难做到绝对的中立立场，这与市民性司法权所要求的司法权不偏不倚的地位也有所不同。在政治性司法权中，突出法官的意志与司法权作为积极的权力的存在，旨在防止其成为某些个人、组织和国家权力的附属工具，或者成为"恶法"的忠实执行者。如果法官在司法审判过程中具备意志，那么司法审判的过程将同时也是法官对于法律进行认知、评价与审查的过程，法官对于宪法以及宪法原则也具有自己的认知和解释能力，从而体现司法权作为一项积极的有意志的权力，成为宪法秩序与法律秩序的守护者，是法治的应有之义。

司法权在现代社会当中展现出的权力制衡与权力控制的一面意味着孟德斯鸠意义上的"司法权不存在论"在现代法治国家实践的破产，时至今日，"司法有权力、法官有意志"的现代司法权理念成为了人类

---

①王名扬：《美国行政法》，中国法制出版社1999年版，第566页。

共识性的司法观念，而这个观念主要体现在政治性司法权的运行中。因此，作为政治性司法权的一个特点就是，它是控制权力的权力，并且是说理性质的"司法"形式。如果说定分止争是司法权最初的原形和功能，现代司法权最显著的功能是在能动司法哲学的影响下，依据基本法律主动限制其他国家公权，确保国家权力在合宪、合法的范围内运行，根本上保障公民人身、财产权利等基本人权。立法权、行政权、司法权是现代国家权力的主要表现形式。现代法治国家之所以被称为法治国家，就在于其依法而治从而驯服权力。司法权与其他国家权力之间的相互监督制约机制构成了现代国家的政治基础，成为现代国家政治权力控制理论和实践的核心内容，司法权在现代国家权力制衡的体系中居于核心地位，没有司法权在控权体系中发挥其制约公权的功能，就毋论政治权力的制衡与法治国家。因此，司法权在国家政治权力体系中的地位，是考量一个国家政治权力是否受到控制，并在多大程度上受到控制的标尺。①现代司法活动与历史上的司法活动相比，其重要意义不在于其纯法律功能的变化——实际上诸如解释法律和惩罚犯罪方面的基本功能可以说是亘古不变，而在于司法与政治的关系发生了实质性的嬗变。②"这种实质性的嬗变就是：原本用来对付社会和民众的法律和司法，如今反过来也可用来对付政府和官员了；长期以来一直用于规约民众行为的法律和司法，现在发展到可以用来规约官员和政府的行为了。"③章太炎提出："司法不为元首陪属，其长官与总统敌体，官府之处分、吏民治狱讼皆主，虽总统有罪，得逮治罢黜。"④作为一整套规约政治权力的体制而言，现代司法结构新近发展起来的功能主要包括：首先，规约官员的行为；现代政治所要解决的重大问题之一就是要消除这部分人的法律特权，使他们与其他所有的人们一样接受同样法律

---

① 李秋成：《政治权力结构中的司法权》，《理论与改革》2015年第6期，第135—138页。
② 胡伟：《司法政治》，三联书店（香港）有限公司1994年版，第225—226页。
③ 程竹汝：《司法改革和政治发展》，中国社会科学出版社2001年版，第254页。
④ 章太炎：《章太炎全集》，上海人民出版社1985年版。

规则的约束。其次，加强了制度和机构建设。检察制度和机构由恢复而逐步走向完善，并成立了专门的反贪机构，检察机构与审判机构一起承担了规约官员行为的重要职能。[1]在中国司法实践中，最新成立的监察委员会将原本属于检察机关的监察权与党的纪律检查权力合并，在中国共产党是唯一执政党和领导党的政治体制下，监察委员会成为了新型的权力控制机关，但是，权力之间的关系不应当是单向控制而要做到相互制衡方能实现将权力自身关进笼子里，防止让监督的权力自身失去了外部的监督。

三、政治性司法权的属性变迁——从控制社会到控制权力

在上一章关于司法权的论证中，我们将司法权所具有的定分止争功能概括为市民性司法权。对于司法权在这层意义上的概括，主要表达司法权在个案裁判中的功能，但是，"司法权力"这个概念中，"司法"是权力行使的方式，是区别于其他国家权力分支的独特性，"权力"是"司法"能够真正定分止争从而自主作出裁判的基础。没有政治权力属性就没有现代性的司法权。权力意味着"在社会交往中一个行为者把自己的意志强加在其他行为者之上的可能性"，"权力可以定义为有意努力的产物"[2]。韦伯认为权力即支配："自古以来，权力这个词意味着对人的支配。"[3]"权力意味着在一种社会关系里哪怕是遇到反对也能贯彻自己意志的任何机会，不管这种机会是建立在什么基础之上。"[4]在韦伯看来，政治就是以权力及其带来的支配感为核心，权力甚至是极具扩张性的。正是在韦伯意义上关于权力的阐释，给予了司法权力认知

①程竹汝：《论现代司法的政治制度化功能》，《政治学研究》2002年第2期，第51—62页。
②[英]罗素：《权力论》，靳建国译，中华书局（香港）有限公司2002年版，第20页。
③[德]弗兰茨·奥本海：《论国家》，沈蕴芳、王燕生译，商务印书馆1994年版，第11页。
④[德]马克斯·韦伯：《经济与社会（下）》，林荣远译，商务印书馆1997年版，第81页。

的政治权力维度。比如，汪习根教授就坚持："在人类社会进入国家状态、产生'国家权力'之初，权力尚处于浑然一体的状态，此时并无所谓的分权之说，更谈不上有相对独立的司法权。"①毋庸置疑，司法权为政治国家所垄断，在政治维度上是一种支配的力量，其支配的方式虽然没有像行政权那么直接，但是因为其终局性和权威性等特点，司法权是政治权力支配的最后保障，是一种终局的确定性的支配力量。这种支配力量从国家的角度，是与其他国家权力一样，在权力长期、反复行使的结果上构成了一种控制关系，形成了司法权控制下的秩序，任何权力都是通过反复地行使达成一种权力习惯或者均衡状态最终形成制度化的秩序。就同夏皮罗指出："像大多数其他主要政治机构一样，法院倾向于履行多种政治职能，法院承担的职能在不同的情况下在支持政权的合法性到分配稀缺的政治资源或确定主要的社会政策之间变化。"②司法权应当像其他由政权派生出来的权力一样，在根本上保持其政治权力的特点，从政治权力行使的大局出发，对经济、社会、文化都产生一定的控制与影响，有效参与到国家治理当中。从政治国家的角度看待司法权的功能，司法权毋宁说是一项重要的治理方式与治理权力。

（一）司法权与行政权的分离

关于司法权与行政权的分离，恩格斯在《（刑法报）停刊》一文中指出，司法权与行政权是"完全不同的东西"，同时认为在英美等权力分立的国家中"司法权与行政权彼此是完全独立的"，"这两种权力的混合势必导致无法解决的混乱；这种混合的必然结果就是让人一身兼任警察局长、侦查员和审判官"。③在洛克的理论中，司法权是包含在法律执行权当中，是行政权的一部分。司法权发挥其制约公权的功能

①汪习根：《司法权论——当代中国司法权运行的目标模式、方法和技巧》，武汉大学出版社2003年版，第15页。
②[美]马丁·夏皮罗：《法院：比较法上和政治学上的分析》，张生、李彤译，中国政法大学出版社2005年版，第87页。
③[德]马克思、恩格斯：《马克思恩格斯全集（第41卷）》，人民出版社1965年版，第321页。

的前提是司法权与行政权的分离，司法权从行政权分离在历史上经历了相当长一段时间。根据刘练军教授的研究，司法权和行政权的划分，是由于社会进步、社会事务因而增加的结果。社会事务日益加多，司法行政变得那么麻烦复杂，于是担当这任务的人，就不能再分心注意到其他方面。同时，担当行政职责的人，因为无暇处理私人诉讼案件，所以，就任命代理人代为处理。当罗马帝国隆盛时，大执政官政务繁忙，万难分身过问司法行政，于是就有代行这种职务的民政官的任命。后来，罗马帝国没落了，它的废墟上建立了欧洲各王国。这些王国的君主及大领主们，都视自己执行司法行政为一种过于繁难而且有失身份的任务。因此，他们通通委任代理者或审判官去执行，借以推脱。① 可见，司法权分离产生之初是基于减少行政官员的压力，让其他公权力代理人处理私人诉讼案件，而不在于为了司法权独立运行保证司法公正甚至是为了反向制约公权力。在传统的政治权力中行政权处于一家独大地位，其他权力包括司法权在内都服务于行政权，或者说行政权从立法权中分立出来后本身就包含司法权，行政权与司法权融为一体。政治性司法权的制约公权的功能是司法权经过长期演进的结果。现代国家的司法权与之不同的是，司法权从行政权分立出来后具有独立的地位和权能，司法权不但不再从属于、服务于行政权，司法权与行政权成为平行并列的国家权力分支，反过来对行政权依法限制和制衡。在历史上，法治先驱英国在历经长达13个世纪的司法变革后"司法中心主义"成为其国家权力构架的代名词，司法权不再是单为君主和贵族们服务的统治工具，而体现出保障民众享受最大限度的民主和自由的一面②。梁启超曾这样说道："立法、行政、司法，总名曰统治权。统治权之体不可分，可分者乃其用耳。故有君主以立乎国会国务大臣审判厅之上以总揽此权，君主之行立法权，则以国会协赞之形式出之；君主之行行政权，则以大臣副署之形式出之；君主之行司法权，则以审判厅独立之形式出之。斯乃所谓立宪

① 刘练军：《司法与民主的三种关系》，《东方法学》2011年第3期，第83—93页。
② 张军、曾静：《论中国转型社会司法权之功能定位》，《广西民族大学学报（哲学社会科学版）》2012年第5期，第163—167页。

也。故三权之体皆管于君主，此专制国与立宪国之所同也。"①

（二）通过司法的社会控制

司法权的控制性首先是一种社会控制。从司法权的起源来看，以世俗世界的纠纷解决为基本功能的司法权具有强烈的社会权力的属性。伟大的社会学家都对何为社会权力提出了自己的观点：卡尔·马克思从社会主义角度，把社会权力看作是与个人权利相对的集体性权力；涂尔干则认为社会权力的起点是社会事实，而每一社会事实都成为了某种社会力量。②鲍尔丁认为社会权力是除了军事、政治和经济组织之外的非营利性的社会组织行使的权力。③他们都将社会权力视为与政治权力中的"权力"概念相区别的以"社会集体""社会组织"作为本体论的，作为起源于纠纷解决的中立裁判者的司法权，来自于社会群体成员赋予其的作为处理群体事务的权力，是一种"社会性"的而非"国家性的权力"。司法在其外观上表现为社会秩序的维系者，通过司法的社会控制是现代司法文明的重要特征，在一个现代政治文明高度发达的国家中，司法构筑了整个社会秩序的稳定的基石，罗斯认为："司法是一个国家法治宏大架构的拱顶，它由一块块坚固的垒石——刚性的制度规定、正当程序以及公正无私的法官构成，制度、程序和法官诸部分相互交错、相互切合、相互支撑，共同承受整个法治大厦的重力，并使这样一个大厦能够经受社会——历史风雨的蚀损，而长久地保持其稳定的基础和坚韧的结构。"④"……司法在社会秩序构成序列中具有特殊功能——人们寻求公正的最后制度化途径。表现为社会对秩序的保障和人们对权利和公正的最后诉求都只有也必然指向司法，而一旦超出现存的司法领域，那必将产生无序的恶果。从历史上看，凡是社会秩序混乱的时代

①梁启超：《宪政浅说》，《饮冰室合集》，中华书局1989年版。
②[法]迪尔凯姆：《社会学方法的准则》，狄玉明译，商务印书馆1995年版，第107页。
③BOULDING K E. *Three Faces of Power*.Sage Publishers,1989,p.21.
④吴春雷、任树明：《司法权法治化建构的历史研究》，《江南大学学报（人文社科版）》2009年第4期，第47—51页。

或国家，毫无例外地都缺少一个有效的、具有适应性的司法系统。"①
如果司法作为最后的制度化途径仍然无法满足人们的权利与公正诉求，
那么权利诉求将以法律之外的暴力等方式去满足，在合法性的制度外寻
求救济，在国家垄断了权利救济的现代国家政治权力体系下，是"失败
的国家"的重要标志。罗斯提出："如果许许多多人本性就是安分守己
的，而只有个别人才是出于害怕法律的惩办而遵从它，这也不能认为司
法系统在社会秩序的维持中就处于无足轻重的地位。正是由于把法律强
加到了少数坏人头上，所以大多数好人才敬重法律。如果许多人中有一
个恶棍无所顾忌地侵害别人，那么社会控制的更高方式就将遭到破坏；
在作恶和报复冲动之间，以牙还牙的本能就将失去法律的约束。于是，
一个又一个的人便从高尚的多数中脱落下来。这种致命的无法无天的传
染病将加速地蔓延开来，直到社会秩序崩溃。因此，在某个特殊的时
期，无论法律是怎样一个微不足道的压制老百姓的角色，它仍然是社会
秩序大厦的基石。"②司法权运行所能带来的这种社会控制能力，是本
来针对个案进行裁判的司法权行使的外部性的体现，而正是这种外部性
让司法权成为了秩序控制者的一员，体现了其社会控制的政治功能。法
律是一个政治文明体存续的必备，无论是专制政权还是民主政权，无论
是前现代社会还是现代政治国家，都离不开通过法律的社会控制，司法
权运行中无论所"司"的是良法还是恶法，司法权都是作为主权的权能
分工之一实现其主权范围内社会控制的方式，这是从政治权力角度审视
司法权的直观功能。

（三）通过司法的权力控制

阿克顿勋爵指出："权力导致腐败，绝对的权力绝对地导致腐
败。"③孟德斯鸠早年提出了著名的论断："一切有权力的人都容易滥
用权力，这是万古不易的一条经验。从事物的性质来说，要防止滥用权

---

①程竹汝：《国家治理体系现代化进程中的司法治理》，《中共中央党校学报》2014
年第3期，第15—21页。
②[美]罗斯：《社会控制》，秦志勇译，华夏出版社1989年版，第95页。
③[英]阿克顿：《自由与权力》，侯健、范亚峰译，商务印书馆2001年版，第342页。

力，就必须以权力约束权力。"①因此，政治权力绝不能被绝对垄断，限制权力最好的方式就是以权力制约权力。在司法权作为政治权力的制衡权力之一的语境下，现代意义上的政治性司法权与市民性司法权二元划分理论逐步形成。

司法权的多重面孔和司法权功能的多重面向导致了不同的学者可以基于自身的理论背景、实践经验认知、定义司法权的属性，司法权成为了集政治权力与社会权力为一体的权力样态。司法权从国家的角度是具有高度组织性的政治权力的分支，亚里士多德早年在《政治学》一书中就提出了"一般政体都有议事机能、行政机能和审判机能"②。审判机能即是司法运行。司法正是在被国家所垄断的情况下，国家政治权力的保障赋予了其更具权威的权能。"政治权力"作为概念本身也是内涵丰富，霍布斯把"利维坦"视为政治权力的象征，称其为"运用全体力量和手段的一个人格"。③洛克认为政治权力是"共同体的力量、强力"④。我国学者一般认为，政治权力作为一种支配和控制力量，是政治的核心。⑤政治权力具有管理社会、维持社会秩序、分配社会资源和实现公共目标的功能。事实上，政治权力是人类社会客观存在的基本力量，政治权力不是人们任意塑造的意志结果或精神产物，而是人类社会化特征所决定的结果。

"司法权的政治性"这个术语本身就包含多重维度，上文从司法权作为一种政治权力的分支而体现的服务整体的政治性安排的角度体现出了政治属性，但是，司法的这种政治性在现代社会和前现代社会、民主政体和专制政体中都存在。现代国家的司法权除了纯粹的市民性司法权、承担政治政策实施的司法权外，还具有制约公权的反向功能。习近平总书记在中央政法工作会议上将司法的功能定义为"定分止争""权

---

① [法]孟德斯鸠：《论法的精神》，张雁深译，商务印书馆1961年版，第154—155页。
② [古希腊]亚里士多德：《政治学》，吴彭寿译，商务印书馆1997年版。
③ 李龙：《西方法学名著提要》，江西人民出版社2008年版，第105页。
④ [英]洛克：《政府论（下）》，瞿菊农、叶启芳译，商务印书馆1964年版，第4页。
⑤ 夏玉珍、江立华：《政治社会学教程》，华中师范大学出版社2005年版，第33页。

利救济"与"制约公权"①，将司法权具有的"制约公权"的功能在党中央的政法会议上明确提出。程竹汝教授在分析中提到："在现代社会，司法已将它的行为控制域扩展到了几乎所有重要的人类行为和行为主体，在这方面，即使是目前最为庞大的行政机构及功能也不能与司法比拟，因为行政角色和机构的行为在大多数民主的国家中也是要受司法控制的。②

四、制约公权的政治性司法权的分类

具有制约公权功能的政治性司法权运行不在于司法或者法治本身，而在于通过一个特殊的不时常出现却坚不可摧的国家权力，保护共同体及其中个人的权利，维系共同体的秩序，在法治国家就体现为法律秩序。具有制约公权属性的政治性司法权由于资本主义国家的司法审查权与社会主义国家的检察权在运行方式与历史起源等各方面都不尽相同，本书将其分开讨论。在各国的司法实践中，司法权对其他权力的制衡在资本主义国家主要体现为法院的司法审查权（包括违宪审查权和行政诉讼），在社会主义国家主要体现为人民法院裁判行政诉讼的审判权和检察院作为权力监督者的检察权③。在宪法法律框架内实现以权力制衡权力，保障公民的基本人权，由于资本主义国家与社会主义国家在历史形成、所有制形式、国体、政体的不同，国家政治权力分工也各具特点，

---

① "这些问题不仅影响司法应有的权利救济、定分止争、制约公权的功能发挥，而且影响社会公平正义的实现。解决这些问题，就要靠深化司法体制改革。"习近平：《在中央政法工作会议上的讲话（2014年1月7日）》，中共中央文献研究室：《习近平关于全面依法治国论述摘编》，中央文献出版社2015年版，第66—67页。
② 程竹汝：《社会控制：关于司法与社会最一般关系的理论分析》，《文史哲》2003年第5期，第151—157页。
③ 需要补充的是，本文讨论的以苏联为典型的社会主义国家检察权是一个较为抽象的类型和模式，而非指所有的社会主义都采取检察权作为制约公权的权力，像前南斯拉夫就在1963年成立了宪法法院并且规定司法审查制度，中国当下的监察委员会也将原来属于检察机关的监督权纳入其中。

所以探索不同的限制国家权力的方式和路径，形成不同的监督权力的制度体系，赋予了司法文明新的内涵，是人类多元政治文明的体现，切不能以一种制度、一种眼光来衡量其他制度。即使在资本主义国家，司法审查制度也不尽相同，在美国，司法审查的司法权行使主体的是普通法院；在欧洲的司法审查模式中，司法审查权的行使不是由兼职的普通法院，而是成了专职司法审查职能的诸如宪法法院、宪法委员会等权力机构，在各个国家有自身不同的称呼与特点，追溯历史，奥地利在1920年成立的宪法法院是欧洲大陆最早由宪法确立的专职司法审查的法院机构，在欧洲又将这种专职司法机关审查的模式称为"奥地利模式"，现在的法国宪法委员会审查模式在当下也是较为典型的。英美与欧陆的司法审查模式截然不同，笔者认为首先与大陆成文法传统与英美判例法的渊源的不同有关，其次，与国家建立的历史传统有关，美国是一个才建立两百多年的新生资本主义国家，而欧洲具有浓厚的封建传统，因此，在国家建立时的政治哲学基础就存在明显分野，法国成立的司法审查机构——宪法委员会与其说是个法律机构，毋宁说是一个政治机构[①]。违宪审查制度是政治性司法权作为制约公权的国家权力的制度保证，其核心在于以一种独立于其他国家权力的第三方权力对其他国家权力可能存在的肆意与专制的有效限制，在每个国家、地区可能会因为历史传统等等原因展现出不同的制度模式，没有一种模式一定优于某种模式，也不能将某种模式强加于其他国家地区，而其主要核心仍然是孟德斯鸠意义上的以权力限制权力的政治哲学，违宪审查就能发挥其在现代国家的重要作用。埃尔曼指出："有无司法审查，无论这种审查是法律上的抑或实践中的，只不过是特定文化中反映司法独立程度的指示器中的一个。"[②]

司法审查权的确立是西方国家司法权运行的"尚方宝剑"，通过司法审查权法院机构就获得了可以制约其他国家权力的优越的地位，社

---

①程春明：《司法权及其配置——理论语境、中英法式样及国际趋势》，中国法制出版社2009年版，第270页。
②[美]埃尔曼：《比较法律文化》，三联书店1990年版，第258—263页。

会主义国家检察机关的法律监督权更是可以监督制约公权力行使的方方面面，甚至出现了"谁来监督监督者"这样的反思和疑问。但是，如果在现代国家，司法机关失去司法审查权和法律监督权，弱小的司法机关就不可能对其他国家机关进行有效的制衡，公民权利在面对国家权力侵犯时就得不到及时有效的救济。笔者认为，之所以在社会主义国家与资本主义国家体现出不同的政治性司法权的运行方式，是与其国家的所有制形式为经济基础决定的政治制度、政治理念的不同有关。资本主义国家的司法审查权在于制约限制和制约"多数人的暴政"可能带来的权力滥用和对权利的侵犯，社会主义国家的检察权在于抑制人民与国家官员之间在"委托—代理"的关系模型下可能出现的"代理人机会主义"行动——主要指权力腐败的可能。因为在社会主义国家，国家权力与人民权利不是资本主义国家的对抗模式，不是国家权力止于人民权利的边界清楚的两者关系，而是权力来源于人民、服务于人民，奉行的是"权为民所用"，国家权力与人民权利不存在侵犯和对抗关系，而是高度一致的，掌握国家权力的执政党与领导党是最广大人民群众根本利益的代表，包括人民法院在内的国家机构都冠之以"人民"的称号，都是人民利益的代理行使者。所以，在社会主义国家，要限制的不是国家权力，而是作为权力代理人的国家官员的利用权力腐败的"代理人机会主义"行为，作为权力监督者的检察权成为了社会主义国家的权力制衡模式。而在资本主义国家，权力与权利之间是对抗的，资本主义国家的主流学说认为防范国家权力对于公民权利的侵犯，必须限制国家权力，因为在其理论中，"那些带有政治意图和个人意识形态影响的每一个人，一旦进入国家权力行使的角色，他就被定义在谋求公共利益的位置上，自动地处于去政治化的法律意义中……行政权和国家权力的代理人都是抽象的和去个人化的权力和人"[①]。因此，在这个意义上，已经定位于良好的制度保证资本主义国家的权力行使者在权力行使中是"去个人化"

---

①程春明：《司法权及其配置——理论语境、中英法式样及国际趋势》，中国法制出版社2009年版，第257页。

的，但是，对于公权力运行本身具有的扩张性以及对公民权利的侵犯是需要得到抑制的，因此，采用司法审查权，通过宪法以及宪法解释的权力对其他国家权力进行控制是资本主义国家采取的限权方式。

在制约行政权的司法权上，无论社会主义国家还是资本主义国家，都将行政诉讼作为司法权的重要内容，通过行政诉讼对行政机关的行为是否合法、合宪作出司法裁决，发挥了司法权的权力制衡功能，但是，因为在行政诉讼中，司法权运行的基本目的是以化解"官民纠纷"的定分止争，是完全被动而启动的对具体行政行为和抽象行政行为进行合法性审查，仍然奉行司法克制主义的司法哲学，呈现的仍然是市民性司法权的被动性特点。在中国特色社会主义法治体系中，行政诉讼并不是依据分权原则建立起来的关于行政权与司法权关系的现代司法审查制度，而是一种名义上的或象征意义上的两者关系的架构[1]，因此，本书将其归入市民性司法权，不在本章讨论。

五、司法审查权的确立与实践——美国为例

司法审查权是西方国家政治性司法权的主要形式。根据张千帆教授的研究成果，全世界195个国家和地区当中有165个国家和地区的宪法或宪法性文件中规定了不同类型的司法审查制度，还有美国、冰岛、挪威、瑞典、芬兰、以色列等国家虽然没有在宪法中规定司法审查制度，但是都在实践中建立了司法审查制度，采取司法审查制度的国家占总国家地区的89%[2]。由于各个国家的司法审查权在具体的制度上并不完全一致，甚至有不同类型，从主体、范围等都存在差异，本书不可能面面俱到去讨论每一个国家的司法审查制度，就选取具有较强的代表性的美国司法审查权制度讨论，旨在对其阐释和分析。

---

[1] 高秦伟：《中国宪政架构下的行政权与司法权关系之重构》，《文史哲》2003年第2期，第82—87页。
[2] 张千帆：《司法审查与民主——矛盾中的共生体？》，《环球法律评论》2009年第1期，第58—66页。

（一）司法审查权的理论基础新探

1.多数人暴政的威胁

"多数决原则"也就是通俗所指的"少数服从多数"是民主的最基本形式。"多数决原则"的含义包括：（1）多数人的联合比个人更具智慧，因而可以作出更合理的决定；（2）多数人的利益应当优先于少数人的利益；（3）"多数者裁决"原则是形成全体意志的唯一合理方法。[1]但是，"多数者裁决"原则并非像一些人所想象的那样是民主制度绝对的和无例外的原则，它本身应该是受制约的，也就是说多数决并不意味着决定的合法性与科学性。在罗尔斯的论述中，人们对"多数者裁决"原则的采纳，只是为了从一种有效的立法程序中获得利益，因为除此之外，没有别的方法来管理一个民主制度。[2]也就是说，多数决原则是民主制度维系和发挥作用的没有办法的办法，因此有着不可避免的缺陷和弊端。绝对的多数决程序意味着可能走向"多数人的暴政"，即多数人以公意之名侵犯少数群体的基本权利。司法与民主的关系长期以来是司法研究中不可规避的重要问题。面对多数人可能的暴政，宪法是公民基本权利的守护者，任何多数人作出的决定不得侵犯宪法中关于公民基本权利，司法审查权就是对这些多数人作出的决定的合宪性与合法性进行审查与判断的权力，如果说民主是为了对抗少数人的专制，那么司法审查权的意义就在于遏制多数人可能带来的专制。

2.赵汀阳的民心理论

马克斯·韦伯曾有言：任何政治体系为了获得其继续存在的机会，"都企图唤起并维持对它的'合法性'的信仰"[3]。但是，以票选为基本方式、以多数决作为决断依据的民主制度，其背后是如何让决断能够

---

[1]张翔：《分权制衡原则与宪法解释——司法审查以及宪法法院制度下的经验与理论》，《法商研究》2002年第6期，第126—133页。

[2]张翔：《分权制衡原则与宪法解释——司法审查以及宪法法院制度下的经验与理论》，《法商研究》2002年第6期，第126—133页。

[3][德]马克斯·韦伯：《经济与社会（下）》，林荣远译，商务印书馆1998年版，第239页。

与人民内心的真挚意愿和思想高度契合的呢？在西方，弗里霍夫曾这样对警察权的制度基础和民心基础进行论证："警察权当然是必不可少的，然而永远是不够的。如果大多数公民决定采用暴力，正如历史上多次发生的那样，那么警察权就无能为力了。制度的真正生命力依然来自于内部，是良心造就了我们所有的公民。"①中国著名的哲学家赵汀阳系统地提出了民心理论，民心理论对于理解"民主"提供了一个可能在西方政治理论看起来"另类"的资源。赵汀阳提出："对于制度合法性的证明而言，'民心'比'民主'更为正确。或者说，民心是关于制度合法性的证明，而民主根本就不是，民主只是一种在操作上比较容易的程序，并不能表达好的价值。可以说，民主问题是民心问题的歪曲表现。如果民主是有意义的，那么，当且仅当，民主能够准确表达民心。民心问题和民主问题的根本差异在于，民心是制度合法性的真正理由和根据，而民主只是企图反映民心问题的一个技术手段（还可以有其他手段）。即使人民按照民主方式去选择，大众的选择也仍然不等于民心，因为大众的选择缺乏稳定性，随着宣传、时尚和错误信息而变化无常，只是反映暂时偶尔的心态，而不是理性分析所控制的恒心，所以，民主反映的是'心态'而不是'本心'。民心存在的形式是思想性的而不是心理性的。因此，民心并不就是大众的欲望，而是处于公信而为公而思的思想。"②赵汀阳给出了一条有别于西方民主理论的第三条道路去理解公共权力的来源和目的，笔者在此并非批判和反对西方的民主制度，而只是引用赵汀阳先生的论证，认为民主作为一种技术手段，可能存在类似阿罗问题等自身难以克服的问题，民主制度本身并不代表正当性。在1787年的宪法会议中，格里作为马萨诸塞州的代表就已经深刻认识到了民主的弊端："我们所经历的罪过，都是源于民主过于泛滥。人民

---

① FRECH S. "The Natural Law in the Jenwish Tradition". University of Notre Dame Natural Law Institute Proceedings, vol. 15.
② 赵汀阳：《天下体系：世界制度哲学导论》，中国人民大学出版社2011年版。

并不缺乏德行，但总是受到假装爱国的人蛊惑。"①"多数者裁决"仅仅是在一人一票意义上的多数人，也正是这种一人一票的多数决才导致了民主权力可能存在的与民心的距离，一人一票投出来的民主结果不一定反映民心，但是作为公权力之一的司法权在技术手段上可以不是民主的，但是必须契合于民心，为民心服务，因此，需要司法权的行使者具有超越一般公务人员的良心、经验和司法技艺，司法权不能被大众的欲望的表现形式——比如媒体和所谓的摇摆的民意所绑架和操纵。"历史表明这些民众激情过后，通常都有一个完整的退潮期。……如果没有制约，这些冲动就会很不幸地遗留一堆愚蠢的法律与不义的做法，而废除它们要比采纳它们困难得多。"这说明，"美国需要最高法院的建议与控制，以帮助缓和自身的过激行为"。②因为，民心是一种处于公信而为公而思的思想，司法权行使需要的是契合这样的思想。司法权固有的保守性、被动性和精英化的操作方式，可以有效地避免民主当中可能存在的民众心态受时事与大众情绪左右而变化无常的问题，司法裁判当中"同样的案件同样处理"带来的判决结果的稳定性和可预测性能够让公共事务保持的是"恒心"而非一时的主观"心态"。在根本上，美国法院作出的判决在美国长期奉行的国家政策角度来看是不会违背国家的整体政策的，而民主选举却可能因为一时的舆论造势等运作方式取得局部的政策调整，这也是为何将法律称为"超越激情的理性"。

3.司法权的反多数难题

在相关的论述中，司法审查往往不仅仅是一个词语，一种制度，更是一个希望和信念，它标志着国家权力受到控制，人民权利得到保护，是法治实现的必需。③但是，在将民主体制作为立国之本的国家，却用

①[美]麦迪逊：《辩论——美国制宪会议记录》，尹宣译，辽宁教育出版社2003年版，第27页。
②[美]罗伯特·麦克洛斯基：《美国最高法院》，任东来等译，中国政法大学出版社2005年版，第275页。
③汪习根：《司法权论——当代中国司法权运行的目标模式、方法和技巧》，武汉大学出版社2003年版，第10页。

少数人的裁判去先限制多数人的意志和决定，司法审查意味着非民选的法官可以推翻民主机构代表多数人意志的立法，这就产生了所谓的毕克尔最早提出的"反多数难题"——即司法审查在性质上与多数主义的民主政体相悖，后来盖伊、图什奈特等都提出了类似的理论[①]。这也就带来了一个司法和民主关系的深刻命题。但是，在汉密尔顿看来，司法权审查权的逻辑起点在于美国宪法是美国人民最高意志的体现。在人民主权的国家中，即使是多数人决定采取的立法行为、行政行为，一旦这些行为违反了美国宪法，就等于违背了人民的意志，违背了人民形成的契约。司法权应当对其是否符合美国宪法与宪法精神进行审查，因为司法权定位于由人民作为主权者授予特定司法机关行使监督其他国家权力的权力，是执行人民的意志，是在保障人民的权利，是在保护和维系人民意志表达所凝结的宪法秩序。司法审查权是由少数几位精英法官通过其对于宪法以及宪法精神的解读、解释以及对相关立法行为、行政行为的认知作出判断，似乎是回归到了传统的少数人的专制形式，虽然在形式上法官行使的司法审查权违背了多数人的意志而具有反民主特征，但他们的做法依然因为他们已经被接受为宪法的代言人而获得了正当性，宪法代言人的身份则在更高的层次上代表了人民的"根本意志"。司法审查权行可以说是一个外观上受制于民主同时又是塑造民主的过程，根据托马斯·马歇尔对1935年至今联邦最高法院的146个设计司法审查的判例的分析，有60%左右的裁判结果与全国范围内的民意调查结果相一致的，甚至在长时期上看，司法审查判决更加符合民意。司法审查权的行使本质上还是反映多数主义的民意，并没有像想象中那样是站在民众的对立面，所以才会导致在美国，民众对于法院的支持率远远高于政府与议会机构，因为在事实上，任何机构包括作为民意机构的议会，在作为机构化运作的时候，都有可能或多或少地偏离民意。

---

① 何海波：《多数主义的法院：美国联邦最高法院司法审查的性质》，《清华法学》2009年第6期，第103—135页。

（二）宪法解释权

在美国，创制于1787年的宪法对于当下的生活而言已经较为遥远，并且采用宪法修正案的方式不断修改宪法以期能够与时俱进，但是无论如何宪法条文都存在着抽象、模糊的问题，而司法审查权本质上是根据宪法对立法、行政行为是否合法进行审查，面对古老而抽象的宪法以及过去了两百多年的所谓宪法精神，法官必须对司法作出适当的解释，因此就需要根据宪法、宪法原则、宪法精神对宪法进行解释，司法审查权运行的核心就表现为宪法解释权。正如前文在论述作为技术性权威的说理裁判方式——法律解释对于塑造法律权威的意义，美国宪法解释权为美国的政治性司法权的权威塑造提供了某种路径。

在德沃金的理论中，公民在宪法上具有"反对国家的道德权利"，这也是不可让渡的权利。因此，法官可以以公民的这种"道德权利"作为展开宪法解释的合理依据。德沃金把宪法作为人民权利的守护者，他提出："宪法，特别是权利法案，是被设计用来保护公民个人和团体以反对大多数公民可能要去制定的某些决定，甚至大多数人认为它是社会普遍的和共同的利益的决定。"[1]因此，在宪法解释当中就可以以公民的权利作为王牌，给予了法官面对宪法时较大的自由裁量的空间，而宪法解释不仅仅限制于宪法的文本，宪法原则、宪法精神都可能成为宪法解释的依据。因此，宪法规则本身的抽象性与模糊性反而给予了法官发挥主观能动性进行宪法解释的权力，能够让法官根据案件情况与公民权利的实际状态而与时俱进地解释宪法，行使违宪审查权，保护公民权利。所以说，法官的宪法解释是司法审查权行使的核心，是以权力制约权力的必要条件，是公民权利实现的重要方式。所以，本书在讨论司法审查权时，将宪法解释作为单独一节进行阐释，明确司法审查权权力的真正内核。但是，任何权力都需要得到制衡与限制，包括司法解释也需要有边界与范围，否则司法审查权就凌驾于其他权力之上，形成所谓的

---

[1][美]德沃金：《认真对待权利》，信春鹰、吴玉章译，中国大百科全书出版社1998年版，第19页。

"司法专制"。宪法解释主要包含两种方法，即原旨主义与非原旨主义的方法。

1.原旨主义方法

在宪法解释的研究者当中，对"原旨主义"这个概念本身就有不同的理解，比较有代表性的是保罗·布莱斯特将宪法解释的原旨主义方法定义为："原旨应依据制宪者意图或者宪法条文的含义来解释宪法。"惠廷顿认为："所谓的原旨主义可以被称为将发现宪法原初批准时的含义作为当前宪法解释的目的或者要求。"[1]还有学者如伯曼将原旨主义内部分为"强原旨主义"与"弱原旨主义"，等等，不一而足。从整体而言，我们可以大致可以将原旨主义的宪法解释定义为运用美国1787年宪法制定的初衷、意图、精神以及宪法本身对宪法释义。原旨主义的解释方法将美国建国之初的宪法作为至高无上的权威，能够保持美国宪法法律制度的稳定性，传承长期以来的宪法精神，维系宪法秩序。但是，随着时间的推移，几百年后的美国在物质条件、民众观念与国际形势都有新的内容注入，过分强调原旨主义的宪法解释有可能就因缺乏与时俱进而甚至陷入"刻舟求剑"的僵化境地，甚至有学者批评者是"死人对活人的统治"。

2.非原旨主义方法

在美国的宪法解释中，还有一种坚持与时俱进的非原旨主义的解释方法，也被称为"共时解释方法"。"共时解释方法"是指"解释该规定时所拥有的知识、需要及经验来予以解释。"[2]非原旨主义解释方法是对原旨主义解释方法可能存在的死板、僵化等弊端的补充，同时也可以规避原旨主义解释对于制宪会议时人们订立宪法条款的"某种意图"的模糊性，而将当下共同体对宪法与宪法精神可能的新的理解纳入解释内容当中，尤其是法官对于宪法、宪法精神以及共同体面对的大国宪制

---

[1]侯学宾：《含义、原初性与宪法忠诚——原旨主义的三种基本共识性命题》，《法制与社会发展》2010年第6期，第67—80页。
[2][美]博登海默：《法理学：法律哲学与法律方法》，邓正来译，中国政法大学出版社1999年版，第516—517页。

问题的理解与法官个人价值偏好在宪法解释中得到比较充分的体现，体现了其与时俱进的一面。但是，过分强调非原旨主义的方法也会引起宪法解释的危机，因为其弱化了宪法文本与宪法的"初衷"，而每个法官的价值观念等都具有强烈的个人化因素，过分实用主义的解释方式容易引发解释与裁判过程中的非确定性。

宪法解释权本身可以为立法权、司法权等国家权力所行使。在司法审查过程中，宪法解释是司法性质的解释，是服务于政治性司法权对案件的裁判审理的，因此，需要恪守司法权行使过程中的基本原则。（1）独立性。与司法权独立运行的根本规律相契合，宪法解释作为司法审查权运行的核心内容，其解释过程中法官也务必具有独立的地位进行解释，防止其他因素尤其是政治性因素对法官裁判的干扰。（2）个案性。本书所指的"个案性"是要求法官进行宪法解释必须是在裁判个案过程中对宪法作出解释，而不能直接进行宪法解释行使司法审查权，宪法解释是针对具体案件的解释而非抽象解释、一般解释。（3）拘束力。首先是指法官作出的宪法解释而得出的裁判结果产生既判力，是终局的裁判。其次是指，在某个案件中的宪法解释不仅仅是对该案件的最后裁判产生决定性影响，同时也对未来的类似的司法审查案件具有判例意义，宪法解释能够成为后来案件裁判的法律渊源。

（三）美国司法审查权的形成过程

司法审查权或者说司法审查的理念在古希腊就已经出现并得到逐步确立，并且在古代政治法律实践中已经事实上赋予了法院对立法、行政行为的审查权力。雅典城邦陪审法院不仅可以对普通的刑事、民事案件进行裁判，同时能够对涉及政治的所有问题进行审查，对准议会机构——"议事会"和"公民大会"所制定的法律进行司法审查。德拉古执政前，守护法律的职能由最高法庭议事会行使，阿里斯泰喀摩斯掌权后，德拉古制定法律："最高法庭议事会为法律的护卫者，并且监督各类官吏，以使其依照法律来统治。遭受不公正对待的人可以向最高法庭呈交申诉，言明自己受到不公正对待与哪一条法律相违。"梭伦执政时期，梭伦指派最高法庭议事会负责护卫法律，建构了向陪审法庭申诉的制度，陪审法庭成为一切公共及私人事务的裁决品。[①]普索多罗执政延续了梭伦改革后政治框架，并且规定可以对任期内没能通过信任表决的执政官行使司法弹劾权。阿菲埃尔特掌握权力后，在法律上制定了"不法申诉制度"，该制度也是民主制度的守护者，其不法申诉的对象是雅典的任何有违民主的行为，都可以通过该制度予以否定。到伯里克利时代，规定由6000多人陪审团组成的法院，除了审判案件、监督官员，对公民大会作出的民主决定享有最终的批准权，在某种意义上就是通过司法权对民众意志所作决策的审查。在古希腊，"法院绝非只对地方行政官员施以控制。法院还对法律本身进行控制，而这些使得它们具有了真正的立法权，并在一些特定情形中把它们的地位提高到与公民大会本身同等的地位。因为法院不仅能够审判一个人，而且还能裁判一项法律……任何一个公民都可以对某项制定法提出这种违宪的指控，而且一旦有公民提出这种指控，该项制定法就要暂停实施，直到法院对它作出裁决。"[②]后来的英国自从在1215年大宪章颁布后，以爱德华·柯克爵士为代表通过审理邦汉姆医生案等方式，确立了最高法院也就是上议院对议会机构制定法律的违宪审查权。

近现代最具有代表性的是美国的司法审判权的产生与演进。根据维尔的研究，奥蒂斯最早发现并讨论了权力分立的重要性，并"最早提出了美洲人对那种今天被称为司法审查的制度要求"[③]。美国的国父们在刚刚建国后的制宪过程中就在试图建构一种权力和利益平衡的结构，尤其是要限制立法权和行政权，"经验已经证明，在我们各邦的政府中，有一种趋势，把所有的权力，都扔进议会的漩涡。……如果不设计出有效的制约机制，对议会的不稳定和侵入行政权力加以制止，这样

---

①[古希腊]亚里士多德：《亚里士多德全集（第10卷）》，苗力田编译，中国人民大学出版社1997年版，第10页。
②[美]乔治·萨拜因：《政治学说史（上卷）》，邓正来译，世纪出版集团、上海人民出版社2008年版，第38页。
③[英]M.J.C.维尔：《宪政与分权》，苏力译，生活·读书·新知三联书店1997年版，第121页。

或那样的革命，就不可避免"①。麦迪逊认为，真相在于：对所有掌权的人，都应该加以某种程度的不信任。②他进一步指出："如果仅仅用宪法条文，在纸上把各个部门分开，就足以制止各个部门相互侵蚀彼此的权力，那么，所有进一步的条款，真是多余。可是，经验已经给了我们教训，不能信赖这种纸上的保障；必须引入权力和利益的平衡，才能保障纸上的条款。"③"对美国政府来说，1776年至1787年间政治思想发展的最重要后果之一在于司法领域。"④虽然在建国之初还没有形成政治性司法权，但是权力需要制衡的理念已经深刻镌刻在每个制宪者的内心。司法审查权能否成为国家权力制衡力量的司法权，在当时引起十分激烈的社会性的讨论。比如，1786年的时候，艾尔德尔（James Ireddll）对司法审查权发表了自己的见解，"并不是一项篡夺的或不值得信任的权力，它仅仅源于其宪法上的职责，他们是为全体人民利益担任法官的，而不仅仅是立法议会的奴仆"⑤。司法权在美国从此成为了三权分立并且相互制衡的一部分，司法权因此摆脱了传统司法权仅仅限于定分止争的职能，而成为了对立法权、行政权可以进行合法性审查的权力，成为美国宪法框架中不可或缺的刹车装置，近两三百年来司法权成为了美国政治稳定的平衡器，这是孟德斯鸠的理论中都没有想象到的司法权所被赋予的政治意义。⑥可以说，司法审查正是为填补权力制衡

---

①[美]麦迪逊：《辩论——美国制宪会议记录》，尹宣译，辽宁教育出版社2003年版，第356页。

②[美]麦迪逊：《辩论——美国制宪会议记录》，尹宣译，辽宁教育出版社2003年版，第309页。

③[美]麦迪逊：《辩论——美国制宪会议记录》，尹宣译，辽宁教育出版社2003年版，第390页。

④[英]M.J.C.维尔：《宪政与分权》，苏力译，生活·读书·新知三联书店1997年版，第147页。

⑤MCREE G J. *Life and Correspondence of James Iredell*. New York: Peter Smith,1949, pp.145—149.

⑥孟德斯鸠指出："这就是英格兰的基本政制：立法机关由两部分组成，它们通过相互的反对权彼此钳制，两者全都受行政权的约束，行政权又受立法权的约束。"但孟德斯鸠对司法制衡一言未发，在他的权力制衡思想里，司法无法制衡立法与行政至为显然。

装置之缺失而进入国家政制架构之中的。司法审查权的实践和实现对立法权与行政权的"篡权"是在美国建国之后行政权扩张以及种族问题愈演愈烈危及宪法的背景下产生的，主要以联邦最高几次具有历史意义的判决作为推进司法审查制度的关键节点。本章对其进行简要介绍：

其一，马歇尔法院时期（The Marshall Court，1801—1835）。美国建国之初，仍然是一个以行政权为强势部门而联邦法院则缺乏社会声望和影响力，联邦法院甚至都没有单独的议事厅。"马伯里诉麦迪逊"案是最广为人知的开启美国司法审查制度的里程碑。在裁判该案时，马歇尔根据《联邦党人文集》中宪法要求法官在审查违反宪法的立法时要谨记忠于宪法的天职，要对宪法的精神、宪法原则以及制定宪法的真实意图进行宪法解释，通过"马伯里诉麦迪逊"案，美国司法审查制度以及联邦最高法院的地位从此确立。联邦最高法院在美国的法律体系中成为宪法解释的最高权威，可以对所有案件进行审查，并且根据宪法宣布联邦法律或者州立法的无效。马歇尔法官指出，"宪法并非旨在体现一种特定的经济理论，无论是家长主义、公民与国家之间的有机联系论还是自由放任主义。宪法是为具有根本不同观念的人民而创造的"，所以"要么宪法控制与它相抵触的立法，要么立法部门以普通立法改变宪法，这是简单得无需证明的定理"[1]。之所以将"马伯里诉麦迪逊案"作为美国司法审查制度的开端，是因为从此以后美国联邦最高法院在国家权力体系中的地位得到了实质性改变，为联邦法院后来逐步在美国的政治事务和公共事务中扮演至关重要的角色与发挥其重要作用提供了基础，联邦法院在实际意义上走到了国家政治权力的前台。

其二，沃伦法院时期（The Warren Court，1953—1969）。美国的种族问题引起的宪法危机是沃伦法院面对的最激烈的问题。由于历史形成的原因，美国社会最大的政治问题就是种族问题，以黑人为主体的有色人种在各个方面都受到歧视待遇，因而引起的社会危机是时刻挑战着美国的政治稳定。沃伦法院时期联邦最高法院的自由派大法官又占据了

---

[1]Marbury v. Madison, 5 U.S.（1 Cranch）137, 2L. Ed 60, 1803.

大多数的席位。1896年富勒作为美国联邦最高法院大法官在审理著名的"普莱西诉弗格森"案时，对南部地区的路易斯安那州长期以来实行的"隔离但平等"的政策进行审查，判决认为路易斯安那州的"隔离但平等"的政策没有根本违宪。随着时间的推移，美国的种族问题越来越成为社会问题的焦点，到了1954年，沃伦法院在"布朗诉教育委员会"案中推翻了富勒法院的判决，并且对宪法中的平等原则进行了解释，认为"种族隔离但平等"的政策实质上在维系一种不平等的关系，关于"黑人与白人学生不得进入同一所学校就读"的州立法被宣布违宪而无效，后来联邦甚至派出了军警保证黑人与白人能够进入同一所学校接受教育。这个判决对美国后来不断高涨的民权运动产生了巨大影响，成为了具有标志性意义的判决。沃伦法院时期还在做出了相当多的具有历史意义的重大判决：在选区划分上贯彻"一人一票"的民主原则、判定学校祈祷违宪、在公共问题上的辩论不受限制、米兰达规则、贫穷的刑事被告人有获得律师帮助的权利，对美国的宪法法律体制产生了重大影响。

其三，伯格法院时期（The Burger Court，1969—1986）。伯格法院在1974年审理的"美国诉尼克松"案中，对著名的"水门事件"进行了司法审理。伯格法院通过司法审查的形式化解了可能影响美国政治稳定的宪法危机，进一步加强了司法对行政权的制衡，维护了作为美国建国之本的宪法秩序。1971年，伯格法院通过审理"纽约时报公司诉美国"案，确立了在公共言论上的"确有恶意"原则，大大放宽了公众批评政府的权利，保障了被写入宪法修正案的言论自由与新闻自由。在伯格法院时期，通过审理，对31项联邦法律和288项州法律宣布无效。

这三个比较具有代表性时期的联邦最高法院通过司法审查的经典案例，在实践中真正成为了能够事实上钳制立法权、行政权的力量。美国司法审查形成了三大基本原则：（1）上级规范优越原则；（2）上级规范成文化必要性原则；（3）司法机关为确保上级规范优于一般性法律规范的机关。①虽然在美国建国的政体理论中已经确立了可以制衡其他权力的司法权，但是没有马歇尔大法官在"马伯里诉麦迪逊"这样的案件中对司法审查权的运用，司法权仍然处于纸面上的权力，与强大的行政权和立法权相比可以说无足轻重，司法审查权让司法权突破了仅仅作为定分止争的市民性司法权界限，成为美国政治实践中的一股重要力量。托克维尔在通过考察比较美国与欧洲大陆政治时甚至发出了这样的感慨：在美国，几乎所有的政治问题迟早都要变成司法问题。而美国的法官不同于其他国家的法官的地方亦在于"他们被授予巨大的政治权力"，②即"可以不应用在他看来是违宪的法律"。美国的法官之所以能成功地保障人权、抑制议会多数暴政，成为真正的宪法维护者，皆源于他们被赋予了司法审查这种史无前例的政治性的权力。英国阿克顿勋爵对美国开创的审议民主由衷赞叹："我们已经设计了种种保障民主安全的办法——但却没有设计一些防范民主祸害的办法。在这个思路上，美国已经领先于我们和我们的殖民地。"③所以，美国的司法审查权有着根本性困境，它本身是一种"对抗多数的力量"，是美国民主的一个异常装置。……可以说，司法自制就是防止司法机构实施司法审查时超越适当界限的制动器，司法审查不能没有这个制动器，司法权威更离不开这个制动器。④司法审查制度的逻辑基础在于"多数人暴政"的威胁，在于一般多数决的制度弊端的防范，在于对少数人权利的关怀与保障。司法审查权审查的对象在人民主权国家必然是由多数人票选出来的国家权力，防范这些多数人共同的意志与垄断的国家权力可能为了多数人的利益而侵犯到少数人的基本人权。

---

①CAPPELLETTI M,COHEN W. *Comparative Constitutional Law*. New York: The Bobbs Merrill Company,1979, p.11.
②[法]托克维尔：《论美国的民主（上卷）》，董果良译，商务印书馆1988年版，第110页。
③[英]阿克顿：《自由与权力》，侯健、范亚峰译，商务印书馆2001年版，第375页。
④BICKEL A M. *The Least Dangerous Branch*. New Haven: Yale University Press, 1962,p.98.

（四）司法审查权的挑战：司法专制的威胁

在权力制衡的结构中，必须做到任何权力都处于相互制衡当中，才能实现整个权力结构的稳定，在这个相互制衡的相对稳定的结构中，没有任何权力具有明显的优越性，司法权也不例外，否则失去制约的司法权极其容易导向另一个极端"司法寡头制"。"政治上无责任的非民选的法官何以能随意否决负政治责任的议会与总统的行为？"这一极尖锐的质疑被称为违宪审查的"反多数困难"（Counter Majoritarian Difficulty），并被看作是"违宪审查制度的最大悖论"。在主权在民的国家中，司法权作为国家公权力本身来自大多数人的授权，却要由少数法官决定由民主程序作出的反映民意的立法是否具有法律效力，这是由多数服从少数的程序，一旦司法权失去控制，少数精英阶层行使的司法权就可能走向少数人对多数人的压迫，司法权成为专制的权力。更有意思的是，在美国联邦最高法院的具体操作中，却是以9名法官一人一票的投票结果作为判决依据，仍然采用的是民主的多数决方式作出裁判，并且在大量的争议案件中都是以5：4的微弱优势形成判决结果。中国法院中较为常见的合议庭审判制度、审判委员会制度在制度外观上也是以多数决作为裁判基础。按照洛克、卢梭等主权在民的国家理论，议会权力也就是立法权是人民意志的代表，如果在国家的各项权力当中需要有较为优先的权力的话，那也当且应当体现立法权优越于其他权力……因为立法权的基础是背后强大民意，是人民主权的代表，其他国家权力都发祥于通过议会作为代议制机构的授权。因此，司法审查制度等于让个别权力分支具有审查人民意志的权力，这与民主等理念都是存在明显的矛盾与悖论的。[1]

但是，独立的司法权比民意代表的立法权更适合于进行违宪审查表现在以下两方面：第一，终身保障的特权使法官在进行决定时更没有世俗性的顾忌；第二，卓然自立的法院不存在利益集团的压力活动和议员

---

①季卫东：《合宪性审查与司法权的强化》，《中国社会科学》2002年第2期，第4—16页、第205页。

之间的讨价还价那样的机制。①众所周知的是，议会制度虽然以人民主权为前提，但是所谓在议会中代表人民利益的代表们往往在成为代表之后就脱离了选举他们的选举者。议会在大多数资本主义国家都成为了利益集团之间的博弈与利益交换的场所，成为腐败的重灾区。如果法官不仅能够对法律进行解释、运用，却同时能够制定法律，既是裁判者又是立法者，那么就会导致宪法秩序的混乱，法官与立法者结合成为潜在的专制力量。如果法官可以任意地解释宪法行使司法审查权去否定经过民意筛选达成的立法事项，那么就等于让少数非民选出来的法官决定大多数人意志的是非对错。所以说，在任何宣称是现代文明的国家，司法审查权是必要存在但却不能被轻易启动与行使的，并且往往要与相关案件的裁判同时进行，是在危及公民基本权利与宪法秩序的情况下才能启动的特殊程序，一个民主的社会不可能让少数人的力量过多地否定多数人的决定和意志。如果过分强调司法权的能动性与积极性，过分放大司法权制约公权的可能，那就会过犹不及地反过来危及宪法秩序，笔者曾将司法审查权比喻成美国宪法秩序中的"刹车装置"，那么一个行驶良好的汽车只有在少数必要的情况下需要刹车，更多的是需要踩下油门向前进步。因此，虽然政治性司法权较之市民性司法权已经具有了更多的积极性和能动性，但是其仍然只是宪法秩序的维系方式之一。"司法节制会把大量的公民自由完全置于立法与执法分支之手。"②

国家权力之间通过相互制衡从而达到保障公民权利的目的是现代国家政治文明的标志。制衡意味着通过制约而达到平衡状态，没有任何权力可以凌驾于其他权力之上否决其他权力，也没有任何权力是仅仅能被其他权力制约而没有制约其他权力的功能，良好的制衡结构往往是动态、双向的制约，通过权力之间在法律规则之内的权力博弈达到"势均力敌"的均衡状态，这才能够产生稳定的政治秩序以及良好的宪法实施状态。所以，

---

①STURGESS C G,CHUBB P. *Judging the World:Law and Politics in the World's Leading Courts*. London: Butterworths, 1988, p.149.
②[美]阿奇博尔德·考克斯：《法院与宪法》，田雷译，北京大学出版社2006年版，第183页。

良好的宪法秩序中的国家权力，不可能让某项权力具有超然于上的地位，如果是立法权，就可能产生多数人的暴政；如果是行政权，那么国家就极有可能走向极权主义；如果司法权失去制约，也会形成"司法专制"的状态。因此，在权力制衡的框架中，司法权也不能被过分强化，权力之间只有产生双向的制衡才能维持结构的稳定，切不能为了制约行政权、立法权而放松了对司法权的警惕，否则就是过犹不及而产生司法专制。

（五）司法审查权的限度

作为主动性较强的奉行司法积极主义的司法审查权同样也需要受制于宪法法律。在法治国家，没有任何权力可以超越法律，即使作为法律底线守护者的法院所拥有的司法权以及司法审查权。在司法积极主义的司法哲学中，并不意味着这种积极能动的司法审查权可以进入所有案件的裁量领域，而只能在特殊的案件及领域中发挥其功能，为了防止所谓的"司法专制"，积极主义的司法哲学的适用范围必须得到抑制，以色列著名法官巴拉克曾有言："人们必须谨记，作为法官个人经验的这种司法哲学，在法官拥有裁量的领域是有意义的。这种哲学只有在合理性的范围内发挥作用，只有在那些法律问题具有不止一种解决方案的情形下发挥作用，只有在法官竭力追求最优解决方案的复杂案件中才有意义……没有裁量，所有的法官都会以同样的方式行事，即便一个人的司法哲学与其同事不同。"[1]日本法学家中村英郎也认为，法院只有在审理具体的事件并认为必要时，才能审查法律法官是否违宪，而不能脱离具体事件抽象地对此进行审查。[2]也就意味着，司法审查权的行使不是孤立抽象地审查某项法律和政策，而是必须伴随着对某些具体的案件争议的判断。美国著名政治学家罗伯特·达尔同样认为："作为一个实际问题，在法院中占主导地位的政策观点，永远不会长期违背美国多数法律制定者中占主导地位的政策观点。"[3]因为进入司法审查领域的案

---

① [以]巴拉克：《民主国家的法官》，毕洪海译，法律出版社2011年版，第113—115页。
② [日]中村英郎：《新民事诉讼法讲义》，陈刚、林剑锋译，法律出版社2001年版，第31页。
③ [美]希尔斯曼：《美国是如何治理的》，曹大鹏译，商务印书馆1986年版，第198页。

件往往都涉及公民基本权利，涉及国家法律体系乃至司法制度，是所有共同体内的公民共同关心的政治话题，甚至是不同的政治观念、政治哲学的交锋和对抗，所以人们直观地感觉，司法审查权的自由裁量空间非常之大。事实上，任何一个奉行人民主权的国家，都不可能让司法权僭越立法权，政治性司法权只是一个维系社会秩序、政治秩序的补充力量，在绝大多数情况下国家权力都来自人民的意志，一个国家正常运转的基础是来自立法部门的意志和行政部门的直接行动，司法审查权只有在极少数的情况下启用，司法审查的案件中法院受案所占比重也十分微小，"法院不可避免地要面对融合了各种最为严重的政治失灵和自身司法资源最为紧张状况的艰难选择。任何一个宪法法院只要能够承担其中部分问题的判断任务，就是一个值得尊敬的法院。没有哪一个法院能够把所有的，甚至大部分的问题都揽在自己手里"①。"对政治失灵进行直接的司法审查，是一个成本高、代价大的回应。因此，对于很少有法院愿意对土地规划进行干预的情况，就没有什么大惊小怪了。大部分的法院更愿意直接将问题交给政治制度去解决，因此，只能保障很少的财权，或者干脆没有。"②因此，从司法成本考量上来说，权利的实现是需要成本而依赖税收的，对于权力的限制也是如此。政治性司法权启动与行使的必要性与频率都必须得到严格限制，启动的程序应当受到严格克制，否则，整个国家的法律、政策以及政治行动都将陷入不稳定的状态，政治权力不能长期处于随时能被轻易进行审查的威胁之下，国家机器就不能稳定运行，相关法律制度体系也处于可能的朝令夕改状态，没有稳定的制度最终影响的权利的稳定，进而导致市场交易秩序的紊乱，影响经济社会的发展。所以，政治性司法权的重要意义在于其存在能够最大限度地对违反宪法法律的公权力行使行为提供一种审查与限制的机制，为公民权利在国家公权力侵害面前提供法律之内的救济手段。

---

① [美]尼尔·K.考默萨：《法律的限度——法治、权利的供给与需要》，申卫星、王琦译，商务印书馆2007年版，第195页。
② [美]尼尔·K.考默萨：《法律的限度——法治、权利的供给与需要》，申卫星、王琦译，商务印书馆2007年版，第87页。

六、作为政治性司法权的检察权

司法权作为国家权力结构中的制衡力量，我们主要从三权分立角度认知西方政治制度框架下以司法权独立运行为基础性原则的司法权，也就是孟德斯鸠最先提出的政治性司法权。在司法权研究过程中，以苏联为典型的社会主义国家司法体系当中的检察权是一个无法规避的理论问题，司法改革的推进需要建立对检察权的地位、功能、价值等等做好理论阐释，可以说，检察权理论事实上是整个社会主义国家司法权理论的特点与重点。当下中国如火如荼推进以建立监察委员会为核心的监察体制改革，虽然将检察机关原本具有的反贪污贿赂、反渎职侵权职能与纪委的党内纪律检查职能合并到新成立的监察委员会，新的监察委员会却仍然行使着其权力控制的职能。由于监察体制改革仍在进行，本书的讨论暂且以现行的检察机关行使检察权为样本，因为检察机关行使检察权在社会主义国家的传统国家权力结构中具有典型意义。而纵观人类近现代史与司法文明史，除了西方资本主义国家的司法权，至少在一定的历史时期存在着社会主义体制下的政治性司法权思想和实践，巴黎公社和苏联都实践了社会主义的政治性司法权，在社会主义司法权力体系中，通识性的理论认为司法权主要包括人民检察权和人民法院的审判权的二元司法权体系，但是检察权的权力性质一直广受争议，其究竟是行政权、法律监督权、司法权还是行政司法双重属性？[①]目前没有一个统一的答案，其原因就是大部分熟谙英美法理学的中国学者在比较法意义上无法找到对应参照，所以虽然这是一个老生常谈的话题，却是一个仍然缺乏说服力的共识性话语的问题。因此，在具体展开对司法权的研究之前，有必要对检察院在何种意义上是司法权这个问题理顺思路，从而防止不必要的混乱。

---

①陈卫东：《我国检察权的反思与重构——以公诉权为核心的分析》，《法学研究》2002年第2期，第3—19页。

（一）列宁政权理论中的司法权与检察权

列宁主义指导下的苏联检察权实践是社会主义国家具有开创性的司法权实践形式，深刻影响了后来在全世界范围内风起云涌的社会主义运动所形成的政治制度。在列宁政治建设思想和司法权思想的影响下，苏联构建了以检察权为核心的权力监督的政治体制，其功能也在于制衡苏联共产党领导下的各项国家权力，甚至包括加盟共和国中的官员权力。该模式和理论对中华人民共和国成立后的司法权力体系构建产生了深远影响。直至当下，其毋庸置疑是政治性司法权的尝试与创新。

为了法制的统一运行，列宁认为地方检察机关只能由中央统一领导，地方检察长必须由中央统一任命。"法制不能有卡卢加省的法制，喀山省的法制，而应是全俄统一的法制，甚至是全苏维埃共和国联邦统一的法制。"①他在《论"双重"领导和法制》中明确指出："检察长有权利和义务做的只有一件事：注意使整个共和国对法制有真正一致的理解，不管任何地方差别，不受地方影响。"1923年制定的苏联宪法，把检察权从行政权中分离出来，成立了苏联最高检察署，拥有立法动议权、最高权力机关会议上的发言权、中止最高法院审判庭有关法律机关决议、命令、判决的执行权。1933年，苏联中央执行委员会和人民委员会作出决议，规定检察机关的职能是：第一，监督苏联及各加盟共和国的国家机关及各地方政权机关的决议与命令合于宪法及苏联政府的决议；第二，监视各加盟共和国司法机关对于法律的正确和一致的适用，有权督促任何案件，有权在任何审理阶段向上级司法机关抗议法院的刑事和民事判决，并停止其执行；第三，在苏联领域内的各级法院中提起刑事检举和支持控告；第四，根据特别章程，监督国家政治保卫局、民警局、刑事警察以及劳动改造机关行为的合法性和正确性；第五，对各加盟共和国检察机关的活动实行总的指导。②1936年苏联宪法第一百一十三条规定："苏联总检察长对于各部及其所属公职人员以及

---

①[苏]列宁：《列宁全集（第43卷）》，人民出版社1987年版，第195页。
②李六如：《各国检察制度的比较——最高人民检察署李六如副检察长在中国政法大学的讲授》，《中央政法公报》1950年第4—5期。

苏联公民是否确切执行法律，实行最高监督"；第一百一十七条规定：
"各检察机关独立行使职权，不受任何地方机关的干涉，只服从总检察
长"。从上述对于检察机关的相关法律、政策、文件可以看出，苏联模
式下的检察机关产生于"议行合一"的政权建构原则，"议行合一"下
的权力高度集中，但凡是权力都需要受到监督，因此，检察权的功能定
位于对国家权力的监督与制衡，在权力行使方式上典型地贯彻"检察独
立"原则，与资本主义国家三权分立的国家权力模式比较，苏联模式下
的检察机关具有"监督苏联及各加盟共和国的国家机关及各地方政权机
关的决议与命令合于宪法及苏联政府的决议"这样合宪性审查的职能，
事实上承担起了西方国家司法机关的违宪审查职能。"根据特别章程，
监督国家政治保卫局、民警局、刑事警察以及劳动改造机关行为的合法
性和正确性"体现了对于国家权力的制约监督。检察权作为单独的权力
分支，是在集中基础上的分权和制衡方式，苏联模式下的检察权具有政
治性司法权的性质，其司法哲学在于能动司法的哲学。从列宁领导制定
的1922年苏维埃《检察监督条例》规定来看，是将检察机关附设于当时
苏维埃司法机关的司法人民委员部内部。此后的1924年苏维埃宪法又从
宪法高度规定这一检察机关设置模式，同时，规定检察机关和法院共同
组成苏维埃社会主义的司法机关，确立苏俄审检并立的司法体制，由此
决定了苏维埃检察权的司法权属性。不过在列宁那里，苏维埃的司法权
是二元结构的由检察机关行使的检察权和法院行使的审判权共同构筑而
成。苏联检察机关组织法和当时的苏联宪法文本对苏维埃检察机关的性
质定位，均是将苏维埃检察机关划归到司法机关序列内，这是依据列宁
的国家结构理论和检察权思想理论建构的苏维埃检察机构设置模式。但
是，在列宁视野中苏维埃检察机关的检察监督职权是侧重于履行法律监
督维护国家法制统一的检察权。[①]后来各个社会主义国家检察机关的检
察监督权基于各国国情与政治实践与之并不完全相同，但都继承和效仿

---

① 王建国：《列宁检察权思想的中国化及其当代价值研究》，《河北法学》2013年第
10期，第2—12页。

了苏联的检察制度与司法权制度，在一定时间内发挥了监督国家权力的作用。

（二）公诉权非司法权

前文已经着重论述过司法权是终局的、权威的判断权的属性。在这个属性基础上，我们对社会主义国家存在的检察权性质上的模糊定位问题进行细化的讨论。从逻辑上看，"司法权是判断权"这个命题在法律逻辑上意味着"司法权"是"判断权"的必要不充分条件，"判断权"是"司法权"的充分不必要条件，也就是说，司法权必须具有判断权的属性，但不是所有的判断权都可以被称为"司法权"。这个逻辑上的论证，可以很好地回应了刑事诉讼中侦查权、审查起诉权是否是司法权的疑虑。客观来看，公安的侦查权、检察院的审查起诉权在权力行使过程中充斥着判断行为，并且其判断行为对法院最后行使裁判权作出裁判奠定了基础，引导了裁判方向，甚至在"侦查中心主义""检察中心主义"的司法权实践样态下，侦查机关、检察机关在侦查阶段和审查起诉阶段作出的判断事实上在绝大多数情况下决定了裁判的结果，但作出最终裁判的依然是审判机关，只有审判机关作出的裁判文书才有在全国统一的强制执行效力，侦查机关作出判断的起诉意见书、检察机关作出判断的起诉书仍然属于司法机关内部的法律文书，无法对当事人的人身、财产权利进行处分，也不能作为强制执行的依据。刑事司法实践所呈现出来的情况只能代表刑事司法的实然状态，不能代表这种实际情况具有合法性和正当性。并且，这个逻辑是"事实上决定案件结果的机关就能成为司法机关"，那么，如果在某个案件中鉴定机构的鉴定结论根本上决定了案件的最终判决结果（比如辛普森案），那么我们能否称这个鉴定机构为"司法机关"呢？这样的推理显然是站不住脚的。在本书的分析框架中，刑事诉讼是国家公权力起诉公民的"官告民"一类司法活动，在案件进入法院审理之前，侦查、起诉等活动仅仅是在为进入司法权活动场域做好前期准备，与"民告官"的行政诉讼、"民告民"的民事诉讼中控方律师和当事人所做的审前准备工作在本质上是相同的。但因为强大的国家公权力对相对弱势的公民提起的诉讼，并且刑事诉讼面对的是具有较强社会危害性的犯罪嫌疑人，需要对其进行一定的人身、财产的强制，因此国家公权力在侦查、采取强制措施、起诉等刑事诉讼环节中应当受到严格克制和权力制衡，所以宪法、刑事诉讼法对侦查、采取强制措施、起诉等刑事诉讼审判的前期准备行为都进行了非常翔实的规定，防止国家公权力对犯罪嫌疑人人权的侵犯，而在行政诉讼和民事诉讼当中，则没有相关类似的对审判前期律师准备工作的细致规定。因此，我们并不否认侦查权、检察权是判断权，但是判断权并不意味着是司法权，司法权是权威的判断权，这是侦查权、检察权不具有的属性。张文显教授进一步认为："将司法权界定为'判断权和裁判权'，一方面，给了司法权一个开放的结构，司法各个环节都行使着对事实和法律的判断权；另一方面，又强调了在司法权力当中具有决定意义的是审判权，审判权的核心是裁判权，无论是侦查，还是检察，说到底都服务于定罪量刑，都是裁判的前期准备工作，司法行政机关执行的是人民法院的裁判，只有裁判才是终局意义上的司法。"[1]

在词源的角度上，"检察"在英语当中对应的是"procuratorial"，"检察权"对应的是"procuratorial authority"，"检察官"对应的是"prosecutor"，在牛津法律词典中"prosecutor"的释义是"The person who institutes criminal proceedings on behalf of the Crown"[2]（为了国王利益启动刑事诉讼程序的人，就是指检察官）。而prosecute就是起诉的意思，所以，检察官在英语世界当中就是一个起诉工作者，但是prosecutor（检察官）与一般起诉者不同，他是代表国王（在当下事实上就是代表国家或者公共利益），但归根结底检察官行使检察权就是为了institute criminal proceeding（启动刑事诉讼程序），也就是我们通常所说的"起诉"。革命导师列宁在苏联检察权设计时也曾经指出："检察长的唯一权利和义务是把案件提交法院裁决。"[3]另外，在西方国家对检察权职能的相关规定中也体现了检察权和检察官的起诉职能：《英

①张文显：《司法的实践理性》，法律出版社2016年版，第3页。
②*Oxford Dictionary of Law*. London: Oxford University Press,2003,p.390.
③[苏]列宁：《列宁全集（第43卷）》，人民出版社1987年版，第195页。

国皇家检察官准则》第二条第二款规定："皇家检察院的职责，是确保以应当被提起公诉的罪名对应当被起诉的人提起公诉，并将全部相关事实提交法庭。"《日本检察厅法》第四条规定："检察官就刑事案件实行公诉，请求法院正确适用法律，并监督判决、裁定的执行；对于属于法院权限的其他事项，认为职务上有必要时，要求法院予以通知或者陈述意见；作为公益代表人，进行其他法令规定的属于其权限的事务。"从西方国家检察机关在刑事诉讼中发挥的总体功能来看，它们大体上属于单纯的刑事起诉机构，代表国家和社会的利益，对刑事案件提起公诉、支持公诉以及监督法院裁决的执行[1]。

我国的学者对公诉权是否属于司法权也得出了部分共时性的结论。张文显教授指出："司法权力当中具有决定意义的是审判权，审判权的核心是裁判权，无论是侦查，还是检察，说到底都服务于定罪量刑，都是裁判的前期准备工作，司法行政机关执行的是人民法院的裁判，只有裁判才是终局意义上的司法。"[2]郝银钟认为，在检察权的性质上，"检察机关的权力特征与国家司法权并不存在任何内在的、必然的联系，而恰恰与国家行政权的基本特征趋于吻合。即使从中国目前司法体制来分析，检察机关的法律监督权也并不具备上述国家司法权的最基本的特征。因此称检察机关为司法机关是完全缺乏法理根据的，是一种极不科学、不规范的法律观念。"[3]检察机关于是"生于司法，却无所不在行政之中"，检察机关的活动呈现出强烈的行政性特征。[4]在检察院的职能设置中，除了代表国家提起公诉的职能外，还包括侦查监督（批准逮捕）、职务犯罪自侦、民事审判监督、未成年人犯罪预防等业务性职能，这些职能虽然也或多或少地与刑事诉讼相关，但仍然没有一个职

———————

①胡夏冰：《司法权：性质与构成的分析》，人民法院出版社2003年版，第303页。

②张文显：《司法的实践理性》，法律出版社2016年版，第2—3页。

③郝银钟：《检察权质疑》，《中国人民大学学报》1999年第3期，第74—79页、第130页。

④石茂生：《司法权力泛化及其制度校正——以司法权力运行为中心》，《法学》2015年第5期，第21—31页。

能是能够像法院的审判权那样对案件一锤定音产生既判力。《人民检察院组织法》第五条规定：各级人民检察院行使下列职权：（一）对于叛国案、分裂国家案以及严重破坏国家的政策、法律、法令、政令统一实施的重大犯罪案件，行使检察权。（二）对于直接受理的刑事案件，进行侦查。（三）对于公安机关侦查的案件，进行审查，决定是否逮捕、起诉或者免予起诉。（四）对于公安机关的侦查活动是否合法，实行监督。对于刑事案件提起公诉，支持公诉。（五）对于人民法院的审判活动是否合法，实行监督。对于刑事案件判决、裁定的执行和监狱、看守所、劳动改造机关的活动是否合法，实行监督。第六条规定：人民检察院依法保障公民对于违法的国家工作人员提出控告的权利，追究侵犯公民的人身权利、民主权利和其他权利的人的法律责任。从我国的《人民检察院组织法》也可以看出，检察院的活动绝大多数是在监督和控诉，而并非在做司法判断，因此，不能将检察机关的公诉权简单地归为司法权，必须明确其在司法活动中扮演的角色。

（三）检察权的政治性司法权属性

孟德斯鸠早年就说过：从事物的性质来说，要防止滥用权力，就必须以权力约束权力。这是对"绝对权力趋向绝对腐败"这个论断的补充。笔者认为，之所以在此需要界定检察权的性质，是因为作为定分止争意义上的司法权无法找到合理的理论依据支撑其正当性基础，这是由其在司法运行过程中所扮演的角色、承担的职能所决定的。但是，从权力制衡的角度，从上文列举的《人民检察院组织法》的规定中看出，虽然检察权监督检察机关对于刑事案件的侦查活动、审判活动、执行环节的各个公权力机关都具有监督职能，并且"依法保障公民对于违法的国家工作人员提出控告的权利，追究侵犯公民的人身权利、民主权利和其他权利的人的法律责任"，检察机关不仅在刑事司法当中，同时也在各个方面行使监督职责，控制公权机关和官员的权力滥用，但是正如《人民检察院组织法》中所规定的，检察机关设置的根本目的还在于保障公民的人身权利、民主权利等基本人权，而这种权利保障是以对公权力的监督和制约作为手段。因此，笔者界定检察权的性质，是为了厘清当下中国存在的检察权理论与实践的脱节状况，检察权性质仍然处于非常模糊的地带，使人们容易产生检察权要么归属行政权要么归属司法权、检察机关要么定位为行政机关要么定位为司法机关这样的非此即彼的选择当中。通过上文的分析可以看出，在定分止争的裁判权意义上，人民检察院的公诉权并不具有司法权的基本特征。代表国家检察机关对司法权的监督是苏联最早开辟的监督模式。苏联模式下的检察机关是为了保证法律的统一实施而设立的独立的专门监督机关，其不仅监督司法权，同时监督所有的国家权力运行。向人民法院（即作为审判权的司法权）提起公诉，检察机关的公诉人员所扮演的是类似政府雇佣的律师的角色，因此，检察院的公诉权并不能被纳入司法权当中；但是，人民检察院的监督权在制度层面对司法机关以及其他可能侵犯公民人身权利、民主权利的国家权力机关和官员个人形成了制约，国家权力一旦突破法律的限制侵犯公民权利就会受到检察权的监督和制约，掌握国家公权的官员一旦滥用公权，检察机关则启动相关的职务犯罪侦查，因此，检察机关起到了对国家公权力合法性的审查和制衡作用，虽然不是像西方资本主义国家那样通过法院的判决来实现，但在客观上起到了以权力制约权力，将权力关进制度牢笼的作用。与西方国家一样，检察权行使的最终目的是让公民的合法权利免于强大的国家公权力侵害。所以，从现代司法权应当具有的权力制衡的功能来说，检察权当中的监督权可以被视为制约公权的政治性司法权，检察机关可以在这个意义上被称为司法机关。检察权虽然是一项具有判断的权能，但是根据上文的分析，检察权无法作为一种定分止争的司法权。在定分止争意义上，司法权应该被法院所垄断，检察机关在案件当中仅仅起到了代表国家提起公诉的职能。但是，检察权来源于列宁主义在苏俄政权建设的实践，检察权在其中扮演了权力制衡和对国家权力合宪性审查的角色，在这个意义上，社会主义国家的检察权注入现代司法权应有的能动色彩，发挥了政治性司法权的权能。

第五章 主权性司法权

一、主权性司法权的概念释义与历史沿革[①]

在司法权的变化发展与历史演进中，司法权的权能所旨范围不断扩大，从以神明裁判为标志的、以定分止争为目的的市民性司法权扩展到了具有制约公权功能的政治性司法权，比如西方国家的司法审查权与社会主义国家的检察监督权，而随着资本主义世界市场的建立以及全球化的推动，各国之间的人、财、物都在以贸易、通商甚至战争等方式快速流动，在没有统一的"全球法"或者说"超国家法"的情况下，人、财、物流动导致纠纷大量涌现而需要通过国际领域第三方权力的权威裁判来化解纠纷。在此领域，尤其在第一次世界大战以前，弱肉强食的国际秩序中曾一度认为"战争是合法的制度"的情况下，伴随战争而到来的市场贸易的人口流动引发的纠纷的管辖问题，就势必关系到民族国家利益的主权问题。晚清中国因两次鸦片战争而导致了维系了几千年的"朝贡体系"的崩溃继而被迫进入新的国际体系，即被迫以国家身份与行为方式参与到以侵略战争为背景所建构的"条约体系"（对于晚清政府而言绝大多数是不平等条约）当中。统治者以及民众亦从"溥天之下，莫非王土"的"视中国为天下共主"[②]中苏醒，以主权为最高权威的民族国家观念开始萌芽。在《南京条约》割让领事裁判权后，司法主

---

①本章的第一部分"主权性司法权概念释义与历史沿革"、第二部分"主权性司法权的国际维度与国内面向"、第三部分"司法的国际面向——主权性司法权在清末的确立"已整理成论文《制度竞争视野下清末司法主权的沦丧与维护——以领事裁判权为例》，发表于《法制与社会发展》2020年第5期，第68—85页。
②《清仁宗实录》卷三百二十，嘉庆二十一年（1816）七月乙卯，《清实录》第32册，中华书局1986年版，第241页。

权开始沦丧并成为列强撕裂瓦解中国主权的重要切口，主权性司法权成为萦绕在晚清政府高层的事关国运的重要话题与清末变法与法律近代化的直接原生动力。主权性司法权的维护在清末承载了统治者救亡图存的宣言，主权性司法权在现代民族国家成为主权完整程度的重要标杆，因此，在司法权的形态上，除了定分止争的市民性司法、权力制衡的政治性司法权，以主权维护为主要功能的主权性司法权是现代民族国家司法权的典型呈现形态之一。

（一）主权性司法权的内涵

本章在于阐释"主权性司法权"这个概念，那么理解这个概念就需要从"主权"这个概念入手。"主权"这个概念一直在政治学、法学等不同学科的不同语境中被广泛使用，但是缺乏对主权这个概念进行具体的定义，而都是在特征上进行描述性表达，比如经济主权、议会主权、君主主权、立法主权、司法主权等等，本书在阐释司法主权之前首先对主权这个概念做一个简要的交代。张千帆教授甚至认为，"主权"在当代基本上只是表征国家核心权力的一种方便的称呼[1]。主权一词源于古法文"soverain"，在拉丁文中表述为"uperanus"，是"较高者"的意思，"soverain"一词在古代欧洲被广泛用来表达比自己地位更高者，在现代则用"sovereignty"作为主权的意思。结束30年战争的《威斯特伐利亚和约》中就规定了：第一，世界由主权国家组成，主权国家不承认任何更高的权威；第二，立法与司法权以及解决争端的权力通常掌握在各个国家手中。对内来说，主权者（最初是君主）在某范围的土地（即其领土或国家）内，对其中的人民和事务享有最高的、独有的管辖权，主权者与其子民之间有直接的命令和服从关系。对外来说，每个主权者独立于其他地方的主权者，无须听命于任何他人，也不受他人的支配，他可独立自主地决定其国家事务（包括在美洲新大陆进行殖民地扩张和贸易时不再受教皇的管辖权规限）。[2]

---

[1]张千帆：《主权与分权——中央与地方关系的基本理论》，《国家检察官学院学报》2011年第2期，第61—84页。
[2]郭辉：《主权概念的历史演变——起源和归属的角度》，李双元：《国际法与比较法论丛（第21辑）》，中国检察院出版社2012年版，第129页。

在思想史上，霍布斯在《利维坦》第十八章中就明确地把司法权作为主权的重要组成部分，霍布斯指出："司法权也属于主权的范围。这就是听审并裁决一切有关世俗法与自然法以及有关事实的争执的权利。因为不裁决争执就不能保障臣民不互相侵害，关于私有财产权的法律就会形同虚设，每一个人根据其自我保全的自然和必然的欲望就会仍然具有运用自己的力量防卫自己的权利。""由此看来，法度既为和平所必需，而又取决于主权，所以它便是主权为了保持公共和平应做的事情。"[①]可以看出，在霍布斯的理论中，司法权具有非常强烈的主权属性，"但他如果将国民军交出去，保留司法权就没有用了，因为法律将没法执行"，司法权是与主权紧密地结合在一起的，近代沈家本的"法权所在，则主权随之"中的司法权与主权的关系虽然颠倒过来，但是都反映了司法权与主权密不可分、唇亡齿寒的关系。这也是特别将主权性司法权作为司法权单独的一个形态进行研究的意义所在。

张文显教授指出："司法权既是统一的国家权力体系的组成部分，又是一种相对独立的国家权力。作为一种相对独立的国家权力，司法权与其他国家权力相区别的最显著特点就是其中立性与独立性，这源于诉讼当事人的复合性、对抗性。独立司法是司法公正的前提条件，是司法的本质要求。"[②]当下的司法主权已经不像清末时期那样赤裸裸地表现在领事裁判权的攫取上，司法主权在领事裁判权业已废除的当今国际关系中表现在国际司法具体运行中。国际司法包括仲裁机构、国际法院以及前南斯拉夫国际刑事法庭等临时法庭，在这些国际司法运行和国际法院审判组织的组成、构成中，在法律适用、条约和准据法的选择上，就凸显了司法主权对于国家主权的深刻意义，而一个国家的强大与否在根本上决定了其在国际司法领域地位的高低，尤其是在公法的国家纠纷解决当中"强权即公理"仍然阴魂不散，在美伊战争、阿富汗战争等国际事件当中都凸显端倪，对前南斯拉夫总统米洛舍维奇、伊拉克前总统萨

①[英]霍布斯：《利维坦》，黎思复、黎廷弼译，商务印书馆1986年版，第138页。
②张文显、孙妍：《中国特色社会主义司法理论体系初论》，《法制与社会发展》2012年第6期，第3—15页。

达姆的司法裁判仍然受到国际社会的广泛质疑。但是，从另一个角度来说，这足以说明"弱国无司法"，一个没有司法主权的国家甚至可以让本国的最高领导人被其他国家在本国境内设置的所谓法院判处极刑，司法主权关乎主权范围内每一个公民的权利。在某种意义上来说，司法主权是政治性司法权、市民性司法权的基础，没有司法主权的根本独立，主权被侵犯的国家是不可能具有作为政权组织一部分的、作为权力制衡的政治性司法权的独立运行，而定分止争的市民性司法权的独立运行也会受到其他国家利益集团的影响。司法权是基于主权产生的，它必须是完整的和统一的。

（二）"主权性司法权"与"司法主权

"主权性司法权"与"司法主权"虽然内涵相近，但需要谨慎地选择使用主权性司法权这个概念。"司法主权"的概念是与"经济主权""文化主权"等概念表征特定领域的排他性管辖权力相一致，重在表达主权在具体领域的权威性与统领性，也就是主权在司法活动中的绝对排他效力，其侧重点在于"主权"，在内容上是"主权"在"司法"领域具体表达，与"经济主权""文化主权"等概念平行对应。"主权性司法权"概念则重在突出司法权具有主权意义，在特定期间与条件下，司法权除了定分止争、权力制衡的功能和意义之外，还具有国家主权性质与意义，此概念的侧重点是司法权，"主权性"仅仅是对司法权的在特定领域的修饰。"主权性司法权"这个概念与"市民性司法权""政治性司法权"相对应，是司法权在主权层面上的功能展示，与"市民性司法权""政治性司法权"共同组成了现代司法权在三个层面上的三重意义。"司法主权"是一个规范性概念，意味着主权者在其统领范围内的司法权运行中具有绝对排他效力，不允许任何其他国家或者主权者对司法权运行的干涉与影响，尤其是在涉外相关矛盾纠纷的解决上尤其强调主权完整。"主权性司法权"的概念则是一个描述性概念，突出与主权相关的司法权运行活动，包含"对外的权威性"的国际面向与"对内的统一性"的国内维度，突出的是司法权的"主权层面"的意义，因此，选择使用"主权性司法权"这一概念能够更好地阐释本书的主题——"司法权力"。

从上文的分析可以看到，"主权"的内涵与统领、范围是密不可分的，"主权性司法权"是国家主权完整性在司法领域的表达，是司法权从定分止争、权力制衡的意义上升到主权维系的功能意义，同时又是司法权实现定分止争、权力制衡的前提与基础，意味着在特定区域范围内的主权者对司法权的行使具有至高无上、不容挑战与分裂的性质。而对主权的挑战与分裂既可能来自外部，也可能在其统领的范围内的地方割据，也就是形成司法权"国中之国"，司法权成为了某些地方"土皇帝"私有的权力。从主权的角度理解、审视司法权的意义，主权性司法权既是国家司法权完整性的反映，又系于国家主权的独立与完整，覆巢之下无完卵，没有国家主权的完整与独立就没有真正意义上的司法权的独立运行。主权性司法权与主权一样，往往在其受到侵犯的时候才体现其权力和权能，因此，本书在对主权性司法权的具体阐释中就以清末司法主权受到列强侵犯与当下地方权力对主权性司法权的分裂与挑战为样本进行分析讨论。

在现代国际社会关系中，主权性司法权的独立不是闭关自守的独立，而是建立在符合国际社会一般司法准则、得到国际社会普遍认可下的司法权独立运行，表现在司法权的国际认同力上。从国际视野上，与收回领事裁判权时需要建构与西方国家类似的司法制度相似，在现代国际交往中表现为国家治理所需要的"国际认同力"[1]，需要与国际接轨、受国际认同的法律制度体系以及规范化、标准化的法律制度应用体系影响，体现在司法权运行机制和司法权实践当中，只有这样才可能在国际法律关系和司法裁判领域得到世界认可，方能以平起平坐的身份有效参与到国家法治治理和国际司法裁判当中，比如在较为权威的WJP（世界正义工程法治指数）的测评当中获得理想成绩，摆脱西方国家对中国司法权运行状态既有的偏见。

---

[1]封永平：《大国崛起困境的超越：认同建构与变迁》，中国社会科学出版社2009年版，第236页。

（三）主权性司法权的核心概念："领事裁判权"与"治外法权"的混用与区别

在很长阶段的历史叙事当中，由于不平等条约设置领事裁判权对于中国司法主权的侵夺，导致中国人在中国领土范围内缺乏相关认知，对外国人的司法裁判权都简单混为"领事裁判权"，包括"治外法权"这个概念在大臣奏折、相关条约等处的使用也都与司法主权的丧失有关，在民族主义的渲染推动下，把"治外法权"简单地理解为"治理外国人之法权"，把一切外国人在中国可能享有的特权都理解为"治外法权"，将作为国家法律概念的"治外法权"上升为政治话语进行表达①。"治外法权"的存在也被打上了"丧权辱国"的历史印记。因此，在学术研究过程中，有必要厘清"治外法权"与"领事裁判权"用词的内涵和外延，才能防止不必要的混同、误会和误用。早在民国时代，学者们对于这两个词语的使用就存在争议，并且关于对"治外法权"和"领事裁判权"的研究涌现了一大批文献。民国时期，周鲠生、郝立舆等认为两者意思大致相同②，陈启天、陈腾骧、吴颂皋等认为其大相径庭③。

1.历史视角

根据民国学者吴颂皋等的研究："治外法权"的概念始于15世纪欧洲国家对于常设使节初次确定之时。"当时国际社会，方在萌芽时代，欧洲各国对于互派使臣办理交涉一事，渐渐视为一种实际的需要。但以国际公法学说尚未发达、领土主权的原则尚未确定之故，各国政府对使臣个人，只承认他是一种不可侵犯的人物，随时随地予以特别优待与保护而已。17世纪初叶，西洋法律上的属人主义，已代以属地主义，

①刘洋：《从词义到语境："治外法权"误读、误用及误会》，《社会科学》2015年第2期，第152—163页。
②周鲠生：《领事裁判权问题》，《东方杂志》1922年第19卷第8期；郝立舆：《领事裁判权问题》，商务印书馆1925年版，第22—23页。
③陈启天：《治外法权与领事裁判权辨》，《东方杂志》1915年第12卷第7期，第5—7页；吴颂皋：《治外法权》，商务印书馆1929年版，第30页；陈腾骧：《领事裁判权阐说》，东方杂志社：《领事裁判权》，商务印书馆1923年版，第60—62页。

同时复受了自然法家格劳秀斯的学说影响，领土主权的重要，在国际公
法上已成为一个公认的原则。于是为保障使臣的特殊地位与尊重国家的
使节权起见，不得不从'不可侵犯'的观念上面，形成两种外交官应得
的权利，置在法律保护之下。一为使臣个人不可侵犯，二为使馆的不可
侵犯。"①因此，治外法权概念的由来，根本上来自于在国际关系与国
际交往中相互承认权利义务以及相互让渡主权，恪守"国家主权相互尊
重、国际交往中平等互利"基本准则，是基于平等关系而自愿让渡的权
力。与治外法权不同，领事裁判权起源于12世纪的地中海地区。地中海
沿岸是当时商事活动较为发达的地区，各个国家地区之间商事往来较为
频繁，其中包括具有完全不同信仰基础的伊斯兰国家与基督教国家，受
宗教影响下的法律制度也相去甚远。为了更妥善地解决矛盾纠纷，各国
之间就订立相关条约允许在他国犯罪的人交由本国司法机关处置，按照
本国法律审判。比较典型的是，希腊在1199年承认威尼斯人有此权利。
"十字军"东征后，被击败的国家悉数承认"十字军"有这项特权，接
受本国法律与司法机关的审判。伴随着商业活动需要所导致领事制度的
诞生，驻扎在其他国家的领事可在当地行使司法机关的权力，对犯罪人
实施管辖和审判。从两者的历史形成可以看出，治外法权是主权国家之
间在主权平等前提下的权利让渡和互利互惠；领事裁判权是一方对另一
方单向的让渡司法管辖权力，往往发生在战争征服之后，是战胜国对战
败国强加和逼迫的权力让渡，违反了国际法上的平等互惠原则。"为破
坏领土主权原则之例外。盖一国之领土主权，应完全行于本国；而领事
裁判权者，一方面使一国之领土权侵入他国领土之上；一方面又使他国
之领土权受其侵入之限制。"②因此，"治外法权"与"领事裁判权"
两者的历史来源与形成角度，已经在主体、对象、权利义务关系上解释
了两者在本质上的区别，即双方是否是在平等互利的权利义务关系下享
有的互惠权利。吴颂皋先生认为："凡是治外法权应以不损害国家之领

①吴颂皋：《治外法权》，商务印书馆1929年版，第4—5页。
②梁敬錞：《在华领事裁判权论》，商务印书馆1930年版，第1页。

土主权为唯一的标准，如果损害了国家的领土主权，则领土法权便不应受其限制，而所谓治外法权，亦不能称为一种合法的治外法权。"①钱端升先生认为："治外法权之在远东，不可与在近东者并论。近东各国以宗教不同之故，又以奖励欧人营商之故，治外法权之赋与，其始殆出于各国之自愿，继则以成例在先，与之而不疑，初不尽由于外人之要求者也。然在东方则不然。东方各国自始即有'率土之滨，莫非王臣'之说，而以中国为尤者。凡外人之来中国者，率令服从中国法令，其不服者，非惩办之，则驱逐之，不稍宽假。鸦片之战以前，此类成例不胜枚举，即有一二不明事体之地方长官，任外人自行处置斗殴等案，实不多见。鸦片之役，师亡军败，南京之盟，有非得已者；故各国因江南原定善后条款而取得之治外法权，实非中国由衷之赐，实基于条约而来，初未可以与在近东之治外法权相比拟也。"②因此，治外法权的合法性基础即是否对对方主权的侵害以及是否是自愿选择。

2.词源分析

一直以来，中国法律用语的翻译往往都是从日语当中间接翻译过来，原生于西方的许多法律概念都要到日本中转传入中国。在"领事裁判权"这个概念上，英语当中主要是指"Consular Jurisdiction"，日本将这个英文词译为"领事裁判权"，当时就从日语当中直接拿来使用。该词的含义为"彼国的人民到此国中，无论民事、刑事，都不受此国的裁判，而由彼国所派的领事裁判"。"治外法权"这个词的英文作为"Exterritoriality"，指"一定的人和房舍虽然处于一国领土之内，但在法律上被认为是处于该国之外，因而不受当地法律的管辖，该原则适用于外国君主、国家元首、外交使节和其他享有外交特权的人"。1902年中英《续议通商行船条约》第十二款中以"Extra-territorial Rights"对应"治外法权"一词。"Consular Jurisdiction"的用法则直至1918年6月13日的中瑞（士）《通好条约》附件中才正式出现。可以看出，治外

---

① 吴颂皋：《治外法权》，商务印书馆1929年版，第20—21页。
② 钱端升：《钱端升学术论著自选集》，北京师范学院出版社1991年版，第430—431页。

法权关注的是司法对象的特殊群体享有的外交过程中的司法特权，而领事裁判权关注的是行使司法裁判权的主体是驻该国的领事而非该国司法机构。从国家司法主权的角度，领事裁判权是对于该国的司法主权的攫取，而治外法权是指对特定的外国人相互保留其司法管辖权。

因此，从上文分析看出，"治外法权"和"领事裁判权"的概念表述经历了从英美语境到日本再到中国的传播路径，由于语言上的混同和错误加上当时人们的民族主义情绪，造成了十分严重的误用。本章关注的是司法主权意义上的司法权，其并非基于平等互惠原则而由西方列强享有的治外法权，而是严重侵犯了中国司法主权的单方面优惠政策下的"领事裁判权"。由于当时的国人在民族主义和爱国主义的氛围下没有厘清两者的内涵和用法，因此在本书采用的史料当中不乏出现"治外法权"之用法，我们只能将其理解成（事实上也是）不平等条约带来下的"领事裁判权"来使用，所谓"收回治外法权"的实际意义是指向收回"领事裁判权"。故作本节以阐明。

（四）主权性司法权的历史存在与沿革

如何处理、以什么法律处理涉及外国人在华的法律纠纷问题是一个自从有对外交流、交往就产生的法律适用原则问题。中国历代王朝给予"化外人"的法律自治权虽然与领事裁判权在权力行使的外观上有所相似，但在本质上无法将其称为"领事裁判权"和"治外法权"。

在古代中国，历代王朝都实行"因俗而治"的政策，即主要依据少数民族地区当地的习俗、法律习惯来自治。例如，西周时的"修其教不易其俗，齐其政不易其宜"①，五胡十六国时按照"胡汉分治"的管理方法，唐代设置的羁縻府州以及明清时期在西南地区推行的土司制度，都体现了民族自治即按照当地的风俗、习惯、宗教处理民族内部事宜，包括纠纷化解等等都由民族首领主持进行，中央政府并不干涉其民族内部事务，也不把汉族以及中原地区的法律制度强制推行到边疆少数民族地区，反而实现了双方和谐、民族融合的局面。即所谓"夷狄外臣不须

---

① 《礼记·王制》。

治以中国之法"①。虽然与晚清的领事裁判权产生的背景、性质都不尽相同，但是在唐代我国自身的法律当中就对"化外人"的涉法纠纷有所规定。《唐律·名例·化外人相犯》规定："诸化外人，同类相犯，各依本俗法；异类相犯者，以法律论。"而《唐律疏议》解释说："'化外人'谓藩夷之国，别立君长者，各有风俗，制法不同。其有同类自相犯者，须问本国之制，依其俗法断之。异类相犯者，若高丽之与百济相犯之类，皆以国家法律，论定刑名。"②《唐律疏议释文》对其进一步解释："同类相犯，此谓蕃夷之国，同其风俗，习性一类，若是相犯，即从他俗之法断之；异类相犯，此谓东夷之人，与西戎之人相犯，两种之人，习俗既异，戎夷之法，各有不等，不可以其一种之法断罚，遂以中华之政决之。此物皆为去王化辽远，各有君长之故，圣人但抚之教外，不以中华强之不能也，故许听其俗。"③在唐代的实践当中，在公元9世纪的时候唐政府为管理聚居在广州的阿拉伯人，在众多的穆斯林中指定一人负责裁断伊斯兰教徒之间发生的争议。据说每逢节日，穆斯林们聚会一堂，此人就朗诵祷文，宣讲教义，并为他们的苏丹求福。由于委任得人，居留地的管理良好，伊拉克的商人从未对他的裁决表示异议，认为他的裁决不仅与真主的经典（《古兰经》）相符，亦合乎伊斯兰教的训诫。在当时的阿拉伯人眼里，大唐帝国法制卓越且能够灵活应对外邦人士，社会秩序极佳，令他们羡慕不已甚至乐不思归④。

作为盛唐处理域外人犯罪的法律规则，在"同类相犯"时首先还是按照"属人原则"选择"依本俗法"，因为这个可能是效率最高、最能为化外人所接受和社会效果较好的司法方式。唐王朝主动选择和制定了这种按照现代主权观念来说有"治外法权"意味的法律，其并不以为这种处理方式侵害到国家的司法主权。并且，这与"化外人"这个词的

---

① 《明宣宗实录》卷八。

② 《唐律疏议》。

③ 《唐律疏议》附《唐律疏议释文》。

④ 张天泽：《中葡早期通商史》，姚楠、钱江译，中华书局香港分局1988年版，第6—8页。

特定含义是有内在关联的，与现在的"外国人"一词有着一定的区别。根据苏钦先生的研究：统治者所倡导的礼义、制定的法令未能贯彻实施的地方就被视为"化外"，是"没有被礼教浸润"的地区，居住在"化外"地方的人即为"化外人"①。因此，究其原因，在中国传统皇权观念当中，是以"天下观"替代"国家观"的，盛唐则是处于"天下"中心，其他藩夷之国则要向其进贡，而西亚、欧洲等"藩夷之国"只是因为距离太远所以没有定期朝贡。朝贡的前提是对中央王朝的承认，只要他国或者其他民族明确赞成中央王朝的统治地位，双方就要礼尚往来，在礼仪的形式上表现为正式的赏赐和献礼，这些礼仪表示藩夷之国对于中华文化的接受，也表达了天朝上国对外邦的认可。在当时，主动给予外邦这些特权象征着天朝上国母仪天下的宽容和恩典，而非被征服后的被迫让权，这个制度反而大大加速了中国与外邦的交往，让中国一时在某种意义上成为了外邦来贺的中心。梁启超曰："中国自古一统，环列皆小蛮夷，无有文物、无有政体，不成其为国，吾民亦不以平等之国视之。故吾国数千年来，常处于独立之势，吾民之称禹域，谓之为天下，而不谓之为国。"②可以说，这是一套以中国为中心的国际关系秩序。"化外人"只是"藩夷之国"的国民，"藩夷之国"的称呼意味着唐朝在其"天下观念"中把当时的外国与中国周边的少数民族同等看待，"藩夷之国"的"国"并非当代主权国家的"国"。唐朝根本没有将其作为平等主体的主权国家相待，并且这些国家地区既然是来自"附属国"的化外人，都是没有受到礼教洗礼的未开化的民族，其矛盾纠纷自然不为作为当时先进文明代表的中华法律和礼教纲常所调整。因此，唐朝给予"化外人"自己解决纠纷的权力与皇权、主权的统一都没有直接联系，而是一种让"远人归心""四海威服"的"化外"方式。

后来，《宋刑统》基本延续了唐朝关于"化外人"的法律规定。

---

① 苏钦：《唐明律"化外人"条辨析——兼论中国古代各民族法律文化的冲突和融合》，《法学研究》1996年第5期，第141—152页。
② 梁启超：《爱国论》，《饮冰室合集（第1册）》，中华书局1989年版，第66页。

《大明律》中规定："凡化外人犯罪者，并依律拟断。"①《大清律例》规定："凡化外有犯，并依律拟断。"而鸦片战争战败之后的清政府，在《中英南京条约》等不平等条约中被动接受了西方列强提出的领事裁判权要求，在租界等地的司法实践中逐步认识到了领事裁判权作为国家司法主权一部分的重要意义。而其根本在处理"华洋"纠纷、"异类"相犯的时候的司法管辖权是由谁行使，在唐朝是毫无疑问地由唐朝的官员依据适用唐朝的法律处理——"异类相犯者，以法律论"——而在清末则由西方列强的"领事"来裁判②。

二、主权性司法权的国际维度与国内面向

在戈登看来，主权这个术语具有两重含义：一是指一个民族国家相对于其他民族国家的地位，表明每个国家在自己的地理范围之内拥有自主的管辖权；二是指这样的观念，即每个个别的国家之内存在最高政治和法律权威的实体③。因此，主权就存在国际与国内两个维度和面向，但是，"主权"这个概念无论在国际关系中作为独立管辖权还是作为国家最高政治和法律权威实体，其特点是绝对权力是不可分割、分裂的。在最早提出和论证了主权理论的法国人让·博丹看来，一个主权可以把权力委托给下级官员，但那些官员并不因此就获得了他们自己的任何主权，博丹认为"权力之内的权力"是一种逻辑上的不可能④。"主权的权威是单一的整体，如果分割的话必遭毁灭。"因此，主权的统一是国内国外两个向度上的统一，缺一不可。司法主权这个问题同样具有国内

---

① 《大明律》。
② [日]今井嘉幸：《中国治外法权问题》，王健：《西法东渐——外国人与中国法的近代变迁》，第285—288页。今井嘉幸认为，1842年南京条约以前，领事裁判权已经在中国"以惯行而存在"，西方各国不过"乘战胜之余威成为明文而已"。
③ [美]斯科特·戈登：《控制国家——西方宪政的历史》，应奇等译，江苏人民出版社2001年版，第20页。
④ [美]斯科特·戈登：《控制国家——西方宪政的历史》，应奇等译，江苏人民出版社2001年版，第23页。

面向，集中表现在司法权的地方化，而其背景则在于"中央—地方"权力客观上存在的集中与分权的动态博弈。本书的研究建立在中国近余百年来面临的司法主权完整问题与来自国内的司法权割据问题上，因为笔者正是在考察中国的主权性司法权问题过程中才深刻认识到了司法主权对于中国司法权理论的重要意义，也认识了到了司法权不仅仅是定分止争和权力制衡，还是国家主权不可分割的一部分，司法权在主权维度上具有更高的政治高度，因此，本部分的研究就建立在中国司法主权问题上或者说以中国司法主权问题作为样本研究。

三、司法权的国际面向——主权性司法权在清末的确立

"落后就要挨打"是1840年鸦片战争后一直萦绕在中国人民心中的阴影和时代话题，也是时刻提醒华夏儿女为实现中华民族伟大复兴艰苦奋斗的时代警钟。"落后"表现在我们因为敌不过西方列强的船坚炮利而屡战屡败，器物的落后、武装的落后让帝国主义在短短几十年间与晚清政府签订了数十个大大小小的不平等条约，领事裁判权在各个条约当中为大多数帝国主义国家所攫取，中国的司法主权遭受了前所未有的挑战。条约的签订即意味着器物落后带来的战败苦果被国际法律制度所确认从而固化为制度。"落后就要挨打"也许不再简单地表达为武装打击，而是一场政治、经济、社会、科技、文化的全方面较量与博弈，文明的先进与落后可以说是高下立判。而在现代社会，所有上述的竞争元素都终将以法律制度的形式对其进行行为激励和成果固化，没有先进的法律制度体系是不可能在高速发展的当今时代保证一个国家在世界民族之林的地位，如果按照马克思列宁主义的历史唯物主义，中国自晚清以来以鸦片战争为代表的一系列战争失败归根结底是封建专制制度对抗当时具有先进性的资本主义制度的失败。国家竞争本质上是制度竞争[①]。因此，在洋务运动后仍然遭受甲午战争惨败，当我们看到东洋近邻日本

---

①胡鞍钢：《美国为何衰落》，《学术界》2014年第5期，第5—13页。

在明治维新以后的高速发展已经在军事实力上超过中国时，清末各个阶层，包括满族贵族、地方汉族官僚和地主、民族资产阶级、青年知识分子乃至较为激进的革命派等都深刻地意识到了我们落后挨打的根本原因在于制度落后，而国家间的竞争在本质上是制度的竞争。梁启超曰："唤起吾国四千年之大梦，实自甲午一役始也。"[①]

因此，在各方面的推动下，试图模仿日本明治维新的成功，清末立宪成为了寻求先进制度和救亡图存的必由之路。在立宪活动中，司法，或者说现代意义上的司法权成为了现代的宪法文本及其制度运行不可或缺的组成部分，随之带来的清末司法改革以及现代意义上的司法权的产生和对其保障的制度设计成为了清末立宪的重点和难点，也成为整体宪法制度变革的重要突破口。就司法权自身而言，其本身作为宪法制度的相对独立的组成部分，与西方各国的司法制度之间也存在着关乎司法主权的竞争动力。具体而言，将立法权、司法权从行政权中分立出来，实行以司法权独立运行为核心的司法改革，对于近代中国而言是作为"救国之因"而不是"治国之果"而存在的[②]。可以说清末立宪是对西方列强侵略后的一种直觉回应，是寻找救国救民的政治改革方略，而通过司法改革推动司法权的现代化仅仅是作为立宪制度的一部分，当时的主政者们寄希望于通过立宪制度的确立，改变积贫积弱的局面实现富国强兵的理想，增强中国在与其他国家竞争中的竞争力，当然也想让大清王朝延续生命。

这也就基本解释了为何选择以清末作为司法权力研究的重要时间节点，其伴随着清末中国在对外战争中的屡战屡败，西学东渐在清王朝的被迫接受和西方的侵入下逐步进入近代以来的最高潮阶段。因此，晚清对于中国历史来说是一个联结历史与未来、传统中国与西方现代激烈碰撞的时代，正处于"三千年未有之大变局"。晚清是封建王朝最后的落日余晖，晚清也是中国开启现代性的重要时刻。国门在一次次侵略战

---

① 梁启超：《戊戌政变记》，中华书局1989年版，第113页。
② 韩秀桃：《近代中国对司法独立的价值追求与现实依归》，《中国法学》2003年第4期，第162—171页。

争之后逐步"开放",封建制度不得不在外忧内患的作用下渐渐瓦解和转型,雷颐教授形象地将清末的局面描绘成"改革与革命赛跑"①。无论是立宪派的改革还是革命派的革命努力,都体现了以西方现代性的制度方式救国救民的根本思路。在西学东渐过程中,现代意义上的宪法结构体系以及作为其重要组成部分的司法权力理论作为观念和制度也随之被引入了中国。与传统中国的司法运行模式不同,当时的司法权力理论最鲜明的特点就是突出了司法权独立运行。夏锦文甚至认为:一部20世纪中国司法史,则是一部从传统到现代的风云激荡的司法改革乃至革命史;而司法权独立运行的思想与制度变迁是贯穿其中的最为引人注目的核心和红线②。在晚清时代,毋宁说建立现代意义上的司法权独立运行制度,领事裁判权的存在令其在主权意义上的司法权都缺乏独立的存在。

(一)清末司法改革的过程概要

领事裁判权的逐步丧失是晚清司法主权被践踏和破坏的主要标志。其逐步丧失的过程是,通过列强与晚清政府的一个又一个不平等条约构成的系列条约制度体系来固化和扩大其侵略成果,原有的以华夏文明为核心的在对外关系上的"朝贡"体系彻底崩溃。在主权性司法权遭受侵犯的背景下,晚清政府无论以何种原因确实开启了可能动摇其根本政治制度与皇权权威的司法改革,通过司法改革而导致现代意义上司法权的出现,以主权性司法权遭遇侵犯为直接原因。本部分的研究虽然是从法学理论的角度探讨晚清奠定的现代性的司法权的性质、特点等等而非法律史的研究,但笔者认为还是确有必要把为了清末司法权独立运行与维护主权性司法权的司法改革做一个法律史研究,并将研究的共识性成果作为基础的概要进行呈现和简单介绍。

1.列强蚕食清末的主权性司法权

1842年8月29日签订的中英《南京条约》规定了"凡系大英国人,无论本国、属国军民等,今在中国所管辖各地方被禁者,大清大皇帝准

---

①雷颐:《改革与革命赛跑》,《中国改革》2010年第3期,第115—116页。
②夏锦文:《世纪沉浮:司法独立的思想与制度变迁——以司法现代化为视角的考察》,《政法论坛》2004年第1期,第46—55页。

即释放。（第八款）""凡系中国人，前在英人所据之邑居住者，或与英人有来往者，或有跟随及侯候英国官人者，均由大皇帝俯降谕旨，誉录天下，恩准全然免罪；且凡系中国人，为英国事被拿监禁受难者，亦加恩释放。（第九款）"在《南京条约》附属的《善后章程八款》中，确立了领事裁判权原则。《善后章程八款》中规定："英国商民……与内地居民发生交涉狱讼之事……英商归英国自理（第七款）。"为了进一步扩大领事裁判权的权益，英国后来单方面公布了《改善英国臣民居留中国管理法》，把中国视为英国的殖民地，英国人享有其在英国以及海外殖民地相同的地位与特权，受到英国法律保护。

中英两国在1843年10月8日又签署了《善后事宜清册附粘和约》（以下简称《和约》），《和约》规定了对于英国人如果犯事就交给"近地英官""交英国管事官依情处罪"，通过这个条款英国夺取了领事裁判权。《和约》规定：广州等五港口英商或常以居住，或不时来往，均不可妄到乡间任意游行，更不可远入内地贸易，中华地方官应与英国管事官就各地方民情地势，设定界址，不得逾越，以期永久彼此相安。凡系水手及船上人等，候管事官与地方官先行立定禁约之后，方准上岸。倘有英人违背此条禁约，擅到内地远游者，不论系何品级，即听该地方民人捉拿，交英国管事官依情处罪，但该民人等不得擅自殴打伤害致伤和好。（第六款）""倘有不法华民，因犯法逃在香港，或潜住英国官船、货船逃匿者，一经英官查出，即应交与华官按法处治；倘华官当为照会英官，以便访查严拿，若已经罪人供认，或查有证据知其人实系犯罪逃匿者，英官即必交出，断无异言。其英国水手、兵丁或别项英人，不改本国、属国、黑、白之类，无论何故，倘有逃至中国地方藏匿者，华官亦必严行捉拿监禁，交给近地英官收办，均不可庇护隐匿，有乖和好。（第九款）"第二次鸦片战败后，清政府于1858年与英、美、法、俄等分别签订《天津条约》，在中英《天津条约》当中规定："英国属民相涉案件，不论人、产，皆归英官查办（第十五款）……英国民人有犯事者，皆由英国惩办。中国人欺凌扰害英民，皆由中国地方官自行惩办。两国交涉事件，彼此均须会同公平审断，以昭允当。

（第十六款）"之后在1876年9月13日又与英国订立了的中英《烟台条约》，具体夯实了英国在华的领事裁判权。规定"凡遇内地各省地方或通商口岸有关英人命盗案件，议由英国大臣派员前往该处观审。此事应先声叙明白，庶免日后彼此另有异辞，威大臣即将前情备文照会，请由总理衙门照覆，以将来照办缘由声明备案。至中国各口审断交涉案件，两国法律既有不同，只能视被告者为何国之人，即赴何国官员处控告；原告为何国之人，其本国官员只可赴承审官员处观审。倘观审之员以为办理未妥，可以逐细辩论，庶保各无向偶，各按本国法律审断。此即条约第十六款所载会同两字本意。以上各情两国官员均当遵守。"《烟台条约》是对《天津条约》第十六款相关内容的具体阐释与重新界定，从而获取了对洋人为原告、华人为被告等各种民刑案件的观审权，租界内的会审制度被制度化、合法化。

在英国之后，西方列强都纷纷向中国提出了司法权要求。在战争失败面前，清政府不得不与西方列强签订一系列不平等条约。1843年7月22日年签订的中英《虎门条约》附件《五口通商章程：海关税则》中规定："其英人如何科罪，由英国议定章程、法律发给管事官照办。"（英人华民交涉词讼一款）。1844年7月3日，中美签订《望厦条约》，在《望厦条约》中规定："嗣后中国民人与合众国民人有争斗词讼、交涉事件，中国民人由中国地方官捉拿审讯，照中国例治罪；合众国民人由领事等官捉拿审讯，照本国例治罪；但须两得其平，秉公断结，不得各存偏护，致启争端。（第二十一款）""倘遇有中国人与合众国人因事相争，不能以和平调处者，即须两国官员，查明公议察夺。（第二十四款）""合众国民人在中国各港口，自因财产涉讼，由本国领事等官讯明办理；若合众国民人在中国与别国贸易之人因事争论者，应听两告查照本国所立条约办理，中国官员均不得过问。（第二十五款）"，中法《黄埔条约》规定："法兰西人在五口地方，如有不协争执事件，均归法兰西官办理。遇有法兰西人与外国人有争执情事，中国官不必过问。至法兰西船在五口地方，中国官亦不为经理，均归法兰西官及该船主自行料理。（第二十八款）"

在中国与日本之间的系列条约上，最能体现出司法主权的丧失与国家的综合国力衰弱紧密相关，同时也解释了为何清政府的立宪、修律的目的在于通过提升综合国力从而收回领事裁判权，恢复司法主权的完整性。在晚清与日本的条约当中，1871年9月13日在天津签订的《中日修好条规》规定了："两国指定各口，彼此均可设理事官，约束己国商民，凡交涉、财产词讼案件，皆归审理，各按己国律例核办。两国商民彼此互相控诉，俱用'禀呈'，理事官应先为劝息使不成讼，如或不能，则照会地方官会同公平讯断。其窃盗、捕欠等案，两国地方官员只能查拿追办，不能代偿。（第八款）""两国指定各口，倘未设理事官，其贸易人民均归地方官约束照料，如犯罪名，准一面查拿，一面将案情知照附近各口理事官，按律科断。（第九款）"因为19世纪七八十年代，日本也是在西方列强的侵略后实行了明治维新，正处于综合国力逐步提升阶段，还没有远远胜于当时的晚清政府。但是中日甲午战争一役之后，清政府与日本在1895年4月17日签订的《马关条约》废止了过去中日两国间订立的一切约章。此后不久于1896年7月21日在北京订立了《中日通商行船条约》，条约当中规定："日本在中国之人民及其所有财产物件，当归日本派官吏管辖。凡日本人控告日本人或被别国人控告，均归日本妥派官员讯断，与中国官员无涉。（第二十款）""凡中国官员或人民控告在中国之日本臣民负欠钱债等项，或争在中国财产物件等事，归日本官员讯断。凡在中国日本官员或人民控告中国臣民负欠钱债等项，或争中国人之财产物件等事，归中国官员讯断。（第二十一款）""凡日本臣民被控在中国犯法，归日本官员审理，如果审出真罪，依照日本法律惩办。中国臣民被日本人在中国控告犯法，归中国官员审理，如果审出真罪，依照中国法律惩办。（第二十二款）"与英美列强一样，日本也在中国享受到了领事裁判权。1896年，中日订立的《杭州日本租界章程》规定：中国地方官与日本领事官商议于租界内设立会审公堂，悉照上海会审公堂办理。①

————————————

①王敏：《清末修律的宗旨究竟是什么？》，《法制现代化研究》2007年第1期，第380—396页。

不平等条约中划归西方列强的租界是领事裁判权最系统、最全面地被攫取之处。1854年7月5日，英、法、美三国领事颁布了《上海租地章程》，其中规定了违犯该章程，"领事官即传案查讯，严行罚办"。1868年12月，清政府与英、法、美订立《上海洋泾浜官会审章程》，规定"凡为外国服役及洋人延请之华民，如经涉讼，先由该委员将该人所犯案情移知领事官，立将应讯之人交案，不得庇匿。至讯案时，或由该领事官，或由其所派人员准其来堂听讼。如案中并不牵涉洋人者，不得干预。凡不作商人之领事官及为其服役并雇用之人，未得该领事官允准，不得拿获"。（第三款）通过该章程的实施，会审制度形成，虽然该章程是上海租地章程，但却被英国用来作为全国租界的适用章程，从而在全国范围内的英国租界都形成了会审制度。在《上海洋径滨设官会审章程》中还设立了会审公廨，成为会审的组织机构。《会审章程》实施之后，上海会审公廨取代了理事衙门，中外会审制度正式成为外国列强在华租界中的特殊司法制度①。

总而言之，当时共有欧洲、美洲、亚洲的19个国家在中国享有领事裁判权。虽然领事裁判权的产生不乏中国当时相对落后的司法权运行与裁判方式导致在审判外国人的过程中出现了被西方所借口诟病的刑讯逼供等侵犯人权等原因，但直接原因还是战争的失败带来的不平等谈判与不平等条约，清政府从此让渡给外国人很大程度的司法管辖权，中国的主权性司法权的完整性遭到破坏。来华外国人得以利用此一特权欺压中国人，清政府却无法给予制裁②。从积极的一面来说，这也让清廷越来越感受到了收回领事裁判权的重要性，正是在这样的意识觉醒的推动下，才推动和催生了现代意义上的司法权。

2.晚清政府通过司法改革维护主权性司法权

1905年，在确保"皇位永固、外患渐轻、内乱可弭"的大背景

①费成康：《中国租界史》，上海社会科学出版社1991年版，第135—136页。
②公丕祥：《司法主权与领事裁判权——晚清司法改革动因分析》，《法律科学》2012年第3期，第3—11页。

下①，清廷派出载泽、戴鸿慈、端方、李盛铎、尚其亨等五位大臣出国考察各国的宪法政治制度。庆亲王奕劻在总结五大臣考察成果的基础上，于1906年9月16日上传奏折，认为："此次改定官制既为预备立宪之基，自以所定官制与宪政相近为要义。按立宪国制，不外立法、行政、司法三权并峙，各有专属，相辅而行……以行政官而兼有司法权，则必有徇平时之爱憎，变更一定之法律，以意为出入。以司法官而兼有立法权，则必有谋听断之便利，制为严峻之法律，以肆行武健。而法律浸失其本意，举人民之权利生命，遂妨害于无形。"②因此，奕劻认为司法权"专属之法部，以大理院任审判，而法部监督之，均与行政官相对峙，而不为所节制"③。从事实上看，这份奏折可以说起到了推进司法改革和司法权独立运行的关键作用，因为到9月20日，慈禧太后便以懿旨的形式很快将官制改革的方案公布，在《裁定奕劻等核拟中央各衙门官制谕》中，以官方文本的形式确定了"刑部著改为法部，专任司法。大理寺著改为大理院，专掌审判"④的司法权力主体格局。10月27日，清政府出台《大理院审判编制法》，该法第六条规定："自大理院以下，及本院直辖各审判厅、局，关于司法裁判，全不受行政衙门干涉，以重国家独立大权，而保人民身体财产。"《大理院审判编制法》以法律文本的形式规定了司法权独立运行的原则，同时也是中国历史上最早出现关于检察制度的规定，具有重要的历史意义，同时为后来出台《各级审判厅试办章程》及《法院编制法》奠定了基础。1906年10月，在袁世凯的积极推动下，凌福彭主持拟订的《天津府属试办审判厅章程》成为中国历史上第一个地方审判机关组织法。1907年3月23日，天

---

①故宫博物院明清档案部：《清末筹备立宪档案史料（上册）》，中华书局1979年版，第174页。

②《庆亲王奕劻等奏厘定中央各衙门官制缮单进呈折》，故宫博物院明清档案部：《清末筹备立宪档案史料（上册）》，中华书局1979年版，第462—467页。

③故宫博物院明清档案部：《清末筹备立宪档案史料（上册）》，中华书局1979年版，第471页。

④故宫博物院明清档案部：《清末筹备立宪档案史料（上册）》，中华书局1979年版，第471页。

津最早成立了正式的高等审判厅分厅和天津地方审判厅，为清末司法改革跨出了重要一步。1907年8月2日，修订法律大臣沈家本起奏拟定《法院编制法草案》，指出："东西各国宪政之萌芽，俱本于司法之独立，而司法之独立，实赖法律为之维持，息息贯通，捷于影形，对待之机，故不容偏废也。"《法院编制法》的颁行对于实现司法权独立运行具有重大意义。《法院编制法》正式确立了审判独立制度，主要表现在：第一，司法机关依法审判，不得有任何超越法律的行为；第二，司法机关独立司法；第三，司法机关内部各自独立；第四，法院独立审判；第五，法官独立审判。这五个层面的规定构成了完整而完善的审判独立制度①。1907年10月29日，在参照《天津府属试办审判厅章程》和沈家本起草的《法院编制法》草案基础上，制定了《各级审判厅试办章程》。而沈家本起草的《法院编制法》直到1910年才最后颁行，因为期间还发生了法部与大理院争夺司法权的"部院之争"②，对草案进行了大幅度的修改。与其作为配套制度的《法官任用考试暂行章程》《司法区域分划暂行章程》以及《初级及地方审判厅管辖案件暂行章程》共同实行。其间，1906年颁布了《刑事民事诉讼法草案》，1910年颁布了《刑事民事诉讼律草案》和《民事诉讼律草案》等诉讼程序法律，具体规定了在民事、刑事诉讼程序中的司法裁判权运行机制。在宪法层面上，1908年颁布的中国历史上第一个宪法性文件《钦定宪法大纲》，其第十一条规定："法律为君上实行司法权之用，命令为君上实行行政权之用，两权分立，故不以命令改废法律"。虽然仍然规定了由君上总揽司法权，但是已经将司法权从行政权当中分立出来。1911年，为应对突如其来的辛亥革命，清廷又匆忙颁布了具有法律效力的《宪法重大信条十九条》，其对司法权也做了"不得以命令代法律，除紧急命令，应特定条件外，

---

① 李琳：《清末审判独立制度的历史考察——以大理院为研究视角》，《社会科学辑刊》2008年第5期，第164—166页。
② 主要围绕《法院编制法》对法部和大理院的司法权之间的司法权划分问题，在此不做赘述。李鼎楚：《事实与逻辑——清末司法独立解读》，法律出版社2010年版，第94—111页。

以执行法律及法律所委任者为限"规定。

（二）西方列强侵略催生中国司法主权观念

前文已经指出，中国历史上能够一直容忍可以根据化外人自己的法律、习俗化解矛盾而不将其视为司法主权的丧失，是与中国一直奉行的唯我独尊的"天下观"代替"国家观"有关。并且在中国历史上，汉族政权虽然经历了来自大草原的蒙古族和东北满族的入侵，即使汉族政权被其夺取，但这仍然只是部族入侵而非国家之间的侵略战争。因此，在"天下观"之下，国家主权概念本身无足轻重，更不论司法主权。而随着列强兵不血刃地侵略中国和一系列不平等条约的签订，清朝统治者和中国人民都逐步意识到了国家主权的重要性，国家观念逐步替代了"天下观"，因此也随着领事裁判权的丧失意识到了司法主权的重要性。沈家本提出了："国家既有独立体统，即有独立法权，法权向随领地以为范围。……独对于我国藉口司法制度未能完善，予领事以裁判之权，英规于前，德踵于后，日本更大开法院于祖宗发祥之地，主权日削，后患方长。此慜于时局不能不改也。"①端方等开明的地方官员也看到了司法权独立运行对于实现刑罚、狱讼的公正的直接作用，并且认识到了在宪法框架下的司法独立是"国权"或者说是"本国统治权"的重要组成部分。在《两江总督端方代奏徐敬熙呈整饬行政立法司法机关折》中写道："三曰司法机构宜独立也。司法不独立，则狱讼无由平，刑罚无由当，此犹就本国统治权言之。至于欲伸张国权，必先收回治外法权，必先改良刑律，必先使司法之独立，其致力也近，其成功也远，且司法机关独立，固著明于宪法，而为万国所通行者也。"②从这些论述当中，能够看到西方列强对于领事裁判权的侵夺已经让当时的官僚阶层认识到了国家的统治权，即司法主权丧失带来的主权侵犯，沈家本特意突出了日本在中国东北"大开法院于祖宗发祥之地"，能够让发祥于东北的清朝贵族阶层更加敏感地意识到通过修律变法捍卫国家司法主权的重要

---

① 沈家本：《寄簃文存》卷一《奏议·删除律例内重法折》，商务印书馆2015年版。
② 故宫博物院明清档案部编：《清末筹备立宪档案史料（上册）》，中华书局1979年版，第276页。

性，"伏维我皇太后、皇上深念时艰，勤求上理，特诏考订法律，期于通行中外，法权渐可挽回"①。

在传统中国的文化当中，民众心目中是以包容的"天下观"作为主流的主权观念，而非狭隘的国家观和民族观。那时的中国相对于作为一个民族国家实体而言，更类似于一种文化统一体的象征，人们强调的是基于共同的历史传统、共同的信仰之上的文化主义，不同于现代民族国家之上的民族主义。国人的文化自秦汉以来，就包含着一种政治上的优越感和忠诚感，且主要是针对中国文化的，没有独立的国家认同感和忠诚感，最高的忠诚给予文化而非国家，对中国人来说，没有任何理由放弃或改变自己的文化来强化国家忠诚感②。正是在这样的观念作用下，中国始终给予世界一个开放的形象，包括"中国"这个概念本身被用来描述独立的民族国家也是到晚清之后才逐步出现的。华夏、中华、神州、九州、中土、大明帝国、大清帝国等雅称，都与"中国"国家没有太大关系。现代人用的"中国"，"指的是现代民族国家的中国"。在近代国际舞台上，中国人对民族主义的追求，最主要的特征就是对主权的追求。"主权"意味着国家独立、自主以及在国际关系中的平等地位，它是现代性国家的象征。近代"主权"概念进入中国后，就产生了巨大影响。在对外关系中，"主权"出现的频率十分之高，据《清季外交史料（1875—1911）》所记，"主权"概念最早出现在19世纪60年代，1875—1894年，每100页文件只出现1次"主权"一词；1895—1899年，每100页出现2.5次；1900—1901年，每100页出现8.8次；1902—1910年，每100页出现22次左右，其中1909年每100页出现37次。"主权"不仅成为中国学者分析时局的新概念，而且也被用于中国的国际活动中③。清末民初，越来越多的有识之士试图通过主权实现

①沈家本：《寄簃文存》卷一《奏议·删除律例内重法折》，商务印书馆2015年版。
②HOOSTELER L. *The Qing Colonial Enterprise: Ethnography and Cartoggraphy in Early Modern China*. Chicago: University of Chicago Press,2001,p.27. 转引自刘禾：《帝国的话语政治：从近代中西冲突看现代世界秩序的形成》，三联书店2009年版，第106页。
③SCHRECHER J E. *Imperieralism and Chinese Nationalism: Germany in Shantung*. Gambridge, MA: Harvard Press,1971. 转引自郑永年：《中国模式：经验与困局》，浙江人民出版社2010年版，第19页。

司法权独立运行，从而与西方国家发生了直接的交锋与冲突[①]。清末中国主权的丧失，根据一系列不平等条约，包括领土主权丧失（割地）、国家财产丧失（赔款）、关税主权丧失（通商口岸的设置和海关管理权被攫取）和司法主权的丧失（领事裁判权和租界制度）。司法主权的丧失在第一个不平等条约——《中英南京条约》中就赫然在目，也足见西方列强对于攫取司法主权重视以及司法主权的重要性。所以，以清末这个时段阐释近代中国司法主权观念的形成、中国司法主权自鸦片战争以来受到的挑战，这些都集中在了清末这个时代发生，对清末司法主权做一个系统的理论梳理，方能阐明作为国家主权一部分的司法主权的内涵与价值。

领事裁判权的沦丧是中国历史上主权性司法权被侵犯得最刻骨铭心的记忆。本书的核心命题在于阐释司法权力的基本理论，而在清末，现代意义上的司法权产生花费了大量笔墨在作为晚清司法权变迁的关键节点的"领事裁判权"上，这是因为"领事裁判权"虽然是晚清政府丧权辱国的一个重要标志，也是帝国主义侵犯中国主权完整的历史罪状，但"领事裁判权"产生的背后包含了太多文明的冲突、制度的冲突与法律文化的矛盾。"自此而议律者，乃群措意于领事裁判权。"[②]"中国政府所注意之外交问题，其中为青年所最重视者，莫如治外法权之撤废。盖中国领事裁判如存在，及在中国之一部外国人如不服地方司法及行政官署管辖，则中国人自觉居于劣等地位，而有中国政府与外国交涉不能平等及互换之感想。"[③]从制度竞争的分析框架来说，领事裁判权制度其实是中西方司法制度均衡的打破点，是当时西方在司法制度上较之中国传统的审判模式和司法权运行体制的制度优势的表达。制度优势带来的就是收益的诱导，晚清政府就是在试图收回"领事裁判权"和维护司

[①]张仁善：《论民族主义与近代中国司法主权意识的觉悟》，《河南财经政法大学学报》2013年第1期，第1—16页。
[②]赵尔巽等：《清史稿·刑法志》，中华书局1977版。
[③]王健：《西法东渐——外国人与中国法的近代变革》，中国政法大学出版社2001年版，第273页。

法主权的立场上采取了西化的司法改革，"购买了"西方向中国出售着司法权运行制度的"标准化商品"。清政府推动司法权独立运行的司法改革措施，在根本上是基于对清政府自身利益和国家利益两者的综合考量，其话语源于清末国人对西方的政制的精研与观察，最初在中国尝到的只能算一种"救亡"的偏方①。晚清政府实际上是非常艰难地作出了法律及司法现代化的选择，司法权独立运行成为了"以夷制夷"的权宜之策。尤其是在屡次战败后与西方签订了不平等条约，割地赔款之余甚至将领事裁判权都丧失了，也就意味着司法主权的沦丧，导致其在自己的领土上都没有权力管辖涉及外国人的案件。具体而言，对于领事裁判权产生的原因，许多学者都进行了深入的研究。民国学者吴颂皋认为，产生领事裁判权的原因主要在于：（1）宗教的歧视。（2）文明先进的成见。（3）国势的衰弱②。梁敬錞认为司法裁判权产生原因有：（1）中国法制不完备，审判案件，恒以肉刑榜掠，如犯罪人业已死亡或业已逋逃者，每有连坐之制，滥杀无辜。（2）中国裁判官无法律知识，道义之心甚薄，甚至以贿赂为案情之出入。（3）中国视外人为夷狄，谓须以夷狄之法治之。③

（三）清末思想家对于司法权现代化的初步探索

正是因为领事裁判权带来的各个方面的统治危机，让晚清政府对于收回领事裁判权充满渴望，清政府才在沈家本、伍廷芳等身为朝中大臣的开明知识分子的游说、推动之下，加上西方国家对于领事裁判权的承诺，让清政府开启了修律与司法改革，从而也推动了司法权走向独立和近代化。在清末礼法之争中，其实以沈家本为代表的法理派心里非常清楚仅靠修律是不可能收回领事裁判权的，而他们又不敢直接否定延续几百年并且形成了强大势力的礼教文化，他们不敢直接挑战礼教派，所以只能通过放大领事裁判权对中国带来的危害，通过以收回领事裁判权

---

① 汪太贤：《事实与逻辑：清末司法独立解读》，"序言"，法律出版社2010年版，第3页。
② 吴颂皋：《治外法权》，商务印书馆1929年版，第179—189页。
③ 梁敬錞：《在华领事裁判权论》，商务印书馆1930年版，第3页。

的修律变法推动法治近代化。主张修律变法的法理派大部分都曾出国考察或者留学，已经看到了西方现代法律制度对于国家现代化的重要意义，因而试图摆脱中国传统的法律文化而注入西方法律文明。所以说，法理派的根本目的并不只是为了眼前清政府最为关注的收回领事裁判权问题，而直接瞄准了制度现代化的目标，因此，目标的不一致导致法理派与清政府在修律过程中必然发生分歧，也影响到了整个修律变法的过程，并且，在官方的文件当中，从来没有将修律变法与收回领事裁判权的关系进行明确。杨度提出："今馆中宜先讨论宗旨，若认为家族主义不可废，国家主义不可行，则宁废新律，而用旧律。且不惟新律当废，宪政中所应废者甚多。若以为应采国家主义，则家族主义，决无并行之道。而今之新刑律，实以国家主义为其精神，即宪政之精神也。必宜从原稿所订，而不得以反对宪政之精神加入之。故今所先决者，用国家主义乎，用家族主义乎，一言可以定之，无须多辩也。这表明，法理派并非真诚地相信修律就能收回领事裁判权，他们所关心的，是一个以《大清刑律》为核心的全新的近代化法律体系的建构。"①

1.西方现代司法权思想的引进

司法权独立运行原则在中国的生根发芽与清末立宪的推进相互促进、相互成就。没有清末修律和立宪也不会产生近代意义上的司法权观念，而司法权独立运行又被当时的改革者作为立宪的突破口。作为官方修律大臣的沈家本、伍廷芳、黄遵宪等通过出国考察带来了国外的司法权理论，康有为、梁启超等维新派提出的君主立宪制也包含了司法权独立的政治制度主张，严复、王韬、郑观应等学者也提出了司法权主张，孙中山等革命派也提出了自身对司法权的认识。但是，毫无疑问的是，晚清时代人们寻求的司法权理论都不是原生于中国传统的权力治理实践，而是通过各种途径向西方进口而来的舶来品。中国人对西方司法制度的认识也是从司法制度开始的②。早在"戊戌变法"前，国人即对司

---

①刘晴波：《杨度集》，湖南人民出版社1986年版，第533页。
②侯欣一：《司法独立：晚清时期国人对现代司法制度的认识——以〈日本政法考察记〉为中心的考察》，《法律文化研究》2007年第1期，第88—99页。

法权问题有所了解，1877年曾出国留洋的马建忠写信给晚清重臣李鸿章，对西方的三权分立体制做了介绍，他说"其定法、执法、审法之权分而任之，不责一身，权不相侵。故其政事纲举目张，灿然可观"①。当时的司法权理论受资产阶级启蒙思想家和分权学说的集大成者孟德斯鸠的《法意》（现在译为《论法的精神》）影响极大，其中孟德斯鸠就提到了："如果司法权不同立法权和行政权分立，自由也就不存在了。如果司法权同立法权合二为一，则将对公民的生命和自由施行专断的权力，因为法官就是立法者，如果司法权同行政权合二为一，法官便将握有压迫者力量。"②

这些来自西方的理念、制度，事实上真正奠定了中国司法权设置的理论基础。从理论的角度而言，当下关于司法权力本体论的研究成果，虽然司法实践随着社会的进步和变化已经与当时大不相同，或者已经逐步形成了中国特色的司法权力运作模式和实践样态，但在其理论根源上，就目前而言还是极少有能够超越清末时期的理论成果的著作。晚清的文人志士对于现代司法权的建构和司法改革已经提出了许多较为先进的观点和理论。比如说，李家驹在奏折当中就提到："司法独立，厥要有三：凡组织裁判所及裁判方法，皆须以法律规定，一也；以法律保持裁判官之地位，不得无故罢免，二也；按照宪法，使人民有受裁判官裁判之权，三也。三者缺一，不得谓之司法独立。"③考察政治大臣的众多奏折中，最有影响的是载泽的《奏请宣布立宪密折》④与端方的《请定国是以安大计折》。载泽竭力鼓吹立宪，端方力主设立司法裁判所，"所据一定之法律，以裁判刑事民事之诉讼，乃以此保护人民之生命财产。而其所重要者，则司法权独立于行政之外，不受行政官吏之干

---

① 马建忠：《上李伯相言出洋工课书》，《适可斋记言》，中华书局1960年版，第28—29页。
② [法]孟德斯鸠：《论法的精神（上）》，张雁深译，商务印书馆1982年版，第156页。
③ 《政治官报》，宣统元年八月初九日第六八四号，奏折类，第4—10页。
④ 故宫博物院明清档案部：《清末筹备立宪档案史料（上册）》，中华书局1979年版，第173页。

涉"①。沈家本在考察、比较中西司法权运行的基础上认为："西国司法独立，无论何人皆不能干涉裁判之事，虽以君主之名，总统之权，但有赦免而无改正。中国则由州县而道府、而司、而督抚、而部，层层辖制，不能自由。"②从当时的这些历史文献可以看出，积极主张立宪、修律的开明官员已经深刻认识到了司法权在与行政权、立法权以及其他国家权力的关系上，能够独立地不受干涉地运行是现代性司法权也是清末司法改革追求的目标，或者说，司法权力如何实现独立运行是清末立宪改革的最大难点。一旦司法权能够独立运行，那么现代意义上的司法权的基础也就实现了。虽然司法权相较于行政权、立法权具有被动性、不告不理等突出特点，但在传统中国的"行政兼理司法"的运行当中却已经具备这些特点，比如"鸣冤击鼓"，都是由诉讼当事人向地方衙门击鼓告状、提起诉讼，县官被动受理、升堂问案，并且，根据韩秀桃的研究认为，全能型衙门虽然问题多多，但唯一好处就是官府对于小民的求助无从推诿③。

2.法理派寄希望于通过司法改革促使西方国家兑现条约承诺

上文提到，在许多学者看来沈家本推动司法权独立的活动是一项"托洋改制"的司法改革与修律活动。而沈家本等修律改革所依托的"洋"就在西方对于领事裁判权的承诺上，并且直接以条约的形式进行承诺，这对于清政府来说确实充满了诱惑，带来了希望。1902年清廷与英国签订了《中英续订通商航海条约》（《马凯条约》），其中第十二款中，英国政府向中国承诺："中国深欲整顿本国律例，以期与各国律例，改同一律，英国允愿尽力协助，以成此举。一俟查悉中国律例情形，及其审判办法，及一切相关事宜，皆臻妥善，英国即允弃其治外法权。"而在当时，西方列强以英国唯马首是瞻，英国作出的承诺某种意义上代表着列强的承诺，美国、日本、葡萄牙等殖民主义国家也在后续的相关条约中作出类似的承诺。所以，沈家本迫不及待地在奏折中宣称

---

① 《端忠敏公奏稿》卷六。
② 沈家本：《寄簃文存》卷六《序·裁判访问录序》，商务印书馆2015年版。
③ 韩秀桃：《司法独立与近代中国》，清华大学出版社2003年版，第51页。

"今幸续订商约，英、美、日、葡等国，均允于改良刑律之后，侨民悉归我审判，歃血未寒，时机讵容坐失。此鉴于国际条约之必应变通者一也"。①

台湾学者廖与人认为，这是中国企图取消不平等条约之最初表示，亦系准备建立新的司法制度之首次宣布，为我国司法史上划时代之重要文献②。至辛丑英日美商约中均有"中国法律完备，司法改良之后，允放弃治外法权"之语。因此，这被当时清廷统治者视为了一次挽救危机、收回领事裁判权的大好机遇，同时也期望通过变法修律从而将领事裁判权的收回作为维护其浩浩皇权的重要因素。这个条款本身推动了国人收回领事裁判权的努力。在《中英续议通商行船条约》签订之前，八国联军打到北京，清政府在内政外敌的逼迫下，不得不在1901年1月29日开启"变法革新"："法令不更，锢习不破，欲求振作，当议更张。"③1902年5月13日，清廷颁布了关于修律的上谕："现在通商交涉，事益繁多，著派沈家本、伍廷芳，将一切现行律例，按照交涉情形，参酌各国法律，悉心考订，妥为拟议。务期中外通行，有裨治理。俟修定呈览，候旨颁行。"④

因此，从清政府颁布的上谕和当时各方官员的言论、奏折等的解读来看，张晋藩在认为清末修法是以"参酌各国法律""务期中外通行"为宗旨："法制现代化也有（而且必须有）一个具体的、不变的标准，各个时期的现代化要有一个共同的衡量尺度。这种具体的、不变的、共同的标准是什么呢？就是'中外通行'。"⑤所谓"中外通行"，主要是要求一国法律基本体系、基本观念、基本价值观、基本制度等与世界潮流合拍，或者说"与国际接轨"⑥。与国际接轨的实质是与西方资

①张国华、李贵连：《沈家本年谱初编》，北京大学出版社1989年版，第214—215页。
②廖与人：《"中华民国"现行司法制度》，黎明文化事业公司1982年版，第15—16页。
③国家档案局：《义和团档案史料（下册）》，中华书局1959年版，第915页。
④《德宗景皇帝实录（七）》，中华书局1987年版，第577页。
⑤张晋藩：《中国近代社会与法制文明》，中国政法大学出版社2003年版，第247页。
⑥艾永明：《清末修律的"中外通行"原则》，《法学研究》1999年第6期，第142—149页。

本主义国家的法律和司法制度接轨，一切都以西方列强的司法标准作为"通行"的准绳。著名法学家谢冠生对这段历史的评论："距今60年前，我国开始改革原有的法律及司法制度，当时动机就是要取消外国人领事裁判权……所以当时一切变法措施，不得不尽量舍己从人，以期符合外国人的希望。"①

2.保守派官僚以提高综合国力为收回领事裁判权之根本路径

沈家本等法理派官员对于变法修律，追求司法权独立运行的目标是通过实现法律的"中外通行"，从而依据英美等列强对于撤销领事裁判权的承诺实现作为主权重要体现的司法权的独立。在晚清，张之洞等地方官僚同样也在为富国强兵、保障主权领土完整作出自己的努力。张之洞等不仅在器物层面上发动了"中学为体、西学为用"的洋务运动，同时也按照自身对于时局的理解去维护中国的司法主权。在张之洞等政治家看来，以沈家本为代表的法理派通过变法修律实现"中外通行"来挽回领事裁判权的思路是行不通的，可以说是十分"幼稚"地听信西方列强承诺的行为，"并非必须将中国旧律精义弃置不顾，全袭外国格式之法，即可立睹收回治外法权之效也。"②后续发生的历史事实也证明，除了1924年新生的社会主义国家苏联在《中俄协定》中明确了"苏俄政府允许取消治外法权及领事裁判权"外，直到20世纪30年代，即使当时的中华民国已经颁布了非常具有现代法律特征的"六法全书"，西方列强仍然没有兑现承诺放弃领事裁判权。领事裁判权在中国一直延续到20世纪40年代，日本在1943年成为第一个放弃领事裁判权的国家，由于反法西斯战争的需要，英国、美国等反法西斯同盟逐步放弃了在中国的领事裁判特权。

张之洞等坚定地认为英美等西方列强的承诺是靠不住的，对西方列强的态度是否真诚也抱持怀疑的态度。张之洞认为："近年与英、美、日本订立商约，彼国虽允他日放弃治外法权，然皆声明，俟查悉中国律

---

①谢冠生：《1967年司法节致词》，《司法专刊》第190期，第6页。
②张国华、李贵连：《沈家本年谱初编》，北京大学出版社1989年版，第199页。

例情形、审断办法及一切相关事宜皆臻妥善，方给予考虑。"①"其效力有在法律中者，其实力有在法律外者。"②要从根本上解决司法主权问题，还是依赖于综合国力的提升，变法、修律和司法改革都是手段，弱国无外交，国家之间的关系是利益之争，而利益之争的背后是法律之外的国家实力的竞争。"其实则专视国家兵力之强弱，战守之成效以为从违。"③高汉成概括张之洞收回领事裁判权的进路："通过修律变法谋求富国强兵从而实现国家独立，进一步收回领事裁判权，其目的仍然在于维系清朝的统治。"④张之洞认为晚清中国的制度已经在与西方制度竞争当中完全处于制度劣势状态，因而旨在通过变法修律提高我国的法律制度的运行效率从而获得更好的外部效益，优化制度进而使中国在与西方的竞争格局中建立更好的"价格优势"，但绝不是简单地模仿或者"购买"西方现成的制度就可以让中国真正强大起来的。

劳乃宣也认为中国法律完全西化是不切合实际、不合理的，并且对于通过以"中外通行"为目标的变法修律所能取得的收回领事裁判权的效果非常悲观。劳乃宣提出："窃维修订新律，本为筹备立宪，统一法权。凡中国人及在中国居住之外国人，皆应服从同一法律。是此法律，本当以治中国人为主。今乃依旧律别辑中国人单行法，是视此新刑律专为外国人设矣。本末倒置，莫此为甚。《草案》按语谓修订刑律，所以收回领事裁利权。刑律内有一、二条为外国人所不遵奉，即无收回裁判权之实。故所修刑律，专以摹仿外国为事。此说实不尽然。泰西各国，凡外国人居其国中，无不服从其国法律，不得执本国无此律以相争，亦不得恃本国有此律以相抗。今中国修订刑律，乃谓为收回领亨裁利权，必尽舍固有之礼教风俗一一摹仿外国。则同乎此国者，彼国有违言，同乎彼国者，此国又相反，是必穷之道也。总之一国之律，必与各国之律

①《张文襄公全集·奏议》
②张国华、李贵连：《沈家本年谱初编》，北京大学出版社1989年版，第199页。
③张国华、李贵连：《沈家本年谱初编》，北京大学出版社1989年版，第117页。
④高汉成：《晚清刑事法律改革中的"危机论"——以沈家本眼中的领事裁判权问题为中心》，《政法论坛》2005年第5期，第98—106页。

相同，然后乃能令国内居住之外国人遵奉，万万无此理，亦万万无此事。以此为收回领事裁判权之策，是终古无收回之望也。"①

张之洞、劳乃宣等对于时局的判断和西方的承诺的理解有其十分深刻的道理，他们也并非排斥变法、修律，他们主张的变法、修律是以中国的实际为基础，以提高综合国力为目标的变法、修律，是具有较为长远眼光而非拘泥于仅仅暂时达到西方国家对于中国法律、中国司法权独立程度的要求来收回领事裁判权。进一步而言，张之洞等的变法主张是试图让中国成为收回领事裁判权这个外交活动的游戏主体，而非在西方国家强权设计规则之下的被动参与者和游戏客体，被西方国家牵着鼻子走。当然，对于作为既得利益者的他们，彻底推翻现有法律体系、全盘西化的"变祖宗之法"对于他们的既得利益也同样存在着风险和威胁。

因此，从司法权的独立特点上看，我们更多的是从历史视角出发，然而只有建构好在现代意义上与其他权力平等、制衡之下而形成的司法权独立运行，才真正戳中了现代司法与传统司法的区别的核心要义。因而，本书花费笔墨于阐释清末主权性司法权理论的形成，也是展示司法权走向独立的过程，是为现在亟需的司法权理论寻找现代开启的根源。

（四）主权性司法权的竞争根本上是制度竞争

1. "冲击—回应"框架以及柯文的中国中心观

晚清中国的社会变迁和制度进步，尤其是以洋务运动为代表的器物现代化运动以及以维新变法和清末立宪为代表的制度现代化进程，究其原因和动力，有史学学者将其归纳为"冲击—回应"模式，即当时社会的进步是对于西方列强侵略中国过程所带来的冲击下自觉地发生回应②。在鸦片战争以来的数次侵华战争中，西方国家用一次次的胜利和强迫晚清政府接受签订不平等条约展示了其在器物上的先进，同时也让国人逐步认识到了器物背后的制度优势。美国学者费正清认为"西方则是19世纪和20世纪震撼全球的技术进步及其他种种进步的摇篮和发明

---

① 《清史·刑法志》。
② 主要来自费正清等西方学者的研究成果。

者，因而西方能从自身的文明中完成近代化……而中国由于自身独特的传统，则只能借助外部力量实现现代化"①，"面对近代西方的侵略扩张，中国的士大夫阶层在认识外来文明过程中采取行动来维护自己的文明和政治、社会制度"②，"在相当普遍而广泛的意义上，当然存在着西方的'冲击'。同样，中国对西方的'反应'也是一个重大事实，是一种包含着很多复杂而相互作用过程的混合体"③。这些西方学者的观点都体现了晚清的现代化是典型的"中国对于西方的回应"这样一种模型。而在中国自身的史学研究中，清末思想家魏源在《海国图志》中提出的"师夷长技以制夷"也可以被理解为对于西方冲击而产生的某种强烈回应和意愿。"中国的早期现代化，始终围绕着如何回应外国列强的不断挑战这个主要线索。"④樊百川先生则认为："洋务派尽管喊出了三十余年的'借法自强'，主动进取性却少得可怜，差不多都是靠外国侵略者诱导以至逼迫出来的。"⑤也就是说，没有西方的坚船利炮打破大清王朝天朝上国的美梦幻想，没有西方国家通过战争将中华民族逼到了生死存亡的悬崖边上，就不会有晚清各阶层"开眼看世界"和大规模地向西方学习。在历史学的角度上，"冲击—回应"模式为我们提供了一个很好的分析中国近代化、现代化进程的分析框架和视角，也符合马克思主义所认为的"任何事物的发展都是内外因共同作用的结果"的方法论。晚清的司法改革带来了中国近现代意义上的司法权的新认知、新观念，并且，近现代意义上的司法制度也是在这种"冲击—回应"模式下逐步形成的。

---

①[美]费正清：《美国与中国（第4版）》，张理京译，世界知识出版社2000年版，第132页。

②EVANS P M. *John Fairbank and the American Understanding of Modern China*. Oxford: Basil Blackwell, 1988,p169.

③[美]费正清：《美国与中国（第4版）》，张理京译，世界知识出版社2000年版，第134页。

④章开沅、罗福惠：《比较中的审视：中国早期现代化研究》，浙江人民出版社1993年版，第66页。

⑤樊百川：《清季的洋务新政》，上海书店出版社2003年版，第16页。

然而，"冲击—回应"的分析框架固然有其在历史分析上的解释力，但其更多的是对于晚清政府在西方强有力的冲击之后所作出的洋务运动、维新变法以及后来的制宪活动的一种事后描述、归纳和概括。美国学者保罗·柯文在《中国发现历史——中国中心观在美国的兴起》①《在传统与现代性之间——王韬与晚清改革》②等研究中国问题的书籍和论文当中就提出了与"冲击—回应"模式大相径庭的"中国中心观"。同样是西方学者，柯文在研究中国问题时则从另外的理论进路出发，柯文认为应力戒将19世纪中后期的改革看成"只是随着西方冲击才产生的现象，而且只有联系这种冲击加以了解才具有意义。晚清中国的改革思想与活动尽管越来越受西方的影响，但同时也是具有悠久历史的改革传统的一部分，这个传统在其渊源、风格甚至许多内容上很少，乃至完全没有受到外国的启发"③。柯文作品的主要翻译者林同奇根据自身对于柯文相关思想的研究，也认为，"柯氏认为史学家应该按照历史事件的参加者的准绳从他们所关心的问题着手研究历史，并尽可能采用他们的角度，按照他们的体会去理解这些问题。这就是柯氏所谓'力求设身处地（empathically）按照中国人自己的体会来重建中国的过去'。"④"中国中心观"事实上很难被称为解释中国问题的模型或模式，但其表达了一种不同于以西方为中心所建构的学术研究的范式、视野、进路与立场。在这样错综复杂的历史面前，费正清、柯文等史学家更多的是从历史研究的宏大叙事角度分析和运用历史材料，司法权变革以及立宪活动只是当时历史材料的一小部分，甚至只是整个历史进程

---

①[美]柯文：《在中国发现历史——中国中心观在美国的兴起》，林同奇译，中华书局2002年版。
②[美]柯文：《在传统与现代性之间——王韬与晚清改革》，雷颐、罗检秋译，江苏人民出版社1995年版。
③[美]柯文：《在中国发现历史——中国中心观在美国的兴起》，林同奇译，中华书局2002年版，第13页。
④林同奇：《柯文新著〈在中国发现历史〉评介》，《历史研究》1986年第1期，第60—70页。

的一个注脚[1]，或者说是法学理论这个学科才会比较关注的那部分历史材料。

2.司法主权之争实质上在于制度竞争

然而，无论是"冲击—回应"还是"中国中心观"的分析框架，都缺少对具体制度变革以及内在动力的关注，也就是没有在微观的角度上去考量晚清的修律、立宪等活动是在何种激励机制下在短短几十年间发生的。每个人都是自身利益的最佳判断者，晚清政府或者说当时的统治阶级的改革动力仍然无外乎是自身利益或"有裨皇权"，这也解释了其在司法改革当中对于司法权独立运行的空间仍然"留有余地"，以及为何以张之洞为代表的地方汉族官僚一直反对以"收回领事裁判权"为目标的司法改革。而本章试图将着眼点落实在制度上，从制度变迁的内在动力上，运用制度变迁与制度竞争的分析框架，试图对中国现代意义上司法权的出现做一个有效的分析，因为对于晚清这样的政府推进型的司法改革，其对现代意义上的司法权进行的是法律制度上的变革与完善。

从国家的角度上，按照马克斯·韦伯的观点：国家是一种在某个给定地区内对合法使用强制性手段具有垄断权的制度安排。国家作为权力垄断者在给定地区内供给法律与秩序，保护产权与安全，但需要获取税收。由于在使用强制力时有很大的规模经济，所以国家属于自然垄断的范畴。作为垄断者，国家可以比竞争性组织以低得多的费用提供上述制度性服务。因此，当存在国家时，社会的总收入将大于个人不得不自我提供服务或从其他竞争性组织得到这种服务时的社会总收入[2]。在这个分析当中，我们把中国视为一个在"世界市场"体系当中与其他民族国家进行自由的国家间竞争的市场主体，战争只是竞争的一种方式或者

---

① 韩秀桃：《司法独立与近代中国》，清华大学出版社2003年版，第3页。
② 林毅夫：《关于制度变迁的经济学理论：诱致性变迁与强制性变迁》，[美]科斯等著，刘守英等译：《财产权利与制度变迁：产权学派与新制度学派译文集》，上海人民出版社2014年版，第277页。

说是"政治竞争的延续"①，不平等条约以及割地赔款等都视为竞争导致的战争的直接后果。清政府是当时中国的合法政权，垄断了对当时中国供给制度资源的权力，但是通过战争和不平等条约让晚清的统治者也感觉到了原有的这套制度体系和组织方式的费用较高而效率较低。然而在过去，一直以来中国在与其他民族国家竞争中都处于优势地位，事实上在国际贸易当中我们也都属于贸易顺差的市场地位。而直到晚清在一次次战败后我们发现晚清政府统治下的中国在各个方面已经全面落后于"世界市场"当中的其他竞争主体。因此，无论是清政府自身的加速改革、地方官僚的洋务运动还是革命派试图对封建制度的推倒重来，都是试图提高中国作为一个民族国家的竞争优势，在其中清政府还是居于主导地位起了主导作用。而竞争优势从根本上说，要从制度层面获得足够的竞争优势，须形成一套较低运行费用而较高产出的制度体系，现代的立宪体制成为当时最佳选择。而在这套立宪体系下，以现代性司法制度和司法权运行模式为重要组成部分的政治结构就成为重中之重。虽然当下民族国家之间的关系已经不再是达尔文主义下的绝对的弱肉强食的局面，但民族国家间依然呈现国际法底线之上的自由竞争状态。因此，引入作为新制度经济学核心概念之一的"制度竞争"概念，突出了内在规则和外在规则体系对于一个国家的成本水平从而对于国际竞争力的重要性②。

制度的稳定与变迁或创新可以纳入均衡分析框架之中。各个国家的制度之间是存在竞争的，司法制度亦是如此。制度均衡一旦突破，也就形成了"定价"差异，那么就产生了制度之间的竞争。政府在国际竞争中的独立地位与角色，是通过参与国际制度竞争、建立制度优势来体现

①克劳塞维茨在其代表性著作《战争论》中提出："战争无非是政治通过另一种手段的继续。"参见[德]克劳塞维茨：《战争论》，中国人民解放军事科学院译，商务印书馆1978年版，第43页。在笔者看来，所谓"政治的延续"，在晚清时代实际上是一种政治制度竞争后的后果延续。
②[德]柯武刚、史漫飞：《制度经济学：社会秩序与公共政策》，韩朝华译，商务印书馆2000年版，第490页。

的。原因在于：首先，无论是诺斯的国家理论，还是穆尔多克模型[1]，都指出了政府的利益动机，就是使自身收入最大化[2]。建立一个新的制度安排是一个消费时间、努力和资源的过程。而且，具有不同经验和在结构中具有不同作用的个人，对不均衡的程度和原因的感知也不同。他还会寻求分割变迁收益的不同方式。要使一套新的行为规则被接受和采用，个人之间需要谈判并取得一致。因此，当发生不均衡时，制度变迁过程最大可能是从一个制度安排开始，并只能是渐渐地传到其他制度安排上去。这种过程是在一个由历史确定的制度结构中发生，并以这个现行的制度结构为条件。为得到由获利机会带来的好处，新的制度安排将被创造出来。因为制度结构由一个个制度安排构成，所以一个特定制度安排不均衡就意味着整个制度结构不均衡。许多制度安排是紧密相关的。一个特定制度安排的变迁，也将因此引起其他相关制度安排不均衡[3]。所以，清末的司法改革带来的司法制度变迁，首先意味着在西方的坚船利炮面前原有的制度已经不再均衡，与西方先进的立宪制度形成了明显的定价差异，而在整个制度变革当中，清末立宪是"从一个制度安排开始"，这个制度安排就是司法权力的相关制度安排，作为立宪体制重要基石的司法制度的变革，最终从而"引起其他相关制度不均衡"，也就是整个宪法法律体系的不均衡，从而导致整体制度的完善和争夺制度竞争优势。

具体而言，在制度经济学看来，引起制度需求的原因是潜在收益的诱导，是现有制度框架下难以获取的制度收益的诱导。这种制度需求受产品相对价格、现存法律秩序、技术进步水平、产权结构、预期收益、

---

[1]指在金融领域，政府选择性地干预金融部门有助于而不是阻碍了金融深化，本文只是借用了其模型原理。[美]托玛斯·赫尔曼、凯文·穆尔多克、约瑟夫·斯蒂格利茨：《金融约束：一个新的分析框架》，《经济导刊》1997年第5期，第43—48页。

[2]张小蒂、王焕祥：《制度竞争：从比较优势到竞争优势》，《学术月刊》2003年第9期，第17—24页。

[3]林毅夫：《关于制度变迁的经济学理论：诱致性变迁与强制性变迁》，[美]科斯等：《财产权利与制度变迁：产权学派与新制度学派译文集》，刘守英等译，上海人民出版社2014年版，第277页。

制度市场规模以及制度市场开放度的影响。在司法制度变革当中，这种制度收益的诱导在晚清时代主要目标就是：（1）模仿西方司法权力制度从而获得列强认可，满足列强在续订条约中的承诺条件，收回领事裁判权；（2）借助制度的变革试图提高综合国力，有效抵御西方侵略，维护国家利益和清朝统治。然而，制度的需求主体包括个人、企业、组织以及政府，他们都希望能有更好的制度可以让他们在制度中更好获益。晚清这个需求主体恰恰就是试图通过修律、立宪等方式自救的清政府。到了清末，其还面临着与革命的"赛跑"竞争，这也解释了为何在清末短短十来年间开启了如此高速的改革进程。制度是一种特殊商品，各类经济主体包括个人、企业和政府等各种组织都是制度的供给者，国家是制度最大供给者和最后制度供给决定的决定主体。当然，制度的生产过程和其他产品一样，产权主体根据各种约束条件决定是自己内部生产还是从外部购买。对于大量的标准化制度，作为制度创新需求者的企业更多的是选择外购，而非内部生产，所以标准化制度的生产一般表现为社会化、规模化，供给者和需求者是能够严格区分的。[①]清末的司法改革和司法权运行模式，就是作为制度需求主体的晚清政府向西方国家购买的"标准化制度商品"的典型例子。清末以来的修律变法仍然没有摆脱强制性变迁的进路，尤其是对于国人而言，西方移植的制度是陌生的，也需要一个消化的过程，因为每套制度背后所承载的文化传统、思维习惯并不相同，在中国这样拥有两千多年儒教传统熏陶的地方，西方的制度难以在移植后找到相应的文化土壤，因此，中国的法律改革与现代化历程总是道路曲折。

李厚廷认为："制度竞争的结果必然是制度优化。制度优化表现在两个方面：一是通过制度竞争可以实现制度个体的优化，竞争及竞争过程就是实现这种优化的机制，生存的压力和发展的冲动会使制度资源得以进化和提升；二是制度竞争可以实现制度结构的优化，竞争过程在使

---

①孙天琦：《制度竞争、制度均衡与制度的本土化创新——商洛小额信贷扶贫模式变迁研究》，《经济研究》2001年第6期，第78—84页。

制度个体发生质变的同时，又会形成新的制度结构和制度关系，由此形成制度合力。制度竞争趋向制度优化的必然性在于：制度竞争意味着在制度体系中提供了一种具有现实性的替代机制，任何一种制度都已经失去了在某一经济或社会领域中的绝对控制权，某一制度的存在及其实际控制领域仅仅取决于该项制度的生命力，取决于制度优势的对比。就个体而言，任一经济体或社会体都有其制度基础，制度所具有的资源秉性决定企业具有优化制度的内在动机，即使现实的制度进程由于某种原因而误入歧途，甚至是造成不良的经济后果，制度个体也会尽快调整其制度以校正制度偏差。"①晚清司法改革以及整体的立宪活动，其背后的实际动因在于"一种制度都已经失去了在某一经济或社会领域中的绝对控制权"，也就是说在西方的外来冲击和内部的农民起义下，原本两千多年的封建制度已经事实上失去了对中国经济、社会领域乃至国家主权的绝对控制能力，因此才不得不向西方国家学习，去寻找"一种具有现实性的替代机制"。同时对于几千年来制度与当时生产力水平偏差的校正，其目标落脚在优化其制度体系，从而服务于收回领事裁判权以及整体的治理效率、治理能力的提高和综合国力的提升，有效地遏制西方的侵略以及不平等条约下的特权，通过制度竞争来维系中国在与西方列强主权竞争中的地位，进而维护主权性司法权的权威与独立。

（五）以主权性司法权推动清末司法权独立运行的局限

清末以维护主权性司法权为出发点的司法改革运动开启了中国司法和法律制度现代化，从此，中国人在新的角度、视野来定格司法权的运行模式和样态。当然，对清末司法改革带来的积极意义给予肯定之时，我们也应该清楚地看到，清末官方主流将司法权的独立运行认同与选择成为"大权政治"下的一项具体制度措施。清末司法制度的改革从某种意义上说推行的本质是试图削弱地方权力而增加中央集权，对地方而言，相对于军权、财权，司法权似乎没有那么重要②。包括梁启超在

---

①李厚廷：《制度竞争的制度变革动力效应》，《兰州学刊》2006年第5期，第130—132页。

②李鼎楚：《事实与逻辑：清末司法独立解读》，法律出版社2010年版，第67页。

《各国宪法异同论》里也认为："行政权则政府大臣辅佐君主而掌之，立法权则君主与国会（即议院也）同掌之，司法权则法院承君主之命而掌之，而三权皆统一于君主焉。"[1]"凡各国君主皆称大元帅，有统率陆海军并总管军令之大权"[2]，"凡君主有改正宪法及准驳法律之权力"[3]，"凡君主有召集国会及开院、闭院、停会、延会并解散下议院等权力"[4]，"凡君主有发布法律敕令、实行一切政务之权，又法院必奉君主之名，执行司法权"[5]，"立宪各国，其政府大臣，得由君主任意黜陟"[6]。即使在维新派看来，分权只是君主权力之下的分权，分权在根本上是为了更好地满足君主统治的需要，法院也是奉"君主之名，执行司法权"。也就是说，清末追求的司法权独立运行是在皇权主导之下的司法权独立运行，或者在当权者看来无非是大理院相对于法部以及其他平行权力的独立而已，它们最终都是一统于皇权之下的权力而已，这并没有摆脱秦制建立以来的权力分配的基本逻辑。对于相对独立的司法权的管辖范围，还有"五不议"的保留，最关键之处在于"内阁、军机处一切规制，著照旧行"[7]。

究其变法的原因，不外乎内忧外患的处境倒逼清政府立宪修法，立宪修法的目标首先是为了摆脱内忧外患带来的摇摇欲坠的统治危机：一来修律变法可以满足形成一定势力的法理派的诉求，也是对民众救亡

---

[1]赖骏楠：《宪制道路与中国命运 中国近代宪法文献选编 1840—1949（上卷）》，中央编译出版社2017年版，第112页。

[2]赖骏楠：《宪制道路与中国命运 中国近代宪法文献选编 1840—1949（上卷）》，中央编译出版社2017年版，第117页。

[3]赖骏楠：《宪制道路与中国命运 中国近代宪法文献选编 1840—1949（上卷）》，中央编译出版社2017年版，第117页。

[4]赖骏楠：《宪制道路与中国命运 中国近代宪法文献选编 1840-1949（上卷）》，中央编译出版社2017年版，第117页。

[5]赖骏楠：《宪制道路与中国命运 中国近代宪法文献选编 1840—1949（上卷）》，中央编译出版社2017年版，第117页。

[6]赖骏楠：《宪制道路与中国命运 中国近代宪法文献选编 1840—1949（上卷）》，中央编译出版社2017年版，第118页。

[7]李贵连：《沈家本传》，法律出版社2000年版，第131页。

图存的回应；二来制度的变革也试图能够带来提升综合国力的契机，增强统治实力。但事实上，清朝统治者与沈家本等法理派对于修律涉及的程度并没有达成一致，而随着太平天国农民革命战争的爆发，在剿灭太平天国的运动中地方汉族官员的势力不断增强，已经威胁到清朝政府的统治。因此，清朝政府试图通过修律变法改变官制，削弱汉族地方官僚势力的内在威胁，巩固满清统治。1911年，嘤鸣社发行的由沈宝昌所著的《法院编制法释义》绪论中论述："司法非谓其对于统治权而独立，盖统治权者，主宰国家之力也。一国之内不容有第二主宰，即不容有第二统治权，故无论何权，皆处于统治权之下，但统治权不能自为其作用，必倚赖司法机关，分任其作用，此三权分立之所由来也。故司法独立乃系对于立法权行政权所用之语，而非对于统治权所用之语。缘司法权者，即统治权之一部分，而非与统治权对待者也。但既由统治权分任于司法机关以后，则与其分任之范围内，亦有完全独立之特质①。"《立宪纲要》提出："三权分立之说，非不可用，三权分立而无总揽之者，斯不可矣。"因此，本着清廷这样并不彻底推行司法权独立运行的目标出发，满汉官员各怀鬼胎地进行着权力角逐，权力拥有者和国家统治者追求的是统治权之下的司法权的独立运行，这些传达官方话语的书籍、论述当中都已经根本表明了司法权独立和司法改革的底线就是不能触及所谓"最高权力"，这样的意识形态主导下的清末司法权独立改革必然是不够彻底的。司法权是国家政权的组成部分，是国家权力的重要分支，但是其必须听命于主权者的安排，只有这样，晚清统治者才不将其视为异己的力量，司法权的变革也不至于引起统治危机。晚清统治者的真正目标在于如何通过司法权的变革收回领事裁判权。这样的司法改革，最终也不能满足"中外通行"的改革期待，无法满足洋人的胃口，最终政府也没有通过这种方式收回领事裁判权，其中既有列强食言的成分，但清政府也需要扪心自问是否真正达到了西方标准下的司法权力运

①郭志祥：《清末与民国时期的司法独立研究（上）》，《环球法律评论》2002年第1期，第38—46页。

行结构。如果说沈家本等法理派是在"托洋改制",那么清政府自身难道不是在"叶公好龙"吗?

四、主权性司法权的国内视角①

(一)司法权的地方化问题

中国统一的司法主权不仅仅受到来自国外的挑战,司法权的地方化问题愈演愈烈也在腐蚀着中国司法主权的统一。地方司法机关虽然也冠以"地方"的名义,但它们承担着实施国家法律的职能,代表着整体的利益,是徒有虚名的"地方机关",实则是"社会一体化"的机关。在法理上,司法权是基于主权产生的,因而它是统一的和不可分割的,因而不存在所谓地方司法权问题。②从博丹的主权理论来讲,地方的司法权虽然是由主权者委托给地方和下级的官员行使,但是地方以及这些官员并不具有任何司法主权,司法权的地方化就是对司法主权的分裂。从司法权的功能价值上看,司法权在主权国家范围内统一适用法律,从而将原本从中央扩散和分散到地方的权力实现法律上的整合,使中央—地方的权力关系处于国家法律可以控制的范围,避免地方权力过于庞大进而完全消解中央权力的集中统一。司法的统一性以至法制的统一性是任何情况下都不能变通的原则。任何局部的"违法试验"都是不能被允许的。在现有的司法管理模式下,司法机关逐步沦为地方的司法机关,地方的司法权不断被地方党政机关所俘获,本应统一行使的司法权被地方权力所割裂,司法机关成为了地方的司法机关。各级司法机关享有的司法权都是国家主权的有机组成部分,是一种国家权力而不是地方性的自治权。③司法权的统一性既是国家主权统一性的内在要求,也是建立

---

①本章的第四部分"主权性司法权的国内视角"已整理成论文《司法权地方化问题的形成与治理》,发表于《学术界》2015年第9期,第156—163页。
②程竹汝:《论司法在现代社会治理中的独特地位和作用》,《南京政治学院学报》2013年第6期,第70—75页。
③王利明:《司法改革研究》,法律出版社2000年版,第163—164页。

市场经济和民主政治的重要条件。尽管世界各国在政权组织形式和国家结构形式方面存在着很大差异,但是,在司法权属于中央性权力这一点上,则是相同的。司法权的中央性是世界各国通行的司法惯例和政治实践。主权国家内在的统一系于法制统一,而法制的统一则系于司法统一。首先,司法统一是国家统一的内在要求,它是国家的统一意志即法律及其价值的社会实现形式。正因为如此,当今世界各国无论是集权的还是分权的,也无论是联邦制的还是单一制的,其司法系统毫无例外地都趋向于统一。其次,司法统一是法治的必然逻辑。法治的基本要义即法律面前人人平等。而法律的平等适用和实施没有司法统一则是不可想象的。这要求在统一的司法制度架构内建立自成体系的司法组织和运作系统。①凯尔森认为:"法院被认为是国家的法院,而不是自治省的法院。这意味着司法已不再有相当于行政分权类型那样的分权了。只有立法和行政,而不是司法,才具有自治性质;只有立法和行政才在中央和地方的法律共同体之间加以划分。"②从法院的历史看,在世界许多地方,即使法院不是直接依靠武力强行设立的,它也是由中央政权而不是由地方权威设立的,也即"司法体制的起源能够在征服地被找到"。③列宁在苏维埃政权建立后,同样也为了法律在全苏联联邦以及加盟共和国的统一实施,设立了检察机关行使监督、保障法律统一实施,"我们无疑是生活在违法乱纪的汪洋大海里;地方影响对于建立法制和文明是最严重的障碍之一,甚至是唯一的最严重的障碍"。④《美利坚合众国宪法》第三条第二款规定:"司法权的适用范围包括:由于本宪法、合众国法律和根据合众国权力已缔结或将缔结的条约而产生的一切普通法的和衡平法的案件;涉及大使、其他使节和领事的一切案件;关于海事

---

①程竹汝:《国家治理体系现代化进程中的司法治理》,《中共中央党校学报》2014年第3期,第15—21页。

②[奥]凯尔森:《法和国家的一般理论》,沈宗灵译,中国大百科全书出版社1996年版,第348页。

③[美]马丁·夏皮罗:《法院:比较法上和政治学上的分析》,张生、李彤译,中国政法大学出版社2005年版,第32页。

④[苏]列宁:《列宁全集(第33卷)》,人民出版社1957年版,第327页。

法和海事管辖权的一切案件；合众国为一方当事人的诉讼；两个或两个以上州之间的诉讼；一州和他州公民之间的诉讼；不同州公民之间的诉讼；同州公民之间对不同州让与土地的所有权的诉讼；一州或其他公民同外国或外国公民或国民之间的诉讼。"宪法第十一修正案规定："合众国的司法权，不得被解释为适用于他州公民或任何外国公民或国民对合众国一州提出的或起诉的任何普遍法或衡平法的诉讼。"《美利坚合众国宪法》第三条第一款规定：合众国的司法权，属于最高法院和国会随时下令设立的下级法院。《德意志联邦共和国基本法》第九十二条规定：司法权赋予法官，由联邦宪法法院、本基本法规定的联邦法院和各州法院行使。《俄罗斯联邦宪法》第十一条第一款规定：俄罗斯联邦的国家权力由俄罗斯联邦总统、联邦议会（联邦委员会和杜马）、俄罗斯联邦政府和俄罗斯联邦法院行使。在中国，司法主权虽然伴随着国家的崛起和综合国力的增强已经基本排除了其他国家的挑战，但是1994年分税制改革后地方财政能力被激发，地方财政能力越来越强，再加上原有的司法管理体制下地方司法机关由地方财政供给，本来应该代表中央统一行使的司法权就被地方权力俘获，司法权的地方割据挑战着司法主权的完整性。

（二）"司法地方化"与"司法权地方化"的概念厘清

在本书展开讨论作为司法改革过程中旗帜性口号的"司法去地方化"命题之前，笔者认为首先有必要厘清的"司法地方化"与"司法权地方化"这两个核心范畴的内涵，界定好两者的外延，在这样的基础上展开学术对话、研究才能遵守学术探讨的基本逻辑。在目前的学术讨论中，这两个范畴往往被模糊化、同一化使用[1]，致使许多文章可能是在

---

[1]比如伴随着司法改革而发表的相关论文就存在着这样的问题，刘作翔教授的《中国司法地方保护主义之批判——兼论"司法权国家化"的司法改革思路》（《法学研究》2003年第1期，第83—98页）就以"司法权地方化"作为讨论的对象；周永坤教授的《司法的地方化、行政化、规范化——论司法改革的整体规范化理路》（《苏州大学学报（哲学社会科学版）》2014年第6期，第59—64页、第199—200页）则以"司法地方化"为核心命题。这两篇文章在形式上似乎都探讨了"司法的去地方化"问题，但其实遵从了不同的内在逻辑。

面对"假想敌""稻草人"凭空挥拳（熊秉元语），也就是在讨论所谓的可能的伪命题。

笔者看来，"司法地方化"与"司法权地方化"的内涵有着本质上的不同。"司法地方化"指向的是司法活动的地方化，也就是地方司法。这是一个情境化的空间概念，也就是意味着绝大多数的司法活动是切切实实地发生在各个具体地方，运用国家法律和地方性知识，解决当地的法律纠纷作为其基本写照的国家权力行使方式。因此，司法天生就是必然与地方性相结合，绝大多数司法活动都不是发生在"庙堂之高"，而都是处于"江湖之远"。借用黄文艺教授关于地方法治的研究成果中的表达[1]，地方司法是司法活动的主要创新者，是宪法法律的主要实施者，是矛盾纠纷的主要解决者，是公平正义的主要输送者。因此，司法活动必定是充满了地方化因素的活动。

"司法权地方化"则是界定作为国家权力重要组成部分的司法权的归属是中央还是地方的问题。"司法权地方化"表征的是司法权的权力行使主体在司法实践中逐步从中央转移到地方的现象。在中共中央推进司法改革的背景下，《人民日报》在2014年1月22日刊文明确指出[2]：中国的司法权是中央事权。文章同时指出，我国是单一制国家，司法权从根本上说是中央事权。各地法院不是地方的法院，而是国家设在地方代表国家行使审判权的法院。推动省以下法院、检察院人财物统一管理，探索与行政区划适当分离的司法管辖制度，对减少外部干扰、促进司法公正具有重要意义。显然，中央关于司法权作出"根本上是中央事权"的界定是为了明确中央在司法活动中的统领性作用，尤其是中央需要在我们单一制国家当中保障司法权行使的统一性。虽然许多学者也发

---

[1] 黄文艺：《认真对待地方法治》，《法学研究》2012年第6期，第19—23页。
[2] 《中国的司法权从根本上说是中央事权》，《人民日报》，2014年1月22日，第4版。

表了对于司法权中央事权化的质疑①，但是司法权是中央事权的提法主要是为了明确"法院不是地方的法院，地方法院的司法权并非由地方党委赋予"等有可能导致司法地方割据的问题，因此，尽管司法权是中央事权的提法在逻辑结构上可能存在一定问题，但是本书仍然将其作为可以接受的逻辑前提。

司法的"去地方化"问题是一直萦绕我国司法改革过程的关键问题，在党和国家近几年的重要政策文献以及习近平总书记等党和国家领导人关于政法工作的一系列讲话当中都多次提及司法的去地方化问题②，最高人民法院从1999年开始发布的一共四个五年改革纲要③都涉及司法或者司法权的去地方化问题。但是纵观这些文件，笔者没有发现其中有"去地方化"这样的明确表述，更多的是在具体的改革举措当中体现了所谓的"去地方化"的趋势。而"去地方化"的表述在学术文献材料当中早已比比皆是，因此，准确地说，司法或者司法权"去地方化"的提法来自于学者们的解读、概括、总结。从上文对"司法权去地方化"与"司法去地方化"的语义分析已经可以看出，"司法去地方化"是一个值得在逻辑上做进一步分析推敲的范畴。

（三）司法权地方化的类型

正如上文所言，司法权的地方化是司法主权统一的另一要素。在奥斯丁的理论中，法律被视为主权者的命令④，司法权的地方化意味着对主权国家范围内法律统一实施的破坏，是地方权力对主权的分割。"司

---

①杨清望：《司法权中央事权化：法理内涵与政法语境的混同》，《法制与社会发展》2015年第1期，第53—59页。在该文中，杨清望教授认为司法权中央事权化是对其法理内涵与政法语境地位的混同，同时也混同了司法事权与司法职权，无法有效解决司法地方化问题和司法行政化问题。

②主要包括：《中共中央关于全面深化改革若干重大问题的决定》、《中共中央关于全面推进依法治国若干重大问题的决定》、《习近平总书记在中央政法工作会议上的讲话（2014年1月7日）》、孟建柱同志的相关讲话等文献。

③分别是《人民法院五年改革纲要》《人民法院第二个五年改革纲要（2004—2008）》《人民法院第三个五年改革纲要（2009—2013）》《人民法院第四个五年改革纲要（2014—2018）》。

④[英]奥斯丁：《法理学的范围》，刘星译，北京大学出版社2013年版。

法权地方化"是一个描述性概念而非规范性概念，其本身并没有确定的内涵与外延，而旨在描述、总结、归纳司法权在运行当中出现的受到地方干预、影响、控制等一系列方式而导致的司法不公等地方化现象。因此，探寻司法权地方化的本质就有必要总结司法地方化的主要类型。

1.司法的地方保护主义

司法地方保护主义，是指一些司法机关和司法人员将地方、局部利益置于全国、整体利益之上，偏袒本地当事人、损害外地当事人合法权益的行为[①]。司法的地方保护主义是地方在司法权运行的当中排除了理应统一进行法律适用从而达到保护地方作为一个整体的利益的目的，在形式上往往表现在根本上执行或者适用的是地方公开公布或者默契遵守"土政策"或"潜规则"，国家法律在地方利益面前无情地被地方司法所拒之门外。

司法的地方保护主义涉及的主要是地方整体的经济利益，因此，与地方化表现之一的司法权的利益集团化和个人化导致的司法腐败、司法不公不同，就局部而言，司法的地方保护主义是一种以局部的"整体利益""共同利益"为对象的司法权地方化的表现形式，即使在具体案件中往往是一定的个人、企业成为司法地方保护的诉讼主体，但是其背后则是通过保护对于地方经济具有举足轻重地位和突出贡献的个人、企业。在经济利益的实现上，民事诉讼成为了司法地方保护主义的集中多发地带。具体而言，司法的地方保护主义司法实践中主要体现在案件受理阶段、案件审理阶段与案件执行阶段对于地方利益的保护。在案件受理阶段，管辖权的争夺成为司法地方保护的突破口，《民事诉讼法》关于地域管辖的立法也为地方法院进行有利于实现地方保护的解释提供了空间[②]，从而导致了在两个不同法院同时立案等现象。案件受理阶段的管辖权争夺本身并非司法地方保护主义的目的，如同足球、篮球比赛当

[①]刘风景：《司法地方保护主义之病状与诊治》，《北京联合大学学报（人文社会科学版）》2014年第3期，第25—29页。
[②]《民事诉讼法》第二十一条至三十八条规定了民事诉讼地域管辖的一般规定与特殊规定，其中还多处规定了在某些情形下两个人民法院都有管辖权。

中对于"主场优势"的争夺一样，更多的"主场"作战机会能够提升诉讼的胜率，在审理阶段则体现出了明显的司法裁判的"主客场"现象，法官往往如同裁判员一样在当地党政力量的唆使和行政权威下自觉地吹响了"主场哨"，灵活运用其对于庭审程序的主动权、掌控权导致利益相对方在质证、辩论等能够决定案件判决的重要环节处于不利的地位，在实体判决上更是可以"自如"地运用其对于案件的裁量权从而达到地方相关利益的保护目的。再次，司法的地方保护主义体现在执行阶段的异地执行困难，或者说司法的地方保护主义成为了民事诉讼整体执行率较低的重要原因。2014年，各级人民法院共新收各类执行案件3138509件，执结2906861件，仍然有231648件案件没有得到执行。正义不仅要实现，而且要以看得见的方式实现。尤其是在中国这样的十分重视实体正义实现的正义观中，一个没有得到有效执行的裁判文书无异于一纸空文，有效、有力的执行才能让司法具备公信力。在司法的地方保护主义的作用下，跨行政区域的司法异地执行就显得十分困难，尤其是在两个地区因为该司法裁判而产生利害纠纷和经济利益冲突的情况下，原本"主场作战"而导致的有利于一方的司法裁判将很难在"客场"得到有效执行，对方法院、公安等公权力机关会以各种理由对其执行不予配合，甚至出于地方利益的"保护"而以各种形式对其执行进行干扰、阻挠。

2.司法机关参与地方综合治理

司法机关不仅仅需要完成司法权的正常行使，还需要参与到地方的综合治理的各项活动中来，参与地方治理的整体行动，其中大部分行动都是与司法权运行本身没有直接关联，这也是中国式"能动司法"的一种具体表现，其违背了司法权行使的被动性和不告不理等司法的基本规律。在具体活动上，地方司法机关需要参与"创建卫生文明城""5A景区"以及重大工程建设等地方性活动中来，司法机关也有需要负责任的"包干区"，必须按照要求达到卫生标准；地方司法机关需要抽调法官参与旧城改造、强制拆迁等，甚至成立工作小组，有些法官离开工作岗位一走几年；在各类突发紧急情况下，地方司法机关也需要参与到紧急行动中来，比如某地发生山体滑坡灾害，手无寸铁的当地检察官、法官也要跟根据市委统一部署投入到抗灾抢险的前线中。即使中共中央办公厅、国务院办公厅印发《保护司法人员依法履行法定职责规定》第三条规定了"任何单位或者个人不得要求法官、检察官从事超出法定职责范围的事务。人民法院、人民检察院有权拒绝任何单位或者个人安排法官、检察官从事超出法定职责范围事务的要求。"但凡重大的活动，在基层党委的统一要求、统一部署、统一指挥下，鲜见两办的《规定》能够切实成为基层司法人员拒绝参加这些非司法性活动的"尚方宝剑"。因此，本身就任务繁重、案件堆积的地方司法机关与其他地方单位一样承担了地方综合治理的任务，分散了大量的人力、物力和精力到地方综合治理当中，司法权在参与地方社会的综合治理当中事实上被蚕食了，这也是司法权地方化的一种表现。

3.司法权的集团化与个人化

司法权地方化的另一表现就是司法权被地方领导或者某些利益团体通过各种方式所窃取并且形成垄断性控制，体现在地方权力对于个案当中司法公正的影响。那么，地方权力是如何在个案当中产生影响和干预呢？就笔者对于基层司法长期的关注和考察，其基本上遵循的是"上令下从，层层传递"的规矩来影响司法，而传递的媒介往往是通过权力、权威、个人情面等混杂在一起。具体而言，地方党政领导试图干预司法个案，其不会堂而皇之地直接向主审法官打招呼或者提出要求（在许多刑事司法案件当中，甚至可以在没有进入法院的审判程序在公安机关就能够按照各种方式"案结事了"），而是通过隐秘的层层传达的方式，从院长、分管副院长、庭长、副庭长再到主审法官，一级级传达领导的批示和指示（当然，如果试图介入干预司法的权力级别没有在法院院长之上，其会理性地通过与其平级或者下级的审判职务的领导介入干预司法，但是其影响和干预能力会相对较弱），每个层级在自觉地配合类似的权力寻租过程中都会得到近期的或者长远的好处作为激励，而少数不配合这样的干预司法的法官就可能面临一定的职业发展的风险。"真正实行地方保护性偏袒的主角是当地党政机关，只是以法院的技术和法律的名义表现出来。即使是地方保护主义在法院的审判权限内作祟，其始作俑者及终结者并不是法院，法院只不过是被动的参与者。"①所以，在这样的权力运行体系下，个案公正极其容易受到影响，部分地方官员的权力触角可以延伸到司法裁判当中，其本质上还是为其个人利益或者小集团利益服务，因而形成了司法权的个人化和集团化。

（四）司法权地方化问题产生的原因探析

基于笔者的考察，司法权地方化的形成具有诸多原因、方式和进路，主要在于地方对于司法机关人事权、财政经费的供给权以及对地方司法机关的考核评比，因此，笔者将其分为两个角度进行考察：一个是规范层面上的影响，也就是基于一般法律规范、在法律之内地方对于司法权运行的影响；另一个角度是从司法权是如何在法律之外实际上受到地方权力的干扰和控制。

1.法律之内的地方干预

（1）司法官员的地方生成

在目前的宪法法律制度下，地方的司法官员的选举、任免都必须经过地方的人事任免程序。在人事关系上，《宪法》第一百零一条规定，县级以上的地方各级人民代表大会选举并且有权罢免本级人民法院院长和本级人民检察院检察长；第一百二十八条规定，最高人民法院对全国人民代表大会和全国人民代表大会常务委员会负责。地方各级人民法院对产生它的国家权力机关负责。《人民法院组织法》第三十四条规定：地方各级人民法院院长由地方各级人民代表大会选举，副院长、庭长、副庭长和审判员由地方各级人民代表大会常务委员会任免。《法官法》第十五条第三款规定：地方各级人民法院院长由地方各级人民代表大会选举和罢免，副院长、审判委员会委员、庭长、副庭长和审判员由本院院长提请本级人民代表大会常务委员会任免。从这两个法律规范可以看出，地方的法官以及法院当中的各项职务应当来源于地方权力机关——地方各级人大及其常委会，同时，地方人大及其常委会可以依法对法官

---

① 李小萍：《论法院的地方性》，《法学评论》2013年第3期，第3—9页。

以及法院当中的各项职务进行罢免。因此，在法律规定的基础上，有学者就自然而然地从法律规范当中推出了如下结论："上述法律规定导致人民法院的产生、法官任免、法官的编制和职级待遇、职务升迁、政治命脉等都控制在地方，也使得设在地方的国家法院完全成为代表地方利益的地方法院和地方法官，实际是被列为地方政权的一部分，国家法院除最高人民法院外都由此演变成为实实在在的地方法院。法院地方化，使得法院和法官在司法过程中并不是完全以国家的法律作为裁决的依据，而往往是受限于地方领导人的意志及地方利益。"[①]

（2）财政经费的地方供给

在大多数关于地方财政对地方司法的影响的研究当中，其基本逻辑就是简单地从1994年全国分税制改革后，"块块管理"的财政制度下各个地方财政开始自行负担法院的经费。周黎安教授则认为，我国当下的中央与地方的财政关系是一种"行政发包制"的财权关系[②]，地方扮演了财税发包制度的承包人角色，对于地方各项事业包括司法经费都进行了包干。在规范层面上，中华人民共和国成立以来我国的地方法院的财政来源在不同阶段经历了不同的财政政策，这与不同时期中央的财政政策息息相关，绝大多数财政政策调整时都没有对法院的经费做出专门的调整，而是将其视为地方党委政府的职能部门与其他地方职能部门享受共同的财政政策。《最高人民法院、财政部关于切实解决人民法院业务经费困难问题的通知》（以下简称《通知》）是针对法院的财政经费的专门性政策文件。其中规定了"各级财政部门对法院经费实行单列以后，在安排财政预算时，对人民法院所必需的司法业务费和干训经费，要根据实际需要与可能，切实予以保障。这是人民法院实行'独立行使审判权'、依法审判案件的一个重要条件""各级财政部门压缩行政经费时，对各级人民法院司法业务费中的办案费要给以保障，以利于人民法院审判工作的正常进行"，等等。《人民法院财务管理暂行办法》

①郝银钟：《法院去地方化改革的法理依据与具体路径》，《法律适用》2013年第7期，第94—97页。

②周黎安：《行政发包制》，《社会》2014年第6期，第1—38页。

（以下简称《管理办法》）第三条就明确指出，人民法院财务管理的原则是"分级管理、分级负担"。2002—2006年，中央财政收入一直占国家财政收入50%以上，而中央财政承担的司法经费却一直只占全国司法经费的5%左右。相反，地方财政收入占全国财政收入的比例不足50%（这一比例还逐年下降），而地方财政承担的司法经费占全国司法经费的比例却接近95%。法院的收入受制于地方财政之后，法院就自然而然向地方及其财政部门低头，从而以"有奶就是娘"的逻辑推导出法院吃了地方财政这个"娘"的"奶水"后就必须服从其意志，成为地方利益的保护者和党政领导个人的"刀把子"[1]。

根据《通知》和《管理办法》的具体内容，我们可以看到，通过地方财政类解决司法经费问题，其出发点正是使地方法院能够"独立行使审判权"与"有利于人民法院审判工作的正常进行"。并且，根据王亚新教授和左卫民教授最近几年对中国基层法院财政制度的实证化研究表明，由于诉讼收费大幅度减少、来自中央财政的专项转移支付、省内诉讼费用统筹的引入及其他多种因素的综合作用，目前整个法院系统的经费来源较从前显得更加多样，不同来源所占比率也有变化，不同法院之间财政保障状况苦乐不均的非均衡性一定程度上有所缓和[2]。这是在规范意义上，司法地方化的主要表现形式，也是为学术界所诟病的司法权的行使受到了地方权力的掣肘。但是，按照规范的逻辑分析，根据宪法的原则，我国的审判机关由人民代表选举产生，对它负责，受它监

①郝银钟：《法院去地方化改革的法理依据与具体路径》，《法律适用》2013年第7期，第94—97页；杨小军：《法治中国视域下的司法体制改革研究》，《法学杂志》2014年第3期，第25—33页；谭世贵、梁三利：《构建自治型司法管理体制的思考——我国地方化司法管理的问题与出路》，《北方法学》2009年第3期，第69—79页；等等。
②王亚新：《司法成本与司法效率——中国法院的财政保障与法官激励》，《法学家》2010年第4期，第132—137页、第179页。同时可参见王亚新：《法院财政保障的现状及前景略议》，《学习与探索》2010年第4期，第93—95页；左卫民：《中国基层法院财政制度实证研究》，《中国法学》2015年第1期，第257—271页；等等。

督[1]。这也是符合公权力之间互相制约与平衡的现代国家共享的基本价值，尤其是在我们这个号称"国家权力来自于人民，服务于人民"的国家，审判机关的司法权从根本上来自于人民的授权，因此，其自然受人民的监督。因此，法律之内的地方对于司法权的干预本身是符合宪法秩序下的权力控制原则。

2.地方权力规训司法权的实然进路

（1）法定程序背后的人事权力博弈

目前学界对司法地方化的批判的一个基本立足点就是地方党政领导的权力对于司法的干涉是一种"法律之外的干涉"，是"代理人机会主义"之下的权力寻租[2]。在这个逻辑之下，地方对于司法的影响和干涉就不再是前文论述的规范层面上的监督和影响，而是体现在实际的微观权力运行当中的干涉，其遵循的是政治的权衡而非法律的规制。而只有在一个行政化色彩极其浓厚的组织中，这种政治的权衡与服从才会显现。虽然在规范层面上地方各级人民法院院长是由各级人民代表大会选举产生，副院长、审判委员会委员、庭长、副庭长由人民法院院长提请本级人大常委会任免[3]，但是在司法实践中，能否被"选举"或"任免"的前提是能否被"提名"或者"提请"进入选举过程和任免程序，在这个"事前"竞争当中能否取胜，进入法律程序。并且为了保证党对司法的领导，法院院长基本上都是中共党员，需要通过党内组织部门提名、审核。在基层的政治生态当中，各级人民代表大会及其常务委员会是县委党委领导下的人民代表大会及其常委会，在党委当中，党委书记显然在"民主集中制"当中拥有最高话语权，县长兼县委副书记次之。这也给予了地方的少数权力持有者寻租空间，导致并非组织而是某些党政领导掌握了地方司法官员的人事权力，形成某种意义上的"攻守同盟"，从而影响司法公正。正如美国开国元勋汉密尔顿所言："就人类

---

[1]《宪法》第三条。

[2][德]柯武刚、史漫飞：《制度经济学：社会秩序与公共政策》，韩朝华译，商务印书馆2000年版，第3页。

[3]《法官法》第十一条第三款。

天性之一般而言，对某人的生活有控制权等于对其意志有控制权。"①
因此，地方党政权力正是利用在人事制度上的话语权从而在程序之外
的竞争博弈中实现了对司法权的控制，形成了司法权在法律之外的地
方化。

（2）地方财政权"俘获"司法权

通过财政权力的控制来干预司法与通过人事方面的管理权、控制
权来实际上干预司法的逻辑是基本一致的。其实质是在现有的地方治理
和权力体系下，地方的党政领导利用在公权力意义上的公共财政分配中
的"自由裁量权力"作为个人在某些司法案件中的私人利益的交易筹
码，最终导致地方权力对司法权在地方运行的干扰。顾培东先生认为：
"中国司法存在内生资源不足和欠缺充足、稳定的外部资源，不能形成
司法机构自治机制，因而不可避免地导致司法行为的偏差。"②"内生
资源"代表的是诉讼费用所带来的收入；"外部资源"则是来自司法体
制外的人、财、物。而包括法院经费在内的外部资源取决于同级其他权
力机构，也就是地方同级的财政供给机构。司法机关与地方在财政上的
供给关系意味着形成供求关系下的市场交易行为，地方是司法经费的供
货方，司法机关是司法经费的需求方。国家没有按照计划的方式明确统
一规定司法经费的供货方对司法机关的固定供货量，而只是在各个关于
司法经费的通知、管理办法当中采用了原则性要求。既然司法经费的供
需并非按照计划的方式进行，就自然给予了司法经费供需双方主体"讨
价还价"也就是权力博弈的相对自由的寻租空间。尤其是在我国绝大部
分地方司法机关的司法经费保障不足95%的司法经费来自地方供给，大
部分地区的司法机关仍然处于仅仅能够保证基本工资供给的"吃饭财

---

①[美]汉密尔顿等：《联邦党人文集》，程逢如等译，商务印书馆1982年版，第398页。
②顾培东：《中国司法改革的宏观思考》，《法学研究》2000年第3期，第3—16页。

政"①的境况下，在地方与地方的司法机关之间形成的是一个主体地位在事实上并不完全平等的"卖方市场"②。司法机关欲求获得更多的司法经费，就必然需要有等值的交易筹码，并且使用什么交易筹码是由处于"卖方市场"的有利地位的司法经费供给方——地方党政部门及领导个人的需要所决定的。对于地方党政部门以及领导个人而言，作为相对独立并且在理论上以国家的名义依据国家统一颁布的法律、法规行使司法权力的司法机关往往成为其行使权力进行地方治理抑或是"权力寻租"的制约和掣肘，涉及地区之间出现的利益冲突、矛盾也需要司法机关运用司法权来"定分止争"，保护本地的利益。因此，司法机关手中的司法权按照其个人的意志和利益的"适当行使"是地方党政部门以及领导个人最为需要和不可替代的交易筹码。司法机关及其领导可以通过向地方领导"让渡"或者"配合"的方式来获取相对充足的司法经费，尤其是在许多本身属于其自由裁量权的范围当中进行的"可上可下"的偏向于地方的司法裁判中，司法机关本身也十分愿意通过"配合"地方的方式首先付出自己的筹码，然后能够在各个可能获取财政经费的时间点最大限度地为司法机关获得更多的财政经费，缓解司法机关的财政紧张状况。但是在这样的权力博弈和运行当中，司法权"成功地"因为财政经费保障问题被地方所"俘获"，成为了司法权地方化的重要原因。正如福柯在对于政治权力的解剖中所言："权力是具体的权力，每一个人都拥有它，权力的部分或总体的转让使政治权力或主权得以确立。这一理论框架主要是建立在这样一种观念的基础上，即政治权力的构成遵循合法交易的模式，这种合法交易包含了合同形式的交换。因此在权力的理论与商品的理论，权力的理论与财产的理论之间有着清

---

①左卫民：《中国基层法院财政制度实证研究》，《中国法学》2015年第1期，第257—271页。文中指出，所谓"吃饭财政"，主要指经常性支出在财政支出结构中占相当重要地位，尤其是以人员经费为主要构成的行政事业费占财政支出比重较高的一种支出结构状态。
②此处借用了"卖方市场"这个经济学的概念，"卖方市场"意味着指供给小于需求、商品价格有上涨趋势，卖方在交易上处于有利地位的市场。

晰的相似性。"①

（3）绩效考核中的权力共谋

地方横向的绩效考核则是地方党政权力对司法干涉的重要表现形式。在权力运行实践当中，地方党委政府将包括法院、检察院在内的司法机关都纳入其考核评估体系当中，考核的结果事关司法机关及其法官的年终奖金与考核奖励，与法官拿来养家糊口的收入息息相关。考核在实践当中既包含客观的工作成果体现出的在"数目字管理"当中的绩效，也包括考核者也就是上级党政部门的主观态度，其运用的是组织管理学上的官员晋升的"锦标赛模式"。官员晋升的"锦标赛模式"是指上级政府对多个下级政府部门的行政长官设计的一种晋升竞赛，竞赛优胜者将获得晋升，而竞赛标准由上级政府决定②。地方政府对于地方各个职能部门的考核是其行政长官竞争的重要方式，而司法机关与其他地方职能机关一样，就是地方官僚体系中的一个职能部门。在考核当中，司法机关的领导谋求的是将地方横向考核中突出的政绩用以作为自己晋升的基础条件，法官则在地方横向考核当中获得经济上的满足和激励，而地方的考核者则能够通过考核中的权势地位进行权力寻租，从而在某些个案当中以权力干涉司法，谋取个人的非法利益，法院领导和法官也自然为了实现各自的利益而自觉甚至主动配合，三方在考核评估中从而达成了权力的合谋。司法权在这样的由上级部门主导的官员晋升的锦标赛模式下的绩效考核中，逐步被地方党政领导这个"上级部门"所掌握与控制，形成了司法权的地方化问题。

（五）司法权地方化的理论模型解析

1.地方司法管理的行政化逻辑

与司法权的地方化形影相伴的一个命题就是司法的行政化，两者可谓孪生兄弟，都是我国司法改革当中必须直面的问题，两者相互影响，

---

①[法]米歇尔·福柯：《权力的眼睛》，严锋译，上海人民出版社1997年版，第223页。
②周黎安：《中国地方官员的晋升锦标赛模式研究》，《经济研究》2007年第7期，第36—50页；金太军、沈承诚：《政府生态治理、地方政府核心行动者与政治锦标赛》，《南京社会科学》2012年第6期，第65—70页、第77页。

相互作用，在某种意义上，司法权在地方官僚体系中正是按照行政的管理方式与权力层级的行政化的逻辑从而导致了司法权被地方所干预和控制。司法行政化，即以行政的目的、构造、方法、机理及效果取代司法自身的内容，形成以行政方式操作的司法①。行政与司法典型的区别在于在个案当中，行政化意味着在不同的场域奉行着"上命下从"的行为方式，官员在行政化体制中的行动以上级的意志或者其设置的晋升、考核指标为转移。而司法案件当中，法官（哪怕是最基层派出法庭的法官）也是这个案件审判过程中的国王。马克思也曾经说过："法官是法律世界的国王，除了法律就没有别的上司。"②没有上司就意味着没有在行政管理可以直接领导法官的所谓"上级"。司法官员级别的提高并不意味着其应当在个案当中的话语权的提升，任何一名法官在个案中的权威是至高无上的。龙宗智教授认为，司法权的行政化主要体现在司法目的和价值的行政化、案件审判活动的行政化、上下级法院关系的行政化、司法人事制度和法院结构的行政化、审判管理的行政化③。龙宗智教授的结论与前文阐述最密切相关的就是"司法人事制度和法院结构的行政化"问题，正是司法权的行政化导致了司法人事制度在激励机制上契合了行政管理的思路，导致从第一个人民法院五年改革纲要就提出的司法去行政化问题非但久拖未决，更有愈演愈烈的趋势。虽然人民有权通过人民代表大会及其常委会通过选举或罢免等形式监督司法权的行使，但是其监督的对象、形式必须仅仅局限于法律授权的范围内，实现的是法律之内的监督和干预。

目前学界对于地方权力对司法权行使的批判绝不仅仅是局限于法律之内的干预，而是在地方权力过于集中在党政部门，尤其是县委书记作为地方的党内权力领导核心，在地方治理当中具有完全统领性作用，甚

---

①张卫平：《论我国法院体制的非行政化》，《法商研究》2000年第3期，第3—11页。
②[德]卡尔·马克思：《1848—1850年的法兰西阶级斗争》，《马克思恩格斯全集（第1卷）》，人民出版社1995年版，第181页。
③龙宗智、袁坚：《深化改革背景下对司法行政化的遏制》，《法学研究》2014年第1期，第132—149页。

至有专家认为县委书记在地方除了没有"外交、国防"权力外，实际上掌控地方上的所有权力，而且没有成熟的监督约束机制。而人民法院院长、人民检察院检察长在地方上的级别待遇比党政领导都低半级，在座次排序上甚至都被安排在挂职的副县长之后，因此，其不仅仅要服从比其级别更高的地方领导，同时也比与其同一级别的地方领导在实质上矮了半截。在目前这样的"官大一级压死人""县官不如现管"的官僚科层制下，地方治理体系中权力、级别比司法机关的领导更高的地方党政领导就可以自然而然地被视为司法机关的更高领导，其干预影响司法也就顺理成章、水到渠成，不同职级之间的权力行使者遵循的是权威服从的逻辑。而同一级别或者不同职能部门之间都是地方官僚体系的组成部分，相互之间也会在一定的时空场域中寻求权力共谋与合作，从而影响司法权的公正行使。其反映出来的都是地方权力按照行政管理的方式、套路、逻辑来实现司法权的地方化。因此，司法权的地方化根源于司法的行政化，如果不能真正破解在目前体制下司法行政化、官僚化管理的难题，司法权的所谓去地方化改革势必无法真正对症下药。

2.官僚科层制的视角

在司法改革过程中，法院的彻底去行政化固然是美好的法治蓝图，但是司法管理当中，科层行政官僚制度在事实上却是韦伯提出的现代科层制所无法彻底解决的制度矛盾。正如费斯所言："问题不是我们是否有官僚制度，正如我们对这个词的定义，官僚制度是必然的并且可能是值得推崇的。法院的官僚化，像世界上任何机构的官僚化一样，不可避免。"[1]费斯认为，官僚组织结构主要有以下三个特征：（1）众多的参与者；（2）参与者之间有不同的分工和责任；（3）依赖等级制度作为协调参与者的核心工具[2]。国内有些学者也同样认为"司法制度的构建离不开传统的科层行政体制……科层行政管理与司法独立审判能够理性兼容"[3]。韦伯意义上的官僚科层制在现代司法管理当中展现出对于

---

① [美]欧文·费斯：《如法所能》，师帅译，中国政法大学出版社2008年版，第85页。
② [美]欧文·费斯：《如法所能》，师帅译，中国政法大学出版社2008年版，第86页。
③ 王申：《科层行政化管理下的司法独立》，《法学》2012年第11期，第133—142页。

法官进行"规训"的逻辑，具体而言体现为"以管理为职能，以维护某种秩序为目标，以效率为价值取向，其权力结构从上而下依次成阶梯分层，其行政行为具有鲜明的上令下从的性质，其内部层级关系是一种命令与服从的关系，其权力运作表现出特有的从上而下的'一体化'的倾向，其成员在地位上具有一定的依附性"[①]。司法权的地方化，无论是司法地方保护主义还是司法权力的个人化和集团化，都建立在地方党政权力通过人事权力控制、财政经费控制、地方绩效考核等方式将司法机关在实质上吸收为地方官僚机构的一部分的基础上，并且将行政级别待遇对应适用于司法机关的科层管理当中，通过等级制度，地方党政机关即可将司法机关作为其进行协调行动的工具，使其权力能够最大限度地服务于地方的整体行动与局部利益。

但是与西方不同的是，西方的科层化官僚体制即使对司法造成了一定行政化的影响，其整体的相对完备的权力制约与平衡的机制保障了其司法权运行中的行政化因素得到充分有效的遏制与限缩，因此，在某种意义上，法院内部自身的行政化并非当下司法不公的主要原因，而在于法院内部的科层制与法院和法官一起镶嵌在一个权力高度集中在少数人手中并且几乎没有得到有效监督的带有浓厚的前现代色彩的治理体系当中。

3.微观权力理论的解剖

法国著名后现代哲学家福柯是微观权力理论的集大成者，按照微观权力的理论进路，地方党政权力对于司法权施加的法外影响内在遵循的是规训权力的逻辑。微观权力的分析框架避免了传统的对于以统治权为顶端金字塔形的宏观权力结构的分析范式，而是着眼于权力运行的"毛细血管"，强调权力的"策略"与"技术"。因此，微观权力的分析框架对于地方党政权力在具体的时空场域当中是如何干预司法权的运行具有较强的解释力。

[①]李拥军、傅爱竹：《"规训"的司法与"被缚"的法官——对法官绩效考核制度困境与误区的深层解读》，《法律科学》2014年第6期，第11—20页。

福柯将"规训"视为一种针对个人的"一系列手段、技术、程序、应用层次、目标。它是一种权力'物理学'或权力'解剖学',一种技术学"①。"规训"主要有两种含义:第一,给人以惩罚和强制行为的联想和威慑,使其成为一个驯服的人,如管教一个不听话的孩子;第二,它可以"被用来对个体进行分配、分类,在空间上固定他们,提取他们最大的时间和精力,训练他们的身体,对他们的连续行为进行编码,把他们保持在理想的能见度中,用监视机制包围他们,将他们登记注册,在他们之中建构一套累积、集中化的知识"②。通过这样的权力规训,使规训的对象被按照规训者的目标和意图行动,对于规训者而言其就成为一个"有用"的人。

规训权力的成功主要取决于"层级监视""规范化裁决"与"检查"三种技术手段③。在福柯的分析当中,"规范化裁决"通过奖励和惩罚构成一个相对独立的二元规训体制,并且无论奖励还是惩罚都依据惩罚来分配。福柯在其论述当中引用了军事院校当中的"荣誉"级别体系,不同的肩章代表了不同的等级:第一等是"优秀生";第二等是"良好生";第三等是"中等生";第四等是"劣等生"④。每一个等级都代表不同的地位、荣誉,享受不同的权利,承担不同的义务。肩章和等级可以根据其表现的差异而进行改变和流动。地方司法官员在地方官僚体系中的级别差异与福柯所举例子当中的军校生的等级是具有同质性的,级别和职务的晋升或者改变即是一种变相的奖励和惩罚。根据前文所述的相关法律,地方党政领导可以通过《法官法》《人民法院组织法》中规定的法律程序,以及其在实际上的具有根本决定权的法律程序

---

①[法]米歇尔·福柯:《规训与惩罚》,刘北成、杨远婴译,生活·读书·新知三联书店1999年版,第242页。
②[美]乔治·瑞泽尔:《后现代社会理论》,谢立中译,华夏出版社2003年版,第79页。
③吕振合、吴彤:《福柯的微观权力观——一种科学知识的政治学分析》,《中央民族大学学报(哲学社会科学版)》2007年第2期,第135—139页。
④[法]米歇尔·福柯:《规训与惩罚》,刘北成、杨远婴译,生活·读书·新知三联书店1999年版,第205页。

之前的权力博弈和操作方案当中，事实上对司法官员的职务、级别进行区分，决定司法官员享受的不同级别待遇，从而使地方司法官员接受地方党政权力的规训，导致了其本应当代表国家行使的司法权在实践当中被地方化。

就"检查"而言，通过医学检查，医院成为医学知识中心；通过考试制度，学生教育的驯化方式得以建立。类似的，通过"检查"的规训在公共权力运行当中遵循着同样的原理。司法权的运行不仅仅是宏观意义上的权力运行机制，法官或者司法机关的领导作为活生生的"个人"参与司法权力运行。在以党政权力为中心的地方权力结构体系中，地方党委政府通过在地方横向的绩效考核当中，比如评选"先进集体"、绩效工资和前文所述的年终考核奖的评比当中，地方党委政府及其领导个人就是规训的主体，而地方司法机关及其领导和法官在实际上成为了权力规训的对象。地方司法机必须按照对其进行"检查"考核的相应标准行动，而地方党委政府组织的"检查"标准自然是以地方的整体政治、经济利益为导向和激励方向，并不会以司法权的符合司法规律性作为"检查"标准。为了符合地方的"检查"标准，司法权在地方运行当中就需要充分接受来自地方的要求和压力，司法权运行当中的地方保护主义就此滋生，甚至出现了司法机关主动或者被动地参与到地方强制拆迁、创建卫生文明城、环境保护等以地方利益为核心却与司法本身职能无关的地方治理行动当中，其权力规训的结果最终就导向了司法权的地方化运作。

（六）司法改革"去地方化"的理论破题与路径选择

1.司法改革"去地方化"的理论破题

司法去地方化的内在逻辑是典型的"党政腐败，司法吃药"的逻辑，地方党和政府及其权力行使者的权力滥用，最后付出的代价是让司法改革中的去地方化方向来摆脱这种权力滥用带来的对司法公正的影响，显然是缘木求鱼、南辕北辙。正如张卫平教授所言："司法如何去政治化使司法回归于司法，要比司法去地方化、行政化、非职业化、非公开化、去社会化也许更难，因为去政治化的作业更多的不是组织、结构的硬件调整,更多的是意识、观念、理念上的改变,属于形而上层面的调整。这种调整更难,需要更长的时间,需要更广泛的社会调整予以配合。"①

司法改革的目标应当是十分明确的,那就是促进司法公正,维护社会正义的底线。从前文的分析中我们可以概括出两个核心问题,那就是解决行政化给地方司法公正带来的影响可以有两个可能的路径。首先,如何给司法权的运行安置一个"金钟罩"是解决司法受外部环境影响的关键。在司法受到地方权力干预的情况下,认真仔细地去安装好这个"金钟罩"。目前司法改革当中试图将地方司法的人财物统一归省级统管极有可能让本身羸弱的司法权走上"刚出虎口,又入狼窝"的不归路,让司法权刚刚从地方的行政干预中解放出来就又被司法权纵向管理当中的行政化权力所掣肘。目前去地方化改革思路下的,无非是把法官的任命、管理的生杀大权从地方转移到上级法院及领导,把本应当由地方财政拨付的司法运行费用主体从地方财政转移到了省一级财政乃至中央财政。他们同样都掌握着人事权、财政权,与基层法院人事管理及其财政管理一样存在着千丝万缕的关系,同样在对人事问题、财政问题上具有生杀予夺的权力,如果不建构起一套真正能够防范这些权力所有者从事代理人机会主义行为的监督制度,则无非是把横向的来自地方的对司法的干涉改头换面成为纵向的干涉,也许得到的仍然是司法不公的殊途同归的结果罢了。在该受到地方监督的地方受到监督制约,在必须隔离的地带通过"防火墙"严防死守,这才是司法改革应当起到的对目前司法权运行模式的建设性和完善性作用,简单粗暴地将司法权从地方权力运行中剥离出来就成为了一场司法革命。然而,众所周知的事实是,在我们整个国家的党政制度建设当中,一直都是强调权力的集中、高效行使,对于党政官员从事权力寻租的监督制约缺乏常态化、可操作性的制度机制。因此,对于党政官员的权力寻租的监督机制的建立涉及国家整体的权力配置和运行体系,甚至可能在根本上与现行的根本政治制度发

---

① 张卫平:《司法改革之司法的去政治化》,《司法改革评论》2014年第2期,第1—4页、第10页。

生矛盾，或者说有可能涉及宪法实施等敏感问题。因此，虽然这样的改革路径可能成为未来的方向，笔者只能在理论上尝试如何进行破题。

首先，必须明确区分"党对司法权的领导"与"党委书记对司法权的领导"。各部门和地方的党委书记是中国共产党在各部门和地方任命的代表党中央行使各项执政权力的代表者，具体在各个部门和地方贯彻实施党中央的路线、方针、政策，并且在实际上形成了党委书记成为代表党对各个部门和地方的最高领导，全面掌握和垄断了地方上除了武装、外交权力之外的各方面权力。因此，地方党委书记顺理成章地成为了地方司法机关的领导，既然是领导就应当遵循上命下从的行政管理逻辑，地方党委书记对于司法具体案件的干涉就具有了在行政管理逻辑上的"天然合法性"。但是，党对司法权的领导绝不等同于地方党委书记对于地方司法的绝对领导，习近平总书记在2014年中央政法工作会议上强调，"政法战线要旗帜鲜明坚持党的领导。坚持党的领导，就是要支持人民当家作主，实施好依法治国这个党领导人民治理国家的基本方略。既要坚持党对政法工作的领导不动摇，又要加强和改善党对政法工作的领导，不断提高党领导政法工作的能力和水平。"①旗帜鲜明地体现了党对于政法工作以及司法权的领导。同时，习近平在此次中央政法工作会议上也强调："各级领导干部要带头依法办事，带头遵守法律，牢固确立法律红线不能触碰、法律底线不能逾越的观念，不要去行使依法不该由自己行使的权力，更不能以言代法、以权压法、徇私枉法。要建立健全违反法定程序干预司法的登记备案通报制度和责任追究制度。"②《中国共产党章程》的总纲中指出，党的领导主要是政治、思想和组织的领导。党对司法工作的领导也应是政治、思想和组织上的领导，主要是领导和监督司法机关是否正确贯彻党的路线、方针和政策，教育司法工作人员严格执法，而不是由党委书记审批具体案件，对具体

---

① 《习近平出席中央政法工作会议：坚持严格执法公正司法》，光明网，2014-01-08
〔2015-05-08〕. http://politics.gmw.cn/2014-01/08/content_10062172.htm.
② 《习近平出席中央政法工作会议：坚持严格执法公正司法》，光明网，2014-01-08
〔2015-05-08〕. http://politics.gmw.cn/2014-01/08/content_10062172.htm.

案件进行程序上和实体裁判上的干涉，将法官在具体案件的司法权运行视为由地方党委书记随意指挥、调整枪口的枪杆子。中国共产党对于领导干部的监督管理实践也证明，无论级别多高、权力多大的党员领导干部，只要违反党纪国法都一律查处，绝不姑息纵容，接受国家司法机关运用全国统一施行的法律进行审判。如果党对于司法权的领导就等同于党委书记对于司法权的领导，那么司法机关对于各级党委书记的查处、审判就存在逻辑上的悖论。因此，党对于司法权的领导是党在宏观上、整体上的作为司法权的领导者，而并非各级党委书记就是相同级别司法机关的领导者。

其次，司法权接受党的领导是在整体意义上中国共产党对于司法的领导而非各级党委对于司法的领导。中国共产党是中国特色社会主义各项事业的建设者和领导者，党对于司法权具有绝对的、权威的领导。在中国的语境下，上述命题的成立显然是毋庸置疑的，离开了中国共产党作为司法权运行的统率性、纲领性的领导，就不存在中国特色社会主义司法体系，党的领导为司法权的运行提供了政治保障、物质支持与权力依靠，只有在党的领导下才能保证司法权在全国范围内统一行使，体现我国单一制的国家性质。但是，必须明确的是，抽象意义上的党对于司法权的领导绝不等同于具体的各级党委个人对于司法权的领导。在司法实践中，各级党委往往假借党对于司法权的领导而横加干涉司法权运行，将司法机关当作实现地方、部门各自目的的手段，使其成为划分部门利益，形成地方保护主义的工具。然而，司法所"司"的是中国共产党领导全国各族人民共同制定、统一颁布、全国通行的法律法规，而不是地方、部门党委的意志体现，即使地方党委对司法机关仍然具有领导权，其也是作为中国共产党的地方、部门党委来行使对于司法权的领导，体现的是中国共产党作为一个领导集体的意志，而非地方、部门党委的意志。

2.司法改革"去地方化"的路径选择

因此，另一个改革的路径是让司法权及其行使者自身产生抗体，提高受外在权力干预的免疫力，如同人类面对流行性病毒时，使用口罩、强制隔离等方法都是暂时性、物理性的措施，提高每个人体自身对于病毒的免疫能力才能根本上防治。在目前我国浓厚行政化的政治体制环境下，司法改革的去地方化、去行政化如果仅仅试图从"头痛医头，脚痛医脚"的片面的制度开始改革，可能难以获得长远的、稳定的效果。自从司法改革启动以来，学者们也不断著书立说为司法的去行政化改革方案建言献策，比如张卫平教授早年就提出了"取消法官以及法院的行政级别……解除法院之间原有的行政性关系"①等制度方案。但是这样的改革思路仍然摆脱不了过分功利主义的价值导向以及缺乏对体制中的法官与法院的基本关怀。廖中洪教授早年就对这种功利主义的司法改革倾向进行了批判："功利主义的改革，由于不是联系的、全面的，以及从基本价值追求上对改革进行构思和设计，只求一时的调整和对付，因而，根本不可能恰当地解决影响我国司法独立审判的各种问题，与其说是改革，不如说是按照一时一事的需要，而临时采用的随机应变的处理方式。"②

真正具有全局意识、长远意识的制度变迁方式应当具备充分的激励机制来保障和促进制度改革的利益相关者在未来的制度中的利益，真正调动起人们的经济理性从而自觉开展行动，让每一位行动者都是自身利益的最佳判断者。并且，改革的过程和结果都不能以完美主义的审美标准去要求和看待本身举步维艰的司法改革。从前文的论证分析可以看出，地方的权力以及其转化后的司法行政化方式对法官造成了一定的诱惑或者强制，从而影响了其在司法审判中的独立性，造成了司法裁判的不公现象，导致了所谓的司法权地方化或者行政化问题。法官在这样行政化的体制中成为了司法腐败发生最直接的责任承担者，却又是在官僚科层制当中最为弱势而"被迫"去从事相关司法腐败行为。因此，最核心的问题就是没有解决好任何一名主审法官如何真正成为法律帝国当中不受其他权力影响和干扰，只服从其自由意志从而能够服从法律与良心

---

①张卫平：《论我国法院体制的非行政化——法院体制改革的一种基本思路》，《法商研究》2000年第3期，第3—11页。
②廖中洪：《"垂直领导"：法院体制改革的重大误区》，《现代法学》2001年第1期，第70—75页。

去恣意审判的国王。德沃金教授曾经有这样的论断："法院是法律帝国的首都，法官是帝国的王侯。"①而如何成为这个法律帝国的国王，什么样的法律人有条件符合成为这个国王？让法官在司法活动中从"不敢腐""不能腐"走向"不想腐"，真正实现"打铁还需自身硬"，解决好这个问题可能是新一轮司法改革必须直接面对的最关键、最核心的使命。法官是司法权运行的主体力量，法官如何在目前的科层行政化的管理体制当中可以有效地抵御行政化因素给司法权运行带来的影响就成为十分凸显的问题。从前文提到的所谓"司法地方化"对司法权影响问题的分析中可以看出，地方党政领导无非是通过"人事权""财政权"来牵制地方法院及其法官从而实现个人的权力寻租，那么，改革的出路就必须紧紧抓住这两个关键节点，让晋升机会的有无和经济收入的多少无法再左右法官的行为。在过去基层司法实践中，司法机关领导往往认为单位当中的"老油条"是最难管理，也就是最容易"上命下不从"的，他们往往是已经年龄达到四五十岁，却仍然在基层一线工作，在政治上没有也不可能有太大追求和发展，在经济上往往因为之前单位福利政策已经解决了住房等关键问题，他们生活的目标就是稳稳当当地在单位里再工作几年直至退休然后领退休金养老。因此，他们虽然在工作上"做一天和尚撞一天钟"，缺少积极性、主动性，但是他们对于上级可能存在的"违法违纪"的干涉、影响也具有较强的"免疫力"，他们会权衡服从这些可能"违法违纪"的干涉、影响的风险与将来退休养老金之间的利弊，而对于他们而言，服从上级的"违法违纪"的干涉所获得的政治上、经济上的激励相对而言已经十分渺小，所以他们往往能够以"明哲保身"的方式抵制科层行政化体制下对于法官的非法干涉，他们缺乏了权力寻租的原动力。这为笔者提供了一个重要的可借鉴的思路，就是在法官的选任上如何选择那些有动力办理好案件并且能够"自觉"（在某种意义上是一种利弊权衡后的自利）地对行政权力和物质利益免疫的具有从事法官工作资格的法律工作者进入法官全体。以美国为代表的西方法治发达国家的法官任

---

① [美]德沃金：《法律帝国》，李常青译，中国大百科全书出版社1996年版，第361页。

免条件给予了我国解决这个问题很好的借鉴，但是我们绝不是照搬照抄西方法官选任制度，而是发现、借鉴内含于其制度当中的法官选任的基本规律，这才是司法理论、司法哲学所应当直面讨论的话题。

（1）充足的司法经验。充足的司法经验是一名法官之所以能够成为法官的基本前提。司法是定分止争的基本实现形式，司法是具体地将法律条文与社会相结合的法律运行的过程。美国的霍姆斯大法官也曾经多次强调："法律的生命不在于逻辑，而在于经验。"[①]只有具备充分的司法经验的法官才能按照真正司法的规律对案件进行基本的判决，才有对于案件判决结果的充分自信，才有可能在个案当中坚持以事实为根据，以法律为准绳，坚持司法的基本规律，坚守自己的良知底线，作出只服从法律的司法判决。如果没有充足的司法经验，就可能在面临来自领导的法外干涉与压力时，缺乏对其干扰进行排除的内心确信，从而相对容易在这些干涉面前"束手就擒"，助长了上级领导肆意干涉司法案件的气焰。在目前的体制下，刚刚进入基层工作的法官、检察官大多来自高校的毕业生，一直在校园当中学习、生活、成长，严重缺乏社会经验，就更不用说司法的经验缺失。因此，他们对案件就缺少了在司法经验上的自信，在实践中容易受到领导意志的左右。并且，在实践当中我国的司法机关在官僚体制当中相对处于权力边缘，检察官与法官的政治前途也是相对较差，提拔的速度比党政部门要慢很多，而且工作也辛苦，且容易得罪人。所以，这些年轻的基层法官、检察官，一旦在工作几年之后业绩突出，积累了一定的司法经验，就很容易通过各种方式调离本单位去各个党政部门追求自身的政治前途，或者辞职从事律师等收入较高的法律行业，然后司法机关为了弥补他们的岗位空缺继续从高校毕业生当中择优录取更为年轻的法官、检察官。司法人才的流失其实是司法经验的流失，最终损害了司法自身运作。因此，司法改革应当留住或者让有充分的司法经验的法律人坐上审判岗位。

---

① [美]奥利弗·温德尔·霍姆斯：《法律的道路》，李俊晔译，中国法制出版社2018年版，"前言"。

（2）宽松的经济环境。宽松的经济环境并非仅仅意味着所谓的高薪养廉或者法官高薪制度，在一个司法权的权力寻租得到有效遏制的社会，法官本身就不是一个追逐经济利益的岗位，即使给予其再高的薪水，相比较同样资历的律师的收入而言，法官的收入仍然与之相去甚远。因此，给予法官宽松的经济环境意味着法官可能无需为了自己的经济收入的提高而从事权力寻租行为，法官就不会向干涉的权力（即使在级别和实际权力都远远大于自己的权力面前）轻易低头。在利益诱惑面前，法官也会进行成本收益或者利弊权衡，如果是一名本来衣食住行都不再需要忧虑的法官，对其而言接受行政管理权力而进行枉法裁判，其获得的收益对于其生活的改变是有限的；而一名仍然挣扎在基本生活水平线上的法官，向对其干涉的权力低头则有可能为其带来生活境况的巨大改变。因此，法官在作出枉法裁判后可能意味着付出同样的成本，但对不同经济情况的个体法官而言，却意味着完全不同的收益，从而导致有些年轻法官铤而走险。汉密尔顿说过："最有助于维护法官独立者，除使法官职务固定外，莫过于使其薪俸固定。"①在我国目前的司法职业境况下，尤其是大城市当中，基层法院的法官的收入水平与当地的物价水平（突出表现在房价水平上）完全不成比例，依靠法官的工资等合法收入想要在当地购买房产简直是天方夜谭，他们为了提高自己的待遇就极有可能向干涉司法的权力低头，从中获得政治利益或者物质利益上的激励（可能是以合法的考核奖的方式也可能是其他非法的方式）。在法官不得不面临的对上一级"吃人嘴软，拿人手短"的经济境况下，司法就很难对行政化的干涉具备很强的免疫力，因此，无论以何种方式让法官在相对宽松的经济境况下工作是司法去行政化的重要条件。

（3）一定的年龄限制。在西方国家，对于法官的选任条件都有一

---

①[美]汉密尔顿、杰伊、麦迪逊：《联邦党人文集》，程逢如译，商务印书馆1980年版，第396页。

定的年龄限制，而且主要是最低的年龄限制①。在笔者看来，年龄限制
不仅仅是基于让法官具备充足的司法经验以及社会经验的考量，在中国
官僚体系当中所遵循的严格的"逐级提拔"的晋升规则下，法官达到一
定的年龄也就意味着其在官僚体系当中的晋升空间极为有限，法官最低
年龄的设置意味着对法官政治生命的提前终结。因此，这样的法官在司
法案件当中面对来自上级的权力干涉时就可能表现出"无欲则刚"的姿
态，既然对于政治权力已经没有那么强烈的追逐欲望，就能够有效地对
上级的权力干涉产生刚性的免疫能力，从而能够遵从法律和事实，坚守
自身良知进行司法裁判。从年龄的上限来看，虽然年龄的增长可能带来
思维能力、判断能力的衰弱问题，但是在司法实践中也可能存在着越是
年纪大的法官可能越发"倚老卖老"地排斥干扰而寻求正义，没有任何
其他职务比法官这个职务更不宜应用此项限制。大凡年龄达到六十之
人，其思维鉴别能力一般可以继续维持很久……法官经过长期卓有成
效的服务而后因年龄超过而撤职，失去赖以生活的薪俸，而另谋他就
又已太迟，凡此种种考虑均较法官席位老迈法官所充斥的幻象更值得
引起关注。②

在司法改革的具体政策当中，《中共中央关于全面推进依法治国
若干重大问题的决定》也明确提出了"推进法治专门队伍正规化、专业
化、职业化，提高职业素养和专业水平……建立从符合条件的律师、法
学专家中招录立法工作者、法官、检察官制度。"在司法实务界长期从
事诉讼业务的律师和在理论界对于法律和司法具有充分关注的法学专家
将在未来成为法官的预备人选，这样的改革思路在形式上借鉴了欧美法
治发达国家的制度形式，在实践上也符合作为法官应当具备的上述基本

①刘赓书：《美国法官的选拔、训练和撤换、退休制度》，《环球法律评论》1984年
第4期，第44—49页；陈开琦：《美国法官遴选制的机理及启示》，《社会科学研究》
2006年第6期，第92—96页；支振锋：《司法独立的制度实践：经验考察与理论再思》，
《法制与社会发展》2013年第5期，第67—81页。
②[美]汉密尔顿、杰伊、麦迪逊：《联邦党人文集》，程逢如译，商务印书馆1980年
版，第398页。

要件。一名达到一定执业年龄和自然年龄的优秀律师，往往已经在办理各种案件过程中积累了相当程度的司法经验，同时由于律师行业本身属于高收入行业，达到一定执业年龄的律师已经能够通过自身在律师行业获得的收入让其处于经济宽松的境况，并且其自然年龄限制条件决定了其在官僚体制当中无需也没有必要通过迎合上级行政权力来获得政治上的发展，这也就是法官职业保障的"任督二脉"。因此，其既具备充足的司法经验，又无需在经济利益上和政治利益上的激励，而其之所以愿意放弃收入颇丰的律师职业转而试图成为一名薪金相对较低的法官，真正对其发生激励作用的则是一名公正廉洁的法官在对案件的审理裁判中赢得的社会威望和法官的个人公信。从优秀的律师中选任的法官无需通过成为一名法官进行司法权力寻租来获得经济利益，因为继续从事律师行业的收入远远高于法官薪金并且获得经济利益的风险较低；其同时由于年龄的限制无法通过成为一名法官进行权力寻租而获得在官僚体系中快速晋升的可能。行政权力难以在实际上对来自这样优秀的、成熟的"律师"法官发生太多的激励、诱惑、牵制，从而能够在一定程度上有效解决司法改革多年来一直积重难返甚至在司法"去行政化"的努力下却愈演愈烈的司法行政化的顽疾。

第六章

司法权的未来：人工智能时代呼唤新的司法权理论

本书从定分止争的市民性司法权、政治性司法权和主权性司法权三种形态对司法权进行了阐释，在笔者的论述中，这三种形态的司法权的产生与演进的历史是司法权不可或缺的一部分，要想真正地诠释司法权何以如此，则必须追问司法权究竟从哪里来。司法权是人类文明演进的产物，司法权在人类不同的历史阶段具有不同的权力外观与文明向度，我们当下在讨论的司法权独立运行、司法权公平正义的价值追求、司法权蕴含的权利本位理念以及司法权作为终局的权威的判断权属性等等，事实上还是在讨论特定时空条件下——即工业文明时代的司法权，现代工业文明作为经济基础决定了作为上层建筑的司法权品性。作为发展中国家的中国，司法权的运行实践状况依然难以企及国际上的基本司法准则，这是国情，也是现状，追求构建现代性司法权的司法改革面临的岂止是重重困难，建构一个独立运行的司法权，我们还有很多路要走。然而，当我们面向未来，现代性与后现代性在中国共时性地发生，在司法领域也面临着公正高效权威的司法权运行体系尚未确立，现代性司法权运行的正当程序保障依然不及。后现代意义上的知识碎片化、权力分散化与地方性知识配合着泛泛而谈的国情论与传统民众心理中的实质正义论正在消解着现代性司法权。这是我们以司法权为核心的司法改革所必须面临的矛盾。悄然间，人类社会的生产力进步已经进入后工业时代，最近几年伴随着互联网技术的进步与云计算能力的大幅提高，人类进入了信息化社会与大数据时代，当下和未来的数据资源的战略意义如同工业时代的"石油气"资源。大数据时代为司法权的运行带来了新技术的支持，淘宝网上的司法拍卖大幅度扩大了司法拍卖的受众面积，有效遏制了司法拍卖过程中的腐败，同时也让司法拍卖的物品获得更为科学的竞价机制。如今，设立网络法庭对涉及互联网交易产生的矛盾纠纷也已经在局部试验，成功打造了多地的互联网法院和电子智能法庭①。在新型冠状病毒肺炎疫情没有得到有效控制时，国务院发文延长春节休假假期，人民群众的诉讼请求亟需定分止争之际，各地法院采取互联网平台立案、网络审理等方式以满足人民群众的司法诉求②。

科技可以改变生活，亦可以改变司法权运行方式。美国的金融大鳄摩根大通公司设计了一个金融合同分析软件COIN能够仅用几秒钟时间完成原本通过金融专业律师需花费36万个小时完成的合同分析工作③，如果具有这样分析能力的软件经过科学的测试和实验后被应用到司法审判当中，原本以法官为权力主体的司法审判，可能逐步从人的审判走向人工智能的审判，那么，我们当下设计的保障法官独立的司法权独立运行制度以及对法官可能的权力寻租行为的制约是否就失去了意义？人工智能的审判可能真正做到了"铁面无私"与"同案同判"。马克思曾经有这样的论断："法律是普遍的。应当根据法律来确定的案件是个别的。要把个别的现象归结为普遍的现象，就需要判断。判断是件棘手的事情。要执行法律就需要法官。如果法律可以自行运用，那么法官也就是多余的了。"在工业文明时代的司法理论中"法官必须存在"这无疑是不可挑战的真理，但是在人工智能时代"法官是否沦为多余？"则是一个可能将重回讨论空间的问题。作为司法权存在意义的法官的自由裁量权在大数据时代也将失去意义，因为大数据带来的精确计算甚至可能将犯罪行为所对应刑罚精确到以"天""小时""分钟"作为单位，精确做到罪责刑相适应，对于民商事案件的裁决在具体数额上也将更加精确，实现具体的公正而非抽象的公平正义，因为其基于的司法哲学是法官作为居中裁判者被动审判。但是，在强烈体现法官主观能动性的政治

①杭州互联网法院电子证据平台，［2020-01-27］. https://evidence.netcourt.gov.cn/#/page.
②《浙江法院优先引导网上立案远程审理减少人员流动接触》，中国网，2020-01-28［2020-01-28］. http://news.china.com.cn/live/2020/01/28/content_680345.htm.
③《人工智能挥"屠刀" 第一个失业的竟是律师？》，维科网，2017-03-08［2017-03-08］. http://robot.ofweek.com/2017-03/ART-8321203-8440-30109620.html.

性司法权的运行中，更加需要的是法官的主观思维与判断而非客观的结果，需要的是法官运用司法权对其他权力作出"是"与"否"的回答而非精确的结论。因此，笔者猜测，在未来的大数据时代，市民性司法权的行使者可能逐步被人工智能所替换，而政治性司法权可能成为最能体现司法权性质与权能的司法权。真正需要法官去冥思苦想的兴许不是那些清官难断的"家务事"，而是涉及宪法秩序与公民权利的"国之大事"。司法权运行对未来的司法权猜想不胜枚举，之所以对其进行这样的理论猜想，就在于对于作为发展中国家的中国而言，当我们的司法改革忙于建构一套现代司法权运行体系之时，是否可以举目远眺，在大数据时代利用目前在全世界已经处于相对领先的互联网与云计算技术实现司法权运行体系的弯道超车，为未来的司法权运行方式探索出让世界景仰的"中国特色"与"中国道路"？也许，我们是该为未来的司法权理论早做准备了。

一、人工智能在司法活动中的应用简史

在阐述新型司法权理论研究进程时，首先应明确的是，数据分析与法学研究的学科交叉并非新生事物，其萌芽与演进已有几十年的历史，是大数据时代司法权基础理论研究的前身。早在20世纪上半叶的美国，芝加哥学派部分学者受到科学社会化运动的影响，预见到法学理论研究将从抽象的定性分析向系统的定量分析转变，试图将定量分析的方法运用于法学研究，使之成为精密科学。然而受制于客观条件的匮乏，两个学科的交叉并未成功，但为数据化分析法律问题提供了萌芽思想。20世纪40年代，著名作家阿西莫夫提出关于机器人的三条法则，即作为研究人工智能的伦理原则：第一，机器人不得伤害人类，或因不作为使人类受到伤害；第二，除非违背第一法则，机器人必须服从人类的命令；第三，在不违背第一和第二法则的情况下，机器人必须保护自己。人工智能研究的创始人之一的明斯基（Marvin Minsky）在1968年集中概括了人工智能研究的实质："让机器从事需要人的智能的工作的科学。"在上

述对于数据分析与法学研究的学科交叉历史进程的阐述中，虽然得以窥见大数据时代现有人工智能程序的萌芽与雏形，但值得注意的是，一方面在实用主义的思维指导下，理论研究并未系统而抽象地深入到司法权基础理论构建的层面进行探讨；另一方面受制于科技条件的不成熟，直到大数据时代降临，在云端科技和智慧系统的技术革新下，数据分析才因为数据的爆炸增长进入新的时期，才从根本的理论构建上而不是辅助的工具意义上，对司法权产生了深刻影响。①

在20世纪60年代末70年代初，部分西方发达国家成功借助计算机技术的革新，开始尝试将计算机技术与法律相结合。其中联邦德国司法部在1973年建立起资料系统JURIS用以收集和整理自从50年代发展起来的司法资料；1972年建立警察信息系统INPOL处理大量警方数据以供警察在追查搜索工作中使用。②法律工作的计算机化运动是人工智能程序对司法制度智慧设计的前身。同时期的美国，布鲁斯·布坎南和托马斯·希德里克于1970年发表的《关于人工智能和法律推理若干问题的考察》一文就"探讨如何对办案活动中的法律推理进行计算机信息的系统处理"，提出了前瞻性的思考③。计算机化背景下的司法权理论在侦查机关的侦查环节部分有了质变的演进。

在智能系统的研发方面，1975年，旨在提高法律服务质量和效率的JUDITH律师推理系统问世。1977年，世界上第一个计算机法律专家系统——TAXMAN，由鲁特格茨大学研发。作为一台根据LISP程序语言记述的处理公司并购税务问题的系统，其诞生有利于提高处理大量事务性工作的速度和准确度④。同年，苏联自主研发了自动化管理系统以及启

①张保生：《人工智能法律系统的法理学思考》，《法学评论》2001年第5期，第11—21页。
②龚祥瑞、李克强：《法律工作的计算机化》，《法学杂志》1983年第3期，第16—20页。
③BUCHANAN B G,HEADRICK T E. "Some Speculation about Artificial Intelligence and Legal Reasoning". Stanford Law Review, 1970, (1):pp.40—62.
④[日]吉野一：《法律专家系统的基础》，日本吉幽塞出版社1986年版。

动了相关法律问题的研究课题①。而在1984年，兰德公司的审判辅助系统LDS（Legal Decision-making System）问世②。在20世纪七八十年代，科技强国对于法学研究计算机化的进程多体现为智能系统研发竞赛，意在服务司法实务。或是辅助并简化司法审判流程，节约司法资源；或是提高对司法资料处理速度和运用程度，提升研究效率。

20世纪80年代计算机化浪潮下的中国，龚祥瑞和李克强在《法律工作的计算机化》从理论层面提出对于通过法律计算机化辅助审判业务的构想③。在实践层面，北大青年教师张力行和研究生创建了中国法律信息检索系统"北大法宝"的前身——涉外法规查询系统。随着1986年上海法学研究者朱华荣、肖开全主持的相关电脑量刑课题获批国家课题，数据库在刑法量刑领域有了新运用。1993年，实用刑法专家系统的问世，兼有检索和推理判断的能力，被相当数量的司法机关和律所采用。20世纪90年代，数码信息技术发展进入鼎盛时期，互联网的发达和普及为全球数据互通助推，在规模巨大的网络使用者群体中，不乏有人借助网络这一新载体实施网络犯罪。因此具有检索和收集数据功能的电子警察随之问世。至大数据时代与人工智能的智慧设计来临之前，作为辅助工具的司法数据库建设并没有体现出独立的人类理性认知和自我学习能力，而推理系统所基于的数据分析尚不能通过机械学习能力突破人类已有认知的局限。④

---

①龚祥瑞、李克强：《法律工作的计算机化》，《法学杂志》1983年第3期，第16—20页。

②WATERMAN D A, PETERSON M. "Models of Legal Decision Making". Report R-22727-ICJ, Rand Corporation, Institute for Civil Justice, 1981. And their "Evaluating Civil Claims: An Expert SystemsApproach", Expert Systems, 1984,(1):pp. 65—76. See also WATERMAN D A, PAUL, PETERSON M. "Expert Systems for Legal Decision Making".Expert Systems, 1986, 3(4):pp. 212—226.

③龚祥瑞、李克强：《法律工作的计算机化》，《法学杂志》1983年第3期，第16—20页。

④[英]霍斯特·艾丹米勒：《机器人的崛起与人类的法律》，《法治现代化研究》2017年第4期，第62—71页。

二、司法权运行的智能化：司法改革的时代回应

虽然人工智能无论从科技实践还是作为一个理论探讨的概念和命题的提出都已经具有一段时间的历史，但却没有真正与各个国家的司法活动发生"干柴烈火"般的相遇而紧密结合，其原因在于人工智能化的司法需要大数据以及对大数据的超级计算处理能力作为运行基础，离开了大数据的人工智能或许只能为司法活动提供一些审判辅助的机械化的数理统计功能，其本质上并未能改变或者颠覆司法权的运行方式和结构。时至2012年2月，《纽约时报》在一篇专栏报道中称，大数据的时代已经降临。大数据，即Big Date，自2012年起越来越多被提及，意为描述和定义信息爆炸时代产生的海量数据，并命名与之相关的技术发展与创新，如人工智能、智慧设计、云计算等等。大数据自身的传播学意义、统计学意义、数据化研究意义，为人工智能的设计提供了良好的助力。在2012年之后的在大数据时代下，人工智能的研发进入新的领域。2016年3月15日，计算机智能网络程序"阿尔法狗（Alpha Go）"以四比一战绩击败围棋世界冠军李世石，引起轰动；如果说这是人工智能超越人类智慧的小试牛刀，那么在2017年10月，谷歌旗下子公司开发的智能程序"阿尔法元（Alpha Go Zero）"无师自通，凭借自学和创造力高度模仿并且掌握人类未知的围棋下法，则标志着人工智能的程序设计已经使得其获得相当的人类理性，人类的智慧设计运动势必将改变社会结构[1]。2017年，与"阿尔法狗"和"阿尔法元"仅仅作为一个后台机器不同，具有一般女性人体形象的人工智能机器人"索菲亚"诞生并参与了与人类主持人的访谈且对答如流，再加上西方国家各种人工智能机器人的应用，让机器人作为可能不再是简单拟制的"人"的崛起成为事实。

在国内，大数据时代下的中国已然着手推动新的科技和制度革新，

---

[1]季卫东：《人工智能时代的司法权之变》，《东方法学》2018年第1期，第125—133页。

作为中国特色社会主义事业领导核心的中国共产党坚持与时俱进，不断吸收和学习新科技革命带来的新的可能的执政方式与国家治理方式的现代化路径和方式。司法系统作为社会建设不可或缺的零件，大数据时代的降临将对法学理论研究和司法实务制度产生根本性影响。我国正处于全面建成小康社会决胜阶段，人口老龄化、资源环境约束等挑战依然严峻，人工智能在教育、医疗、养老、环境保护、城市运行、司法服务等领域广泛应用，将极大提高公共服务精准化水平，全面提升人民生活品质。围绕行政管理、司法管理、城市管理、环境保护等社会治理的热点难点问题，促进人工智能技术应用，推动社会治理现代化。

新一轮如火如荼的司法改革已经取得阶段性成果，但是相对于20多年的司法改革历史而言，司法改革依然是在曲折中前进，要达到预期的改革目标仍然需要进一步的努力。司法改革是当下政治体制改革的重要突破口，任何变革都是制度体系的变革与器物技术进步的有机统一，既有的司法改革研究从法律学者的角度更多或者说更擅长于关注制度的变革，但是"经济基础决定上层建筑"，在某种意义上，当下司法体制所依赖的物质经济基础根本上决定了司法权运行体系的基本面向，而当下中国的物质经济基础是一个快速迈向大数据时代乃至人工智能时代的中国。依托于最新科技水平，人工智能程序的智慧设计集数据收集、数据整合、数据分析能力为一体，以推动司法数字化、互联网化转型的方式，在法学理论领域首先引发"智慧法院"的讨论热潮。其中关于四级两审终审制度制度意义的削弱、机器理性对法官理性的取代、数据决策与自由心证的取舍、电脑量刑问题等议题，使得法律人工智能热下的冷思考层出不穷。这是真正具有当下中国问题意识的理论尝试，也是试图摆脱既有对司法权基础理论研究中移植模仿代表工业文明时代西方司法权理论与代表农业文明时代传统中国司法相关理论的路径依赖。司法智能化是司法现代化的应有之义。

在司法实务领域，程序的智慧设计充分运用大数据时代下数据数量和数据质量的特质，为司法系统注入新生力量，并具有后发优势，成为新一轮司法改革的突出成果——借助已有的大数据、云计算和人工智能，通过大幅提高公检法办案效率与透明度，使得审理程序产生了广泛而深刻的改变①。然而在优势的光芒背后不乏阴影：法院仿佛向判决工厂转型、法官俨然成为判决流水线的技术工人、司法系统中公检法的统一性和协同性在加强。可见，从司法理论的基础构建到司法实践的制度安排，大数据时代都向其提出了严峻的挑战。在司法理论体系和司法实务系统因人工智能的发展而产生质变的时代奇点来临之际，笔者认为，讨论大数据时代下新型司法权的基础理论构建是必要且重要的。

三、人工智能时代的司法权嬗变②

2012年，《纽约时报》在一篇专栏报道中称，大数据时代已经降临。放眼国内，伴随着阿里、腾讯、华为等互联网巨头企业的迅速崛起与发展，国家层面也不断探索新科技革命带来的执政方式与国家治理方式的现代化路径。2017年12月，习近平总书记在中共中央政治局国家大数据战略第二次集体学习大会上强调："要切实实施国家大数据战略，加快建设数字中国，在深入了解大数据发展现状和趋势及其对于经济社会发展的影响的同时加快完善数字基础设施。"③2019年10月，中共中央政治局第十八次集体学习区块链技术现状与趋势，习近平总书记在主持会议时强调："要把区块链作为核心技术自主创新的重要突破口，明确主攻方向，加大投入力度，着力攻克一批关键核心技术，加快推动区块链技术和产业创新发展……要探索利用区块链数据共享模式，实

---

①季卫东：《人工智能时代的司法权之变》，《东方法学》2018年第1期，第125—133页。

②本章的第三部分"人工智能时代的司法权嬗变"已整理成论文《人工智能时代的司法权嬗变》，发表于《浙江工商大学学报》2020年第4期，第149-160页。该论文以《人工智能时代司法权的新发展》为名，转载于《中国社会科学文摘》2021年第1期，第123—124页。

③《审时度势精心谋划超前布局力争主动 实施国家大数据战略加快建设数字中国》，《人民日报》，2017年12月10日，第1版。

现政务数据跨部门、跨区域共同维护和利用，促进业务协同办理。"[1]
司法系统作为社会建设不可或缺的组成部分，人工智能时代的降临将对
法学理论研究和司法实务制度产生根本性影响。2017年7月，国务院印
发的《新一代人工智能发展规划》指出，"人工智能带来社会建设的新
机遇。……围绕行政管理、司法管理、城市管理、环境保护等社会治理
的热点难点问题，促进人工智能技术应用，推动社会治理现代化"，并
推动建设"智慧法庭"——"建设集审判、人员、数据应用、司法公开
和动态监控于一体的智慧法庭数据平台，促进人工智能在证据收集、案
例分析、法律文件阅读与分析中的应用，实现法院审判体系和审判能力
智能化"。正如张保生早年所言："直到大数据时代降临，在云端科技
和智慧系统的技术革新下，数据分析才因为数据的爆炸增长进入新的时
期，才从根本的理论构建上而不是辅助的工具意义上，对司法权产生了
深刻影响。"[2]

　　司法权是人类文明演进的产物，在人类不同历史阶段具有不同的
权力外观与文明向度。随着后工业时代的来临，尤其是互联网技术的进
步与云计算能力的大幅提高，人类进入了信息化社会。大数据为司法权
的运行带来了新技术的支持，也意味着国家权力的重新构造。人工智能
与司法权的碰撞以及二者在碰撞中愈发紧密的实践关联，对传统司法权
的理念、建构和运行提出了全新的、全方位的挑战。但其中也蕴含了对
司法程序进行适应性调整的历史契机，当下司法程序的智慧设计可以充
分运用大数据时代数据数量和数据质量的特质，为司法系统注入新生力
量，并具有后发优势，进而成为新一轮司法改革的路标和成果。

　　在当下司法改革实践中，最高人民法院院长周强指出要"综合应

---

①《把区块链作为核心技术自主创新重要突破口 加快推动区块链技术和产业创新发
展》，《人民日报》，2019年10月26日，第1版。
②张保生：《人工智能法律系统的法理学思考》，《法学评论》2001年第5期，第11—
21页。

用各种人工智能技术，实现智能审判、智能诉讼等司法辅助功能"[①]，最高人民检察院检察长张军也提出，"智慧检务建设要聚焦科学化智能化人性化"[②]。因此，在司法权运行体制的建构中，就不可能不考虑人工智能这个作为物质基础的生产力要素，杭州等地最先成立的"互联网法院"已经做出了重要的探索。因此，人工智能在司法领域的应用亟须相关的理论供给，在国家人工智能发展规划的大背景下，如何让中国的司法权运行体系在新技术的支持下助力于完善中国特色社会主义法治体系，实现国家治理与社会治理现代化，当且应当成为司法研究者直面的理论与实践问题。司法智能化是司法现代化的应有之义，本书主要围绕人工智能在司法权运行中涉及的"法律适用与事实认定""公正价值与效率追求""制度规制与技术约束"三个方面的具体理论架构展开讨论。

需要说明的是，在当下的司法权理论体系中，司法活动在中国语境中具有不同层次的范围理解：广义的司法包括侦查、审判、检察等国家权力的运作行为以及调解、仲裁等准司法活动；狭义的司法则指审判、检察机关处理案件的专门活动，而更加狭义的观点认为，司法权应当局限于人民法院的审判权。为了分析理解的便利，本书将司法权限于最为狭义的"人民法院的审判权"。

（一）人工智能时代的法律适用与事实认定

沈宗灵先生在《法理学》教材中提到："法的适用，通常简称为'司法'，是法的实施的重要方式之一。法的适用是指国家司法机关依据法定职权和法定程序，具体应用法律处理案件的专门活动。"[③]张文显教授主编的历版《法理学》教材都沿用了这一关于司法的定义。法律适用论是中国学界长期以来对于司法的主流定义，因此，在人工智能时

[①] 《最高法：充分运用司法大数据加快"智慧法院"建设》，新华网，2016-11-11 [2020-06-22].http://www.xinhuanet.com/politics/2016-11/11/c_129360478.htm.

[②] 姜洪：《智慧检务建设要聚焦科学化智能化人性化》，《检察日报》，2018年6月5日，第1版。

[③] 沈宗灵：《法理学》，高等教育出版社1994年版，第346页。

代，首先面临挑战的就是法律适用与事实认定的基本逻辑与方式。在过去的大陆法系法律推理体系中，形式推理主要表现为以大前提、小前提、结论构成的三段论为基础的演绎推理方式，归纳推理与类比推理往往作为补充性质的法律推理方式。演绎推理的三段论形式本质上是"因素—结果"逻辑结构，是一般到特殊的法律适用方式。法律适用中的归纳推理和类比推理都以具体的案例为基础，在传统的技术条件下归纳和比较分析能力的有限性使其在面对"休谟命题"时缺乏基本的破题能力。但是，人工智能技术指数级的增长能力将为大数据库建设以及智能化的数据处理奠定基础，归纳推理和类比推理具有足够且无限趋向穷尽的案例范本作为基础，算法能力又可以使其走向波普意义上的"大胆猜测"。因此，从裁判的推理方式上，法律适用与事实认定中的因果关系逻辑体系逐步被相关关系思维方式所替代，对于中国的司法活动与司法改革而言具有特殊的意义。

1.基于大数据实现"同案同判"

司法大数据库的建设和完善为比照过去判例依法裁判提供了技术可能。人工智能无论从科技实践还是作为一个理论探讨的概念和命题的提出都已经具有一段时间的历史，但却没有真正与各个国家的司法活动发生"干柴烈火"般的碰撞而紧密结合，其原因是人工智能化的司法所需的大数据匮乏以及对大数据的超级计算处理能力的缺失。离开了大数据的人工智能，也许只能仅仅为司法活动提供一些审判辅助的机械化的数理统计功能，其在本质上并未能改变或者颠覆司法权的运行方式和结构。受限于技术水平，中国司法裁判中尤其强调"三段论"式的形式逻辑推理，而摒弃"同案同判"的类比推理，法学院的学生也在习得如何谨慎地做好形式推理而得出相对公正的裁判结论。没有过多的案件和过去的裁判文书以及案件材料可供作为参照系，即使有，人类大脑的学习、存储以及检索提取数据能力也无法驾驭如此众多的案件材料。法律规范是相对稳定的存在，形式逻辑的推理方式是基本固定的推演，只需将纷繁复杂的案卷材料凝练成法律规范和形式推理所组成的公式中的符号化要素，即可得到相对确定的和可预期的裁判结果，这是根据人类大脑的能力所限和既有技术条件下最为经济理性的确定性程度较高的追求正义的方式，也是最大限度地限制法官主观决定权可能招致的司法腐败与司法不公的经济理性方式。随着机器存储能力与数据检索、提取能力的几何级的增强，所有案件（尤其是改革开放以来）所涉及的案卷材料都可以被数码化，从而进入业已进行了科学的数据架构的数据库和服务器当中（涉密案件可以设置不同身份用户的查阅权限），新的案件办理过程可以在系统中以全流程留痕形式直接进入数据库当中。虽然这是一个相对浩大的工程，但是随着"中国法律裁判文书网""北大法宝""万律中国"等法律规范数据库和裁判文书数据库的建设以及文字识别、自动操作等技术能力的不断进步，完成数据的全部采集工作并非遥不可及，由此形成全样本的数据基础。司法裁判活动中除了三段论的形式逻辑推理方法外，"相同的案件得到相同处理"的类比推理可以成为很多案件的裁判方式，通过大数据和云计算的数据处理所得出的判决共性，也可以设定特定的程序对全国范围内类似的案件裁判结果计算出一个相对精确的均衡值供裁判者参考，同时也以此限定其裁判权力的行使范围，防止司法腐败和司法不公，从而最大限度地满足人民群众的公平正义要求。数字化案件材料更加方便于检索、查阅，最高人民法院推出的"类案智能推动系统"以及各个地方法院的"类案"智能平台设计的尝试已经证明了中国司法走向基于司法数据库的"同案"或者"类案"同判的改革路向①，在法学理论领域越发关注"智慧法院"的理论构建。

2.从被动行使到主动出场的司法权

人工智能时代的司法权将改变其坚守已久的被动性本色。在现代司法权话语体系中，司法权的消极性（被动性）特征是司法权的应有之义，无论是事实认定还是法律适用，司法权当且应当是在启动程序上体现为"守株待兔"，在实体裁判中要根据诉讼请求"画地为牢"地行

---

①左卫民：《如何通过人工智能实现类案类判》，《中国法律评论》2018年第2期，第26—32页。

使的国家权力，这也是作为国家权力分支的司法权也是区别于行政权的基本要素。所以，在司法哲学上，现代司法在定分止争领域一直秉持司法消极、司法被动、司法克制的司法哲学，司法权是一种被动引起的权力，绝不能主动出击、主动运行。司法能动哲学主要存在于作为制衡行政权等权力的政治性司法权当中。但是，在司法程序的启动上，人工智能时代将在治理意义上将司法权推到一个更加积极主动的姿态上运行，司法大数据库的建立以及数据计算、分析、搜索、提取的综合运用，让本应"守株待兔"的法官可以精确预测到"兔子"（案件）的位置、数量、速度等具体信息，如同美国电影《少数派报告》呈现的那样，对一些极端恶性案件可以提前和主动地预警和介入，对可能形成不稳定因素的群体性事件提前进行司法介入，对个人或者企业非正常的财产转移进行限制和警告。在审理内容上，人工智能时代的司法权也将从"画地为牢"的不告不理，通过对司法数据库进行案件"相关关系"的处理，主动告知当事人可能的裁判后果，从而让当事人清晰明了地进行评判以做出程序性选择，从而更加顺利地达成和解、调解协议，高效地形成当事人较为容易接受的纠纷解决方案。同时，基于人工智能的司法权可以根据其对大数据的运用，为裁判后的当事人提供更加精确的司法建议服务，帮助当事人在日后行为中提高对于法律风险的警惕性，尽可能帮助当事人避免相关法律风险。但是，司法权在人工智能时代的主动性、能动性改造，又可能引发司法权在权力属性上与行政权的趋同化，司法权的存在论问题将可能被重新进行讨论[①]。因此，司法权主动出场问题是人工智能时代的司法权基础理论具有正当性基础意义的问题，在本身就时常为了诸如扫黑除恶等政策目的与治理效果而主动"提前介入"的中国司法运行现状下，人工智能与大数据等技术的运用事实上也只是为司法权的"主动出击"披上了"技术晚礼服"。

---

①孟德斯鸠曾在《论法的精神》里提出："司法权在某种意义上可以说是不存在的。"刘练军：《司法权在何种意义上不存在》，《法治研究》2007年第6期，第3—13页。

3.相关关系的思维方式进入证据认定与裁判决策

技术进步积累到一定程度将带来科学范式和思维方式的转变，相关关系思维将逐步在证据认定与裁判决策领域发挥作用。在数据能力有限时代，有限的数据样本根本无法展现批量事物组成的"群集"①间的普遍联系，因而个体事物之间的线性的因果关系就成为主要的思维方式。司法活动本质上是一种通过裁判方式分配正义的决策活动，所以，做出决策的基础、形成决策的路径将直接关系到决策的结果。当下的司法裁判形成的进路绝大多数是以形式逻辑的推断演绎，是线性的以因果关系为基础的司法决策方式。无论是侦查线索、证据链条的搭建还是法律责任的分配，人、行为、结果之间的因果联系成为案件办理的主线。在客观事实无法还原而必须建构的法律事实过程中，对于法律责任的分配基础事实上是一种根据因果关系推断出来的相对正确的司法决策（注意，是相对正确而不是绝对正确）。因此，这是一种相对可靠的大概率事件选择，大概率的正确就意味着或许会存在小概率的错误，那么此种以因果关系为基础的司法决策（概率选择）方式也是人类不得已采取的追求正义的手段方式。

人工智能时代的司法权理论也可能因此突破传统的司法权理论体系中对于司法权特征和性质的同质化描述。司法大数据库的建构，在样本足够充分且可以通过超强的计算能力而快速检索和提取相关司法文书、司法数据的前提下，对于数据的处理的理念、路径、方式都将发生重大的变化，因而会直接导向对于决策寻求的路径的分野和思维方式的转换。作为本质上为经验主义的相关关系思维方式伴随着人工智能时代的到来重新进入人们思维选择的范式当中，并且在商业开发推广、疾病预测等领域得到了成功的应用。舍恩伯格在《大数据时代》中提出："大数据时代，人们应放弃对因果关系的渴求，转而关注相关关系；没有必要非得指导背后的原因，相关关系能够帮助我们更好地了解这个世

---

① 群集主要指个体间的局部自组织交互在集体层面上所展现出的一种涌现现象。胡敏中：《大数据分析的认识特征》，《自然辩证法研究》2018年第1期，第112—117页。

界。""知道'是什么'就够了，没必要知道'为什么'。"①大数据最大的功能就在于其预测的准确性，因此，相关关系的思维方式与因果关系的思维方式一样，也是一种大概率的司法决策方式和手段。相关关系的思维方式的基础是统计学、计量经济学的发展与数据的指数级处理能力，是大数据时代的数据物化的结果。相关关系的思维模型是对事物过程的定量描述模型，是通过全数据定量分析呈现量的整体把握，表现为"量化世界"②。只不过相关关系的思维方式在长期以来困顿于技术的原因根本无法被司法裁判活动信任，而大数据和人工智能的应用让其可以作为某种经验主义的思维方式重新进入司法方法的视野。

传统的司法活动中对于证据的认定（无论是大陆法系的纠问制还是英美法系的对抗制）都突出因果关系理论，强调通过因果关系下的证据链条做出司法裁判，是典型的三段论的逻辑推理，每一个证据的认定背后都是严密的逻辑推演。而作为人工智能基础的大数据运用则更加关注相关关系而非因果关系，大数据分析擅长于对未来事件进行可能性的判断，而证据相关性关注的是如何以高似真性对过往事件进行解释。此外精度要求也不一样，大数据分析强调的是基于全量对趋势的实时计算判断，而证据相关性强调的是基于人类理智和逻辑分析后的判断。即使无法改变因果关系的基本原则，在已有证据仍然无法证明或者证伪因果关系的案件中，大数据和人工智能提供了一种认识论意义上大数据分析运用的相关性理论也是超脱于人类经验判断的"数据经验"③。相关关系的证据认定突出了证据之间的客观关系，排斥了主观的分析运用。这样的思维方式可以有效防止在刑事司法中过分强调犯罪嫌疑人的言辞证据而导致的"案卷笔录中心主义"，摆脱"侦查中心主义"或"检察中心

---

①[英]维克托·迈尔·舍恩伯格：《大数据时代》，周涛译，浙江人民出版社2012年版，第9—67页。

②王天思：《大数据中的因果关系及其哲学内涵》，《中国社会科学》2016年第5期，第22—42页。

③周蔚：《大数据在事实认定中作用机制分析》，《中国政法大学学报》2015年第6期，第64—82页。

主义"的刑事司法构造模式，从而防止侦查机关为了取得作为"证据之王"的言辞证据而采取的刑讯逼供和暴力取证方式，避免运用"毒树之果"的非法证据进行审判而酿成冤假错案。在民事司法构造中，原被告双方作为平等主体提供的于己有利的关联证据，法官根据优势证据原则运用法律规范进行裁判。因此，在相关关系的证据思维方式下，通过基于大数据的算法进行客观的分析比较，从而认定优势证据，做出客观公正的裁判。

美国大法官霍姆斯曾有"法律的生命不在于逻辑，而在于经验"①的著名论断，但这个论断在霍姆斯的时代仅仅能在极个别的涉及价值判断难题的案件当中以经验主义的裁判方式防止形式逻辑可能带来的非正义的后果。在不同法官的经验不同以及主观认知差别显著的情况下，如果整个司法系统（无论中西方）都采用经验主义作为决策方式，那只会导致司法活动严重失序和司法公正的缺位。但是人工智能时代可能让经验主义为基础的相关关系在司法决策中得以运用的正当理由在于，技术上已经建立了一个"经验"的司法数据库，而这个数据库是客观的、公开的存在，通过从司法大数据库中寻找案件之间的相关关系，从而为裁判提供最佳的决策策略，提高司法裁判的准确度，进而提升正义的精确度。相关关系的思维方式在裁判决策中的采用本质上就是作为裁判经验的物的数据化呈现。所以，选择何种思维方式作为司法决策的基础，本质上是就是选择何种思维方式可以更好地服务于司法正义的需求。当某些司法领域通过运用相关关系思维方式得出的裁判准确度可以超过因果关系思维方式的裁判准确度之时，当相关关系的思维方式可以更好地避免冤假错案之时，当相关关系的地位方式可以更好地实现习近平总书记提出的"让人民群众在每一个案件中感受到公平正义"之时，相关关系的思维方式就理所当然、旗帜鲜明地在司法决策中应当被采纳。人工智能时代的司法决策中相关关系的思维方式运用可以突破司法权运行中

---

① [美]奥利弗·温德尔·霍姆斯：《法律的道路》，李俊晔译，中国法制出版社2018年版，"前言"。

追求的法律之内的正义，其相关关系的构建也可以是外部性的，也就是说，透过一个个的法律之内的个案正义还可以追求罗尔斯意义上的社会正义或者是庞德所言的"通过法律的社会控制"。基于司法大数据库的相关关系的思维方式运用，可以让司法决策充分预测和判断其裁判结果对于社会正义或者说司法裁判的社会效果的关系，对于追求政治效果、社会效果与法律效果相统一的中国司法而言，这样的"相关关系"对于我们实现国家治理能力和治理体系现代化来说，又何尝不是一种崭新的思维转换与构建社会治理部门联动机制建设的有益尝试呢？

（二）人工智能时代的司法公正价值与效率追求

公正与效率都是司法活动的重要价值追求，法律是公平正义的艺术，公正与效率二者之间也存在着某种关系冲突与张力。公正的法律运作为重要表征的司法文明是政治文明的法律表达。[1]习近平总书记提出："司法公正对社会公正具有重要引领作用，司法不公对社会公正具有致命破坏作用。必须完善司法管理体制和司法权力运行机制，规范司法行为，加强对司法活动的监督，努力让人民群众在每一个司法案件中感受到公平正义。"[2]然而，"迟来的正义非正义"，高成本、无效率、低效率实现的司法公正从社会整体而言甚至可能导致司法资源分配不公，民众的公正诉求无法得到司法资源的供给配套。人工智能时代通过技术的进步，为实现司法公正和效率追求二者的有机统一提供了技术上的支持。

1.司法成本的锐减与司法效率的指数级提升

司法运行的成本问题在中国的司法的理论研究中是一个相对缺位的问题，但却是在中国司法实践中时刻面临的亟待解决却长期存在的重大

---

①张文显：《司法的实践理性》，法律出版社2016年版，第198页。
②习近平：《关于〈中共中央关于全面推进依法治国若干重大问题的决定〉的说明》，转引自《中共中央关于全面推进依法治国若干重大问题的决定》辅导读本编写组：《〈中共中央关于全面推进依法治国若干重大问题的决定〉辅导读本》，人民出版社2014版，第20页。

问题。司法是定分止争的实践理性①。以审判权为核心的司法活动的直接目的是确定权利与名分，息止纷争。众所周知，权利是需要成本的，自由依赖于税收②，在已经进入诉讼社会的中国③，案多人少、诉讼效率低下等桎梏已经深刻地影响到司法权的运行，进一步影响到司法正义以及社会公正的实现，甚至在消解司法公信和司法权威。司法效率与司法公正相辅相成，迟来的正义非正义，降低司法成本（无论是物质成本还是时间成本）、提升司法效率已经是中国司法改革必须直面的问题。人工智能在审判中的运用对于权利保障、司法公正的实现与司法权威的树立所带来的增益可能远远超过我们当下已经进行了二十年有余的司法改革所带来的制度收益，人工智能可以减轻法官乃至整个法律职业共同体的机械工作量。一台24小时可以以人类大脑计算能力几何级倍数运行计算的人工智能所带来的司法效率又岂是一个一天工作8个小时的法官可以企及。在我们正在逐步步入的人工智能时代，人工智能云计算等替代人类工作（尤其是可以机械化操作的共组）已经成为一个不可逆并无法阻止的历史大势，绝大多数原来主要依靠人脑活动的职业行将被人工智能取代，比如AI驾驶系统、智能客服系统等等，任何可能被数字化重新定义的工作都将可能被人工智能替代，当下已经逐步铺开的语音识别系统对法庭庭审的记录的效率将远远高于一个人类书记员的工作效率，而且可以最大限度地提高庭审的流畅度，更毋宁说人工智能在案件管理、证据认定、裁判文书写作等方面对于案多人少现实问题的缓解。所以说，司法活动领域必然会是一个人工智能大规模应用的"热点地区"。

2.司法公正的重新审视

现代形式主义司法观、法治观凸显程序理性、程序价值，正当程

---

①张文显：《法哲学通论》，辽宁人民出版社2009年版，第12—51页。
②[美]史蒂芬·霍尔姆斯、凯斯·R.桑斯坦：《权利的成本——为什么自由依赖于税》，毕竟悦译，北京大学出版社2004年版，第27—60页。
③张文显：《现代性与后现代性之间的中国司法——诉讼社会的中国法院》，《现代法学》2014年第1版，1—3页。

序是现代法治国家的基本标志。形式法治试图以程序的正当性替代结果的公正性，认为司法裁判中程序正义优先于实体正义，法治实质上是程序之治。在西方现代性的法治话语中，对司法活动的程序正当性给予了不证自明的论断地位，司法程序同样也是人权保障的前提。然而，对于程序价值的认识是在现代工业文明发展以来，司法活动试图摆脱前现代社会司法活动罔顾程序而带来的大量的冤假错案，也就是说，司法的正当程序实质是为了在整体上满足司法活动的核心价值——公平正义的实现，也就是通过程序的司法正义的实现。著名的美国联邦党人杰伊曾有言："过去的历史表明，将正义运送到每个人家门口的益处是显而易见的，然而，如何以一种有益的方式做到这一点，就远不是那么清楚了。"所以，我们不能忽视的是，其大前提意味着在现代工业文明背景下的司法技艺和手段，当下的司法能力不足导致冤假错案在很大程度上无法避免，因此才有了"两害相权取其轻"的"宁可错放一千，也不可错杀一人"的所谓"程序正义"以体现现代人权保障价值的司法理念并被奉为圭臬，殊不知"错放一千"显然也是一千件错案的成立，只不过是一种无奈之选罢了。总之，当下提倡程序正义优先于实体正义，是基于无法完全实现实体正义的背景下的无奈之举（可以说很多我们认为不证自明的制度和理念根本上都是人类无奈的选择），也就是说在我们司法裁判的"正确率"是一个无法得到足够信任的大前提之下退而求其次地用某种正当性或者道德理由作为行动支撑。那么，在人工智能时代，如果通过大数据、云计算等信息技术手段，对于证据的分析、法律的运用得出的结论正确率达到近乎百分之百的水平，就如同人工智能的驾驶系统被实证研究证明其安全性远远高于人类驾驶，那么，程序正义、程序优先建立的基础显然就遭到了致命的动摇，现代性司法的整体理念极有可能遭到毁灭性的打击，在综合考量司法成本以及可能为任何判决所付出的社会成本情况下，再结合基于中国民众本身对于法律、诉讼、程序的不同认知，在缺乏"法律信仰"支撑、"程序正义"观念薄弱的法治文化下，通过人工智能在司法裁判中的深入运用而让司法裁判以更高的正确率高效满足民众的实体正义需求，何尝又不可成为中国司法权运行体系重构中的尝试呢?

3.裁判主体的智能化建构

法官在司法审判中的所处的中心地位是现代性司法制度和司法模式不容辩驳的司法法理。德沃金曾有"法院是法律帝国的首都,法官是法律帝国的王侯"[①]的论断,作为中国司法改革重要目标而建构的司法责任制要求"让裁判者审理,让审理者负责"。在工业文明时代的司法理论中"法官必须存在"和"以法官为中心"的审判方式无疑是不可挑战的真理,但是科技可以改变生活,也可以改变司法权运行方式,在某种意义上,"以法官为中心"向"以数据为中心"的司法权运行方式在中国的司法改革政策路向上已经成为大势所趋与官方指向,法官决策的实际权力将逐步被智能技术建构的主体共同享有。在中国司法依然存在司法不公、司法腐败等桎梏的背景下,对人工智能在未来的司法活动中是以司法主体地位还是司法辅助角色存在,是当下人工智能司法研究和思想交锋的热点领域[2],保守主义者的论证基于改良中国当下司法制度的可能憧憬,激进主义者则偏向于技术方案替代制度改革的方案。笔者认为,人工智能时代可能将法庭涉及的证据、法律等等一切与案件、与审判相关的内容数字化,通过具有超强计算能力的云计算技术对案件进行数字化的精确分析,甚至实现韦伯曾经提出的"自动售货机"的审判形式已经并非不可能。原本以法官为权力主体的司法审判,可能逐步从人的审判走向人工智能的审判,那么,我们当下设计的保障法官独立的司法权独立运行制度以及对法官可能的权力寻租行为的制约是否就失去了意义?人工智能的审判可能真正做到了"铁面无私"与"同案同判"。作为司法权存在意义的法官的自由裁量权在人工智能时代也将失去意

---

①[美]德沃金:《法律帝国》,李常青译,中国大百科全书出版社1996版,第361页。
②季卫东:《人工智能时代的法律议论》,《法学研究》2019年第6期,32—49页;马长山:《智能互联网时代的法律变革》,《法学研究》2018年第4期,20—38页;於兴中:《当法律遇上人工智能》,《北京日报》,2016年3月28日,第7版;郑戈:《算法的法律与法律的算法》,《中国法律评论》2018年第2期,第66—85页;程金华:《人工、智能与法院大转型》,《上海交通大学学报(哲学社会科学版)》2019年第6期,第33—48页。

义，因为大数据带来的精确计算甚至可能将犯罪行为对应的刑罚精确到"天""小时""分钟"作为单位，精确做到罪责刑相适应，对于民商事案件的裁决在具体数额评估上也将更加精确，实现具体的公正而非抽象的公平正义。

在现代性的司法制度中，无论英美法系还是大陆法系，无论社会主义国家还是资本主义国家，陪审制都是作为司法权力的民主化和司法者的精英化的平衡器被广泛采用。在我国，当下主流观点认为陪审制度的意义主要是让人接受同等人的审判或者人民司法的路线，是一种民主价值在司法活动的实践，本质上是以民主的权力制衡精英化的国家司法权力的方案，是对司法权行使者的不信任。但是，其中存在的逻辑悖论在于，陪审员自身作为存在私欲的自然人，并且其并非以审判工作作为固定职业，其在个案当中腐败的成本更低，那又何以更好地保障司法公正呢？而如果陪审者是一个没有七情六欲而仅仅知晓机械裁判的人工智能，是否能更好地协助主审法官得出符合法律之内正义的裁判决策呢？智能裁判过程与判决形成的"算法黑箱"与算法可解释性问题成为反对审判主体智能化的主要理由，但是其并未思考过当下司法实践中人类法官的司法决策过程难道不是某种意义上的"算法黑箱"吗？所以，陪审制度的存在意义就会受到根本的挑战，因为民主等价值在司法活动中必须让位于公正的价值，陪审制度下的陪审员和陪审团的法律知识以及运用能力一旦被实证研究证明其带来的对司法公正的负面效果远超过带来的民主价值增量，如果这个陪审主体可以被冷冰冰的铁面无私的人工智能替代从而更好地实现裁判的公平正义，那么当下践行民主价值的陪审制度将需要进一步的改革，回归对公正价值的服从。

（三）人工智能时代司法权的制度规制与技术约束

长期以来关于法律问题的规范性研究往往以制度主义为中心，试图通过法律规范的变革寻求制度治理的最优解，而在人工智能时代，几何级增长的技术进步为众多问题的治理提供了制度变革以外的技术出路。尤其是在人情充斥甚至被媒体冠之以"温情主义"的中国司法活动，制度的刚性不足恰逢迎来人工智能作为高效技术的硬核约束，提升司法权的公正、高效、权威行使。

1.信息技术的硬约束代替司法制度的软规范

信息技术作为一种技术理性将有效化解司法的制度理性在实践中产生的制度软化问题。司法权地方化问题是司法制度缺乏刚性、司法组织机制失效的典型代表。以中央集权为基本宪制构造的当代中国却无法消解司法权在实践中的地方化问题，导致司法不公与正义缺席，其本质上是中国的科层制运行实践样态与司法权在中国权力体系中的实际地位导致司法制度无法成为真正的刚性制度而是实际上的软性规范。各方力量在"人、财、物"等方面对于司法权的钳制，导致司法制度的刚性式微与司法权力的异化。司法权在运行中沾上了行使者个人私欲后的各种"病变"和异化，从组织社会学上体现为中央与地方在司法权运行的监督管理上的"信息不对称"，是因信息技术条件的限制导致"获取信息成本"和"监督成本"的高昂。"监督成本"问题可通过人工智能云计算低成本代替人工计算的人力高成本。成本较低的大数据和云计算在司法领域的运用可搭建所有地方法院端口统一接入的司法管理平台和司法大数据库系统，实现中央对于司法活动的监督管理的智能化和低成本可能。所以，在人工智能时代随着数据库的扩容和运算能力的加强可能以一种更加能动和主动的方式实现，这种方式可以是部分地区和跨越当下设置的科层制。通过司法案件内部管理网络的搭建，仿佛以此可以在监督上形成福柯意义上"全景式监狱"，每一个地方的每一次司法活动都在系统里留痕记录并不断扩充着司法数据系统，用官方的话语表达为"打造一套静默化、自动化、可视化的全流程监控系统，加固'廉政边界'，构筑'数据铁笼'，实现'科技控权'"①。司法大数据的低成本监管应用和大数据可以带来的数据偏差预警机制，虽然没有两个一模一样的案件，但是现代司法公正要求尽量做到"同案同判"，根据当下的人工智能发展水平，已经可能对类似的案件进行结构化的分解和比

①闵凌欣：《智慧法院：释放不一样的司法红利》，《福建日报》，2018年4月21日，第2版。

对，如此，基于生效的裁判文书的数据库系统，司法裁判在纵向管理上无论哪一级司法权的运用，其只要在裁判时明显偏离已经生效的裁判结果，即可能对其裁判结果进行比对警告，从而在技术上制约可能发生的司法腐败，司法裁判当中可能产生的司法权地方化"主场哨"以及行政干预现象也可以因此得到有效的纠正。在人工智能时代，通过技术赋能"对症下药"地运用具有信息充分对称优势的大数据技术治理司法权异化问题，用软件的硬约束代替制度的软规范，"中央算法权力"规制"地方权力"，实现司法活动中"人在干、云在算、数据在监管"①，让人民群众在每一个司法案件中感受到公平正义，推进国家治理体系和治理能力现代化。

现代司法模式中某种意义上在得出判决的过程中依然是自由心证给予一定程度自由裁量权的基础上，仍然是一种裁判者主观主义因素浓郁的司法模式。之所以强调程序正义正是试图用程序这样一种较为客观的工具来掣肘自由裁量与恣意裁判。这种主观主义模式下的审判方式，道德与法律效果、社会效果等因素萦绕于法律推理、法律解释、价值判断、法律适用过程中，因为其裁判者和裁判的力量是来自于充满情感的人脑，法律裁判事实上包含了非法律因素的介入，因此出现了所谓"法官早餐影响裁判"乃至在绝大多数发展中国家普遍存在的司法腐败问题。弗朗西斯·培根早年断言的"司法不公弄脏水源"理论认为司法腐败将导致一个社会正义的崩溃，在治理司法腐败问题上需要付出非常沉重的代价。以人工智能为核心的司法权审判是一种完全客观地运用冰冷的数据通过机械的智能计算而输出的司法裁判过程，人工智能只掌握司法裁判权而没有世俗情感、世俗事务以及世俗权力，而相较于韦伯意义上的自动售货机模式审判模式，未来具有深度学习能力的超强人工智能具有自我学习、自我提升、自我恢复能力。同样，人工智能在案件管理当中的运用，用司法数据库当中有拘束力的"相同案件"对法官的自由

①雷磊：《中国特色社会主义智慧法治建设论纲》，《中共中央党校（国家行政学院）学报》2020年第1期，第99—110页。

心证进行适当限制，给予裁判者一个参考比较的标杆，防止其裁判决策在各种因素的影响下发生离正义越来越远的情况。

2.区块链升级证人保护制度

作为人工智能时代的标志性技术应用的成果已经在中国的司法改革中崭露头角。2019年8月，最高人民法院宣布正在搭建人民法院"司法区块链统一平台"并发布了《司法区块链技术要求》《司法区块链管理规范》，最高人民检察院也成立"区块链技术实验室"。作为人工智能时代重要的技术突破的区块链技术将有效解决中国司法面临的证人保护问题。传统司法活动中的证人保护等问题带来了对于社会和证人都非常高的成本付出，因此也导致中国当下刑事司法当中证人出庭作证的比例一直在1%以下，其重要原因就是证人不愿意抛头露面去证明，因为"当庭作证"可能招致的人情伤害或者将自身陷入危险和不利境地，这对于证人而言都是为他人或者社会收益支付的个人成本。在美国等国家是用非常高成本的"马歇尔项目"①让证人得以隐姓埋名重新开启全新生活，在中国即使公共财政有能力为证人开销大量的司法资金为其隐姓埋名开启新生活，但对于通常习惯生活在具有差序格局的"人情社会"的一般中国人个人而言这无异于剥夺其"社会关系生命"，在绝大多数情况下没有任何经济理性会驱使其付出如此高额的代价为他人去作证。在人工智能时代，以比特币为代表的虚拟货币在国际金融领域的成功因为其基于区块链技术带来的保密协议根本上提高了交易的私密性和安全性。区块链技术的实质是不同节点共同参与的分布式数据库，从数据包形成区块而中间具有加密的哈希值密码计算技术，把不同时间段的交易信息链接起来从而形成区块链，解决了交易当中的信任问题。区块链的交易方式的私密性和安全性，能否采用其技术手段为证人的出庭作证提供同样的私密和安全，这至少可以成为在未来可能是人工智能和互联网

---

① "马歇尔项目"即美国的证人保护制度，也就是由政府为出庭作证的人提供必要的保护手段，使他们免遭报复，消除后顾之忧。这个制度是检控程序中不可缺少的一部分。由于受保护的证人在美国政府的帮助下，秘密更改身份隐居，从此"一夜蒸发"，因此美国"证人保护制度"也被形象地称为"蒸发密令"。

作为司法裁判的载体时探索证人作证和证人保护的一个技术方向。在区块链为技术主导的证明方式下，克服了传统司法活动中证人作证的最大问题——证人的信息数据"中心化"地存储于作为官僚机构的司法机关，这也是证人出庭作证所需心理建设中最为重要司法信任问题。通过对于画面、声音、文字的加密技术处理，在隐私性与诚实性均得到保障的前提下，最大限度缓解证人作证可能引发的司法公正与人情社会之间紧张关系。在人工智能的审判当中，借鉴互联网传播技术以及区块链的保密协议可以让证人实现"到场的不到场"，达到虚拟却可以保证真实的"出庭"作证和质证。同样，区块链技术在电子证据的搜集与证明上已经得到广泛应用，通过数据存验、身份认证、数据确权和智能合约等方式增加证据的客观性与关联性。

3.审前风险评估制度的创设

近年来通过媒体发酵而具有重大影响的"邓玉娇案""李昌奎案""许霆案""小悦悦案""彭宇案""于欢案"，都存在着在法律与其他社会价值的真空地带或者交叉地带，属于疑难案件。在媒体的发酵下，这些本身并非大案要案的疑难案件进入公众视野，把主持这类案件裁判的司法机关以及主审法官推向了风口浪尖，成为风险承担者，其做出的裁判结果将会直接影响、改变社会的主流价值观以及民众将来的行动。审前风险评估是司法领域的技术性问题与制度，目前在中国司法实践中还没有建立制度化与科学化的机制，这几年屡见不鲜的引起社会争议和反响的案件把司法机关置于公信力危机之中，在每个人都可以成为传播路径的自媒体时代，司法机关的裁判尤其是对于热点案件或者疑难案件的裁判使人民法院直面可能的裁判风险，司法机关需要敢于面对裁判风险，但更应当科学地对裁判风险进行评估与控制，在裁判过程中建立审前风险评估制度对于司法审判的法律效果和社会效果相统一显得十分重要。

司法裁判是一种预测，大数据的重要功能也在于其预测能力，这是大数据为司法裁判赋能的功效逻辑。人工智能时代的数据前置性特点，是典型的"数据挖掘—规律发现"的过程，而非"规律预设—数据验证"的过程①。审前风险评估制度的创设让曾经无法精确估计的审判风险预测依赖于大数据和人工智能成为精确化的现实预估。但是，风险预测和评估的前提是足够的样本数据库的建立和参照，随着案件判决书便于查阅的数据化，司法工作人员能接触的案件判决书已然以数据呈现在电子设备上；以电子数据为媒介，在查阅便利的同时，判决书的数据库日益扩展；曾经，法官在援引案例指导时，已经可以突破地域局限、年份局限，但对于同类案件的判决借鉴和归类，大数据和云计算的数据处理所得出的判决共性，可以突破时空局限实现同案同判，其引发的相关风险的可能性自然降低。在对于司法实践的分析中，相关关系和因果关系区分十分重要。相关关系并不能准确地告诉我们某件事缘何发生，只是会提醒我们这件事正在发生，它在两个变量之间形成的关系是偶发性的、不稳定。大数据强调的并非事物之间的因果关系，而是相关关系，在人工智能时代，大量的判例数据库为审前风险评估提供了重要的基础，如何寻找和运用类似的成功的低风险案例，是实现司法所体现的社会和谐价值的重要路径。

（四）结　语

21世纪初，邓正来先生在《中国法学向何处去？》中发出了对于中国法学理论的邓正来之问及对于建构中国法律理想图景的学术号召②。正如邓正来教授所言："所谓的'中国法律理想图景'，乃是一种依凭对中国现实的'问题化'理论处理而阐明或建构起来的中国自己的法律理想图景。"在当今及未来，中国司法领域需要处理的新产生的"问题化"理论必然与司法的智能化相关联。那么，在人工智能引发的剧烈的法律变革中，中国的司法权又将去往何处？我们应该如何建构人工智能时代的中国司法的理想图景？在数据为全社会各个领域"赋能"的今天，在人工智能时代，当我们的司法改革忙于建构一套现代司法权运行体系之时，我们作为后发国家，是否可以举目远眺，利用目前在全世界

---

① 王禄生：《司法大数据与人工智能技术应用的风险及伦理规制》，《法商研究》2019年第2期，第101—112页。
② 邓正来：《中国法学向何处去》，商务印书馆2006年版，第17—55页。

处于相对领先的人工智能，实现司法权理论与实践的弯道超车，为未来的司法权探索出让世界景仰的"中国特色"与"中国道路"？也许，我们是该为未来的司法权早做准备了。

参考文献

一、中文文献

（一）专著

[1]张文显.司法的实践理性[M].北京：法律出版社，2016.

[2]张文显.法理学[M].北京：法律出版社，1997.

[3]孙万胜.司法权的法理之维[M].北京：法律出版社，2002.

[4]陈光中.中国司法制度的基础理论问题研究[M].北京：经济科学出版社，2010.

[5]王利明.司法改革研究[M].北京：法律出版社，2000.

[6]黄竹胜.司法权新探[M].桂林：广西师范大学出版社，2003.

[7]杨一平.司法正义论[M].北京：法律出版社，1999.

[8]沈宗灵.法理学[M].北京：高等教育出版社，1994.

[9]胡夏冰.司法权：性质与构成的分析[M].北京：人民法院出版社，2003.

[10]童兆洪.民事执行权研究[M].北京：法律出版社，2004.

[11]胡建淼.公权力研究：立法权·行政权·司法权[M].杭州：浙江大学出版社，2005.

[12]汪习根.司法权论——当代中国司法权运行的目标模式、方法和技巧[M].武汉：武汉大学出版社，2003.

[13]李景鹏.权力政治学[M].哈尔滨：黑龙江教育出版社，1995.

[14]关玫.司法公信力研究[M].北京：人民法院出版社，2008.

[15]盛洪.现代制度经济学（下）[M].北京：中国发展出版社，2009.

[16]刘军宁.权力现象[M].香港：商务印书馆（香港）有限公司，

1991.

[17]杨仁寿.法学方法论[M].北京：中国政法大学出版社，2012.

[18]王怀安.论审判方式的改革[M].北京：人民法院出版社，1995.

[19]宋冰.程序、正义与现代化——外国法学家在华演讲录[M].北京：中国政法大学出版社，1998.

[20]任东来，陈伟.美国宪政历程：影响美国的25个司法大案[M].北京：中国法制出版社，2004.

[21]程味秋.联合国人权公约和刑事司法文献汇编[M].北京:中国法制出版社，2000.

[22]强世功.法制与治理：国家转型中的法律[M].北京：中国政法大学出版社，2003.

[23]邓小平.邓小平文选（第3卷）[M].北京：人民出版社，2000.

[24]龚祥瑞.西方国家司法制度[M].北京：北京大学出版社，1993.

[25]夏勇.人权概念起源——权利的历史哲学[M].北京：中国政法大学出版社，2001.

[26]龚祥瑞.比较宪法与行政法[M].北京：法律出版社，1985.

[27]黄仁宇.近代中国的出路[M].台湾：联经出版事业公司，1995.

[28]瞿同祖.清代地方政府[M].范忠信，晏锋，译.何鹏，校.北京：法律出版社，2003.

[29]赵尔巽.清史稿（卷一百十六）[M].长春：吉林人民出版社，2005.

[30]郭健.帝国缩影——中国历史上的衙门[M].上海：上海学林出版社，1999.

[31]曾国藩.曾文正公全集[M].李瀚章，编撰；李鸿章，校刊.北京：中华书局，2010.

[32]沈家本.历代刑法考[M].张全民，点校.北京：中国检察出版社，2003.

[33]梁慧星.民法总论[M].北京：法律出版社，1996.

[34]瞿同祖.中国法律与中国社会[M].北京：中华书局，1981.

[35]张兆凯.中国古代司法制度史[M].长沙：岳麓书社，2005.

[36]张炎.词源（修订本）（第2册）[M].北京：商务印书馆，1979.

[37]胡伟.司法政治[M].香港：三联书店（香港）有限公司，1994.

[38]商鞅.商君书[M].章诗同，注.上海：上海人民出版社，1974.

[39]崔敏，张晋藩.中国古代法与刑[M].北京：新华出版社，1992.

[40]李光灿，吕世伦.马克思恩格斯法律思想史[M].北京：法律出版社，1991.

[41]沈宗灵.现代西方法理学[M].北京：北京大学出版社，1992.

[42]北京大学法学院司法研究中心编.宪法的精神[M].北京：中国方正出版社，2003.

[43]翁岳生.法治国家之行政法与司法[M].台湾：月旦出版社，1994.

[44]王名扬.美国行政法[M].北京：中国法制出版社，1999.

[45]程竹汝.司法改革和政治发展[M].北京：中国社会科学出版社，2001.

[46]章太炎.章太炎全集[M].上海：上海人民出版社，1985.

[47]李龙.西方法学名著提要[M].南昌：江西人民出版社，2008.

[48]程春明.司法权及其配置——理论语境、中英法式样及国际趋势[M].北京：中国法制出版社，2009.

[49]赵汀阳.天下体系：世界制度哲学导论[M].北京：中国人民大学出版社，2011.

[50]封永平.大国崛起困境的超越：认同建构与变迁[M].北京：中国社会科学出版社，2009.

[51]吴颂皋.治外法权[M].上海：商务印书馆，1929.

[52]郝立舆.领事裁判权问题[M].上海：商务印书馆，1925.

[53]梁敬錞.在华领事裁判权论[M].上海：商务印书馆，1930.

[54]钱端升.钱端升学术论著自选集[M].北京：北京师范学院出版社，1991.

[55]冯国超.礼记·王制[M].长春：吉林人民出版社，2005.

[56]中共研究院历史语言研究所.明宣宗实录(卷八)[M].

[57]长孙无忌.唐律疏议[M].上海：商务印书馆，1933.

[58]张天泽.中葡早期通商史[M].姚楠，钱江，译.香港：中华书局香港分局，1988.

[59]法权探讨委员会编.列国在华领事裁判权志要[M].上海：商务印书馆，1930.

[60]梁启超.爱国论[A].梁启超.饮冰室合集（第1册）[C].北京：中华书局，1989.

[61]怀效锋点校.大明律[M].北京：法律出版社，1999.

[62]梁启超.戊戌政变记[M].北京：中华书局，1989.

[63]费成康.中国租界史[M].上海：上海社会科学出版社，1991.

[64]故宫博物院明清档案部编.清末筹备立宪档案史料（上册）[M].北京：中华书局，1979.

[65]故宫博物院明清档案部庆亲王奕劻等奏厘定中央各衙门官僚缮单进呈折[A]，故宫博物院明清档案部，编.清末筹备立宪档案史料（上册）[C].北京：中华书局，1979.

[66]故宫博物院明清档案部.清末筹备立宪档案史料（下册）[M].北京：中华书局，1979.

[67]李鼎楚.事实与逻辑——清末司法独立解读[M].北京：法律出版社，2010.

[68]沈家本. 删除律例内重法折[A].寄簃文存[C].北京：商务印书馆，2015.

[69]故宫博物院明清档案部编.清末筹备立宪档案史料(上册)[M].北京：中华书局，1979.

[70]刘禾.帝国的话语政治：从近代中西冲突看现代世界秩序的形成[M].北京：三联书店，2009.

[71]郑永年.中国模式：经验与困局[M].杭州：浙江人民出版社，2010.

[72]赵尔巽等.清史稿·刑法志[M].北京：中华书局，1977.

[73]王健.西法东渐——外国人与中国法的近代变革[M].北京：中国

政法大学出版社，2001.

[74]汪太贤.事实与逻辑：清末司法独立解读（序言）[M].北京：法律出版社，2010.

[75]端方.端忠敏公奏稿·卷六[M].台湾：文海出版社，1973.

[76]沈家本.裁判访问录序[A].寄簃文存（卷六）[C].北京：商务印书馆，2015.

[77]韩秀桃.司法独立与近代中国[M].北京：清华大学出版社，2003.

[78]张国华，李贵连.沈家本年谱初编[M].北京：北京大学出版社，1989.

[79]廖与人.中华民国现行司法制度[M].台湾：黎明文化事业公司，1982.

[80]国家档案局.义和团档案史料（下册）[M].北京：中华书局，1959.

[81]中华书局.德宗景皇帝实录(七).北京：中华书局，1987.

[82]张晋藩.中国近代社会与法制文明[M].北京：中国政法大学出版社，2003.

[83]张国华，李贵连.沈家本年谱初编[M].北京：北京大学出版社，1989.

[84]章开沅，罗福惠.比较中的审视：中国早期现代化研究[M].杭州：浙江人民出版社，1993.

[85]樊百川.清季的洋务新政[M].上海：上海书店出版社，2003.

（二）论文

[1]张文显，孙妍.中国特色社会主义司法理论体系初论[J].法制与社会发展，2012，(6):3-15.

[2]张文显.权利及权利本位论纲——现代法哲学基石范畴研究[A].张文显.权利与人权[C].北京：法律出版社，2011.

[3]信春鹰.21世纪：中国需要什么样的司法权力？[A].信春鹰.公法（第三卷）[C].北京:法律出版社，2002.

[4]陈瑞华.司法权的性质——以刑事司法为范例的分析[J].法学研究，2000，(5):30-58.

[5]葛洪义.司法权的"中国"问题[J].法律科学，2008，(1):39-43.

[6]周永坤.司法权的性质与司法改革战略[J].金陵法律评论，2003，(2):35-42.

[7]张恒山.论司法权的人民性[J].法学家，2003，(6):121-127.

[8]郭道晖.人民的利益是最高的法律——学习列宁的法制思想[J].法学评论，1992，(4):8-14.

[9]张文显.人权保障与司法文明[J].中国法律评论，2014，(2):1-4.

[10]廖奕.转型中国司法改革顶层设计的均衡模型[J].法制与社会发展，2014，(4):63-77.

[11]程竹汝.国家治理体系现代化进程中的司法治理[J].中共中央党校学报，2014，(3):15-21.

[12]姚大志.何谓正义:罗尔斯与哈贝马斯[J].浙江学刊，2001，(4):10-16.

[13]孙笑侠.司法权的本质是判断权——司法权与行政权的十大区别[J].法学，1998，(8)：35-37.

[14]孙笑侠.再论司法权是判断权[A]，信春鹰，李林.依法治国与司法改革[C].北京，中国法制出版社，1999.

[15]汪习根.司法"异化"的文化反思[J].政法学刊，2008，(1):18-21.

[16]郑永流.法律判断形成的模式[J].法学研究，2004，(1):140-149.

[17]周世中.司法改革与司法基础的重建[A]，黄竹胜.司法权新探[C].桂林，广西师范大学出版社，2003.

[18]王国龙.从难办案件透视当下中国司法权的运行逻辑[J].法学，2013，(7):83-94.

[19]季金华.司法权威的结构解析[J].学习与探索，2002，(5):38-42.

[20]季金华.司法权威的文化建构机理[J].法律科学，2013，(6):3-12.

[21]贺日开.司法改革：从权力走向权威——兼谈对司法本质的认识[J].法律科学，1999，(4):30-38.

[22]郑成良，王一.关于能动司法的格义与反思[J].吉林大学社会科学学报，2012，(2):34-45.

[23]陈端洪.司法与民主：中国司法民主化及其批判[J].中外法学，1998，(4):34-44.

[24]舒国滢.从司法的广场化到司法的剧场化——一个符号学的视角[J].政法论坛，1999，(3):12-19.

[25]陈瑞华.案卷笔录中心主义——对中国刑事审判方式的重新考察[J].法学研究，2006，(4):63-79.

[26]季金华.司法公信力的意义阐释[J].法学论坛，2012，(5):12-18.

[27]石茂生.司法及司法权含义之探讨[J].河北法学，2012，(2):18-25.

[28]贺日开.论司法的终局性[J].岳麓法律评论，2003，(1):253-260.

[29]傅郁林.审级制度的建构原理——从民事程序视角的比较分析[J].中国社会科学，2002，(4):84-99.

[30]刘练军.既判力、再审制度与司法公正[J].杭州师范大学学报（社会科学版），2012，(5):121-128.

[31]何兵，潘剑锋.司法之根本：最后的审判抑或最好的审判？——对我国再审制度的再审视[J].比较法研究，2001，(4):417-426.

[32]彭巍.司法规律学术研讨会纪要[J].法制与社会发展，2015，(3):109-128.

[33]张文显.论司法责任制[J].中州学刊，2017，(1):39-49.

[34]马怀德，邓毅.司法独立与宪法修改[J].法学，2003，(12):29-38.

[35]郭道晖.毛泽东邓小平治国方略与法治思想比较研究[J].法学研究，2000，(2):3-13.

[36]郭道晖.实行司法独立与遏制司法腐败[J].法律科学，1999，(1):37-48.

[37]傅兆龙.权力制约——一条重要的政治规律[J].中国法学，1993，(2):68.

[38]郑正忠.海峡两岸审判独立制度之比较与评析[J].法学丛刊，1999，(181):7-12.

[39]严海良.人权原则:意涵、限制与实现——"国家尊重和保障人权"条款解读[J].金陵法律评论，2009，(1):63-71.

[40]季卫东.合宪性审查与司法权的强化[J].中国社会科学，2002，(2):4-16，205.

[41]陈卫东.我国检察权的反思与重构——以公诉权为核心的分析[J].法学研究，2002，(2):3-19.

[42]陈瑞华.司法改革的理论反思[J].苏州大学学报（哲学社会科学版），2016，(1):33.

[43]周永坤.坚持审判独立与克制权力腐败[J].法学，2010，(11):12-16.

[44]吴春雷，张晓燕.发生意义司法权的逻辑结构分析[J].山东警察学院学报，2011，(3): 33-39.

[45]陈瑞华.走向综合性程序价值理论——贝勒斯程序正义理论述评[J].中国社会科学，1999，(6):3-15.

[46]陈瑞华.程序正义论——从刑事审判角度的分析[J].中外法学，1997，(2):69-77.

[47]周永坤.违宪审查的民主正当性问题[J].法制与社会发展，2007，(3):78-89.

[48]周永坤.我们需要什么样的司法民主？[J].法学，2009，(2):3-16.

[49]任东来，颜廷.探究司法审查的正当性根源——美国学界几种司法审查理论述评[J].南京大学学报（哲学·人文科学·社会科学），2009，(2):24-37.

[50]刘练军.司法与民主的三种关系[J].东方法学，2011，(3):83-93.

[51]刘练军.陪审的性质与功能新论[J].华东政法大学学报，2012，(4):3-17.

[52]刘练军.民粹主义司法[J].法律科学，2013，(1):15-29.

[53]刘练军.司法哲学的本相[J].太平洋学报，2013，(2):1-14.

[54]李秋成.政治权力结构中的司法权[J].理论与改革，2015，(6):135-138.

[55]程竹汝.论现代司法的政治制度化功能[J].政治学研究，2002，

(2):51-62.

[56]张军，曾静.论中国转型社会司法权之功能定位[J].广西民族大学学报（哲学社会科学版），2012，(5):163-167.

[57]吴春雷，任树明.司法权法治化建构的历史研究[J].江南大学学报（人文社科版），2009，(4):47-51.

[58]程竹汝.论司法在现代社会治理中的独特地位和作用[J].南京政治学院学报，2013，(6):70-75.

[59]程竹汝.社会控制:关于司法与社会最一般关系的理论分析[J].文史哲，2003，(5):151-157.

[60]高秦伟.中国宪政架构下的行政权与司法权关系之重构[J].文史哲，2003，(2):82-87.

[61]张千帆.司法审查与民主——矛盾中的共生体？[J].环球法律评论，2009，(1):58-66.

[62]张翔.分权制衡原则与宪法解释——司法审查以及宪法法院制度下的经验与理论[J].法商研究，2002，(6):126-133.

[63]何海波.多数主义的法院：美国联邦最高法院司法审查的性质[J].清华法学，2009，(6):103-135.

[64]侯学宾.含义、原初性与宪法忠诚——原旨主义的三种基本共识性命题[J].法制与社会发展，2010，(6):67-80.

[65]刘练军.司法审查之思想源流与制度预设——论美国制宪会议有关司法审查的辩论[J].同济大学学报（社会科学版），2008，(2):228-248.

[66]李六如.各国检察制度的比较——最高人民检察署李六如副检察长在中国政法大学的讲授[J].中央政法公报，1950，(4-5).

[67]王建国.列宁检察权思想的中国化及其当代价值研究[J].河北法学，2013，(10):2-12.

[68]郝银钟.检察权质疑[J].中国人民大学学报，1999，(3):71-76.

[69]石茂生.司法权力泛化及其制度矫正:以司法权力运行为中心[J].法学，2015，(5):21-31.

[70]张千帆.主权与分权——中央与地方关系的基本理论[J].国家检察

官学院学报，2011，(2):61-84.

[71]郭辉.主权概念的历史演变——起源和归属的角度[A]//李双元.国际法与比较法论丛（第21辑）[C].北京：中国检察院出版社，2012.

[72]李洋.从词义到语境："治外法权"误读、误用及误会[J].社会科学，2015，(2):152-163.

[73]周鲠生.领事裁判权问题[J].东方杂志，1922，19(8).

[74]陈启天.治外法权与领事裁判权辨[J].东方杂志，1915，12(7).

[75]陈腾骧.领事裁判权阐说[A].东方杂志社编.领事裁判权[C].上海：商务印书馆，1923.

[76]苏钦.唐明律"化外人"条辨析——兼论中国古代各民族法律文化的冲突和融合[J].法学研究，1996，(5):142-152.

[77]胡鞍钢.美国为何衰落[J].学术界，2014，(5):5-13.

[78]韩秀桃.近代中国对司法独立的价值追求与现实依归[J].中国法学，2003，(4):164-173.

[79]雷颐.改革与革命赛跑[J].中国改革，2010，(3):115-116.

[80]夏锦文.世纪沉浮：司法独立的思想与制度变迁——以司法现代化为视角的考察[J].政法论坛，2004，(1):46-55.

[81]公丕祥.司法主权与领事裁判权——晚清司法改革动因分析[J].法律科学，2012，(3):3-11.

[82]王敏.清末修律的宗旨究竟是什么？[J].法制现代化研究，2007，(1):380-396.

[83]李启成.领事裁判权制度与晚清司法改革之肇端[J].比较法研究，2003，(4):16-28.

[84]李琳.清末审判独立制度的历史考察——以大理院为研究视角[J].社会科学辑刊，2008，(5):164-166.

[85]张仁善.论民族主义与近代中国司法主权意识的觉悟[J].河南财经政法大学学报，2013，(1):1-16.

[86]高汉成.晚清刑事法律改革中的"危机论"——以沈家本眼中的领事裁判权问题为中心[J].政法论坛，2005，(5):98-106.

[87]侯欣一.司法独立：晚清时期国人对现代司法制度的认识——以《日本政法考察记》为中心的考察[J].法律文化研究，2007，(1):88–99.

[88]马建忠.上李伯相言出洋工课书[A].适可斋记言[C].北京：中华书局，1960.

[89]艾永明.清末修律的"中外通行"原则[J].法学研究，1999，(6):142–148.

[90]谢冠生.1967年司法节致词[J].司法专刊，(190).

[91]林同奇.柯文新著《在中国发现历史》评介[J].历史研究，1986，(1):60–70.

[92]张小蒂，王焕祥.制度竞争：从比较优势到竞争优势[J].学术月刊，2003，(9):17–24.

[93]孙天琦.制度竞争、制度均衡与制度的本土化创新——商洛小额信贷扶贫模式变迁研究[J].经济研究，2001，(6):78–84.

[94]李厚廷.制度竞争的制度变革动力效应[J].兰州学刊，2006，(5):130–132.

[95]刘国媛，蔡杰.从清末检察制度的创立谈法制变革的阻力[J].武汉大学学报（哲学社会科学版），2014，(6):96–101.

[96]郭志祥.清末与民国时期的司法独立研究（上）[J].环球法律评论，2002，(1):38–46.

[97]刘风景.司法地方保护主义之病状与诊治[J].北京联合大学学报（人文社会科学版），2014，(3):25–29.

[98]李小萍.论法院的地方性[J].法学评论，2013，(3):3–9.

[99]郝银钟.法院去地方化改革的法理依据与具体路径[J].法律适用，2013，(7):94–97.

[100]周黎安.行政发包制[J].社会，2014，(6):1–38.

[101]杨小军.法治中国视域下的司法体制改革研究[J].法学杂志，2014，(3):25–33.

[102]谭世贵，梁三利.构建自治型司法管理体制的思考——我国地方化司法管理的问题与出路[J].北方法学，2009，(3):69–79.

[103]王亚新.司法成本与司法效率——中国法院的财政保障与法官激励[J].法学家，2010，(4):132-137.

[104]王亚新.法院财政保障的现状及前景略议[J].学习与探索，2010，(4):93-95.

[105]左卫民.中国基层法院财政制度实证研究[J].中国法学，2015，(1):257-271.

[106]顾培东.中国司法改革的宏观思考[J].法学研究，2000，(3):3-16.

[107]周黎安.中国地方官员的晋升锦标赛模式研究[J].经济研究，2007，(7):36-50.

[108]金太军，沈承诚.政府生态治理、地方政府核心行动者与政治锦标赛[J].南京社会科学，2012，(6):65-70.

[109]张卫平.论我国法院体制的非行政化[J].法商研究，2000，(3):3-11.

[110]龙宗智，袁坚.深化改革背景下对司法行政化的遏制[J].法学研究，2014，(1):132-139.

[111]王申.科层行政化管理下的司法独立[J].法学，2012，(11):133-142.

[112]李拥军，傅爱竹."规训"的司法与"被缚"的法官——对法官绩效考核制度困境与误区的深层解读[J].法律科学，2014，(6):11-20.

[113]吕振合，吴彤.福柯的微观权力观——一种科学知识的政治学分析[J].中央民族大学学报（哲学社会科学版），2007，(2):135-139.

（三）其他

[1]习近平.在中央政法工作会议上的讲话(2014年1月7日)[A].中共中央文献研究室.习近平关于全面依法治国论述摘编[C].北京：中央文献出版社，2015.

[2]习近平.在十八届中央政治局第四次集体学习时的讲话[A].中共中央文献研究室.习近平关于全面依法治国论述摘编[C].北京：中央文献出版社，2015.

[3]中共中央关于全面推进依法治国若干重大问题的决定.

[4]习近平.关于《中共中央关于全面推进依法治国若干重大问题的决定》的说明[A]//《中共中央关于全面推进依法治国若干重大问题的决定》辅导读本编写组.《中共中央关于全面推进依法治国若干重大问题的决定》辅导读本[C].北京：人民出版社，2014.

[5]《孟建柱〈人民日报〉撰文：完善司法管理体制和司法权力运行机制》[EB/OL].人民网，2014-01-07［2017-01-02］.http://legal.people.com.cn/n/2014/1107/c42510-25990066.html.

[6]《坚持严格执法公正司法深化改革促进社会公平正义保障人民安居乐业》[N].人民日报，2014-1-9(1).

[7]浙江法院电子商务网上法庭[DB/OL].［2016-12-25］.http://www.zjwsft.gov.cn/portal/main/domain/index.htm.

[8]人工智能挥"屠刀" 第一个失业的竟是律师？[OL].维科网，2017-03-08［2017-03-08］.http://robot.ofweek.com/2017-03/ART-8321203-8440-30109620.html.

二、译著类

[1]吉登斯.现代性的后果[M].田禾，译.南京：译林出版社，2011.

[2]达玛什卡.司法与国家权力的多种面孔——比较视野中的法律程序[M].郑戈，译.北京：中国政法大学出版社，2004.

[3]詹宁斯.法与宪法[M].龚祥瑞，侯健，译.北京：三联书店，1997.

[4]芦部信喜.宪法（第三版）[M].林来梵，译.北京：北京大学出版社，2006.

[5]卡尔·施米特.宪法学说[M].刘锋，译.上海：上海人民出版社，2005.

[6]卢梭.社会契约论[M].何兆武，译.北京：商务印书馆，1980.

[7]亚里士多德.政治学[M].吴寿彭，译.北京：商务印书馆，1983.

[8]阿尔蒙德.比较政治学[M].曹沛霖，译.上海：上海译文出版社，1987.

[9]约翰·罗尔斯.正义论[M].何怀宏，译.北京：中国社会科学出版社，1988.

[10]马克思，恩格斯.马克思恩格斯全集[M].北京：人民出版社，1995.

[11]兼子一.裁判法[M].东京：有斐阁，2003.

[12]迪尔凯姆.社会分工论[M].渠敬东，译.北京：三联书店出版，2000.

[13]托克维尔.论美国的民主（上卷）[M].董果良，译.北京：商务印书馆，1991.

[14]林德布洛姆.政治与市场：世界的政治—经济制度[M].王逸舟，译.上海:三联书店;上海：上海人民出版社，1995.

[15]罗斯科·庞德.法律史解释[M].曹玉堂，杨知，译.北京：华夏出版社，1989.

[16]弗里德曼.法律制度[M].李琼英，译.北京：中国政法大学出版社，1994.

[17]马克斯·韦伯.经济与社会（下）[M].林荣远，译.北京：商务印书馆，1997.

[18]孟德斯鸠.论法的精神（上）[M].许明龙，译.北京：商务印书馆，2014.

[19]罗斯科·庞德.通过法律的社会控制[M].沈宗灵，译.北京：商务印书馆，1984.

[20]安东尼·德·雅赛.重申自由主义[M].北京：中国社会科学出版社，1997.

[21]丹尼斯·帕特森.法律与真理[M].陈锐，译.北京：中国法制出版社，2007.

[22]菲特丽丝.法律论证原理[M].张其山，译.北京：商务印书馆，2005.

[23]H.L.A.哈特.法律的概念[M].许家馨，李冠宜，译.北京：法律出版社.2011.

[24]皮罗·克拉玛德雷.程序与民主[M].翟小波，刘刚，译.北京：高等教育出版社，2005.

[25]菲利普·K·霍华德.无法生活——将美国人民从法律丛林中解放出来[M].林彦，杨珍，译.北京：法律出版社，2011.

[26]汉密尔顿，杰伊，麦迪逊.联邦党人文集[M].程逢如，译.北京：商务印书馆，1980.

[27]史蒂芬·霍尔姆斯，凯斯·R·桑斯坦.权利的成本：为什么自由依赖于税？[M].毕竞悦，译.北京：北京大学出版社，2011.

[28]波斯纳.法律的经济分析(下)[M].蒋兆康，译.北京：中国大百科全书出版社，1997.

[29]杰罗姆·弗兰克.初审法院——美国司法中的神话与现实[M].赵承寿，译.北京：中国政法大学出版社，2007.

[30]马丁·夏皮罗.法院：比较法上和政治学上的分析[M].张生，李彤，译.北京：中国政法大学出版社，2005.

[31]让·文森·塞尔日·金沙尔.法国民事诉讼法要义[M].罗结珍，译.北京：中国法制出版社，2005.

[32]拉德布鲁赫.法学导论[M].米健，朱林，译.北京：中国大百科全书，1997.

[33]阿奇博尔德·考克斯.法院与宪法[M].田雷，译.北京：北京大学出版社，2006.

[34]罗伯特·麦克洛斯基，桑福德·列文森.美国最高法院[M].任东来，译.北京：中国政法大学出版社，2005.

[35]波斯纳.法理学问题[M].苏力，译.北京：中国政法大学出版社，1994.

[36]昂格尔.现代社会中的法律[M].吴玉章，周汉华，译.南京：译林出版社，2001.

[37]亚当·斯密.国民财富的性质和原因的研究(下册)[M].郭大力，王亚南，译.北京：商务印书馆，1974.

[38]迈克尔·贝勒斯.法律的原则——一个规范的分析[M].张文显，

译.北京：中国大百科全书出版社，1996.

[39]吉尔兹.地方性知识——阐释人类学论文集[M].王海龙，张家瑄，译.北京：中央编译出版社，1999.

[40]E.博登海默.法理学：法律哲学与法律方法[M].邓正来，译.北京：中国政法大学出版社，1999.

[41]欧文·费斯.如法所能[M].师帅，译.北京：中国政法大学出版社，2008.

[42]戴维·米勒，韦农·波格丹诺.布莱克威尔政治学百科全书[M].北京：中国政法大学出版社，1992.

[43]迈尔文·艾隆·艾森伯格.普通法的本质[M].张曙光，译.北京：法律出版社，2004.

[44]洛克.政府论（下）[M].叶启芳，瞿菊农，译.北京：商务印书馆，1964.

[45]埃利奥特·史密斯.人类史[M].李申，译.北京：社会科学文献出版社，2002.

[46]霍贝尔.原始人的法[M].严存生，译.贵阳：贵州人民出版社，1992.

[47]庞德.通过法律的社会控制[M].沈宗灵，译.北京：商务印书馆，1984.

[48]威尔·杜兰特.世界文明史·东方的遗产[M].幼狮文化，译.北京：华夏出版社，2010.

[49]修昔底德.伯罗奔尼撒战争史[M].谢德风，译.北京：商务印书馆，1960.

[50]加埃塔诺·莫斯卡.政治科学要义[M].任军锋，译.上海：上海人民出版社，2005.

[51]戈尔丁.法律哲学[M].齐海滨，译.北京：三联书店，1987.

[52]列宁.列宁全集（第12卷）[M].中共中央马克思恩格斯列宁斯大林著作编译局，译.北京：人民出版社，1986.

[53]魏德士.法理学[M].丁晓春，吴越译.北京：法律出版社，2005.

[54]基思·惠廷顿.宪法解释：文本含义、原初意图与司法审查[M].杜强强，译.北京：中国人民大学出版社，2006.

[55]密尔.代议制政府[M].汪瑄，译.北京：商务印书馆，1997.

[56]托马斯·阿奎那.阿奎那政治著作选[M].马清槐，译.北京：商务印书馆，1963.

[57]巴拉克.民主国家的法官[M].毕洪海，译.北京：法律出版社，2011.

[58]波利比阿.罗马帝国的崛起[M].翁嘉生，译.北京：社会科学文献出版社，2013.

[59]巴黎公社公告集[M].罗新璋，译.上海：上海人民出版社，1978.

[60]戴雪.英宪精义[M].雷宾南，译.北京：中国法制出版社，2001.

[61]德沃金.法律帝国[M].李常青，译.北京：中国大百科全书出版社，1996.

[62]本杰明·卡多佐.司法过程的性质[M].苏力，译.北京：商务印书馆，1998.

[63]黑格尔.法哲学原理[M].范扬，张企泰，译.北京：商务印书馆，1961.

[64]汤姆·宾汉姆.法治[M].毛国权，译.北京：中国政法大学出版社，2002.

[65]罗素.权力论[M].靳建国.香港：中华书局（香港）有限公司，2002.

[66]弗兰茨·奥本海.论国家[M].沈蕴芳，王燕生，译.北京：商务印书馆，1994.

[67]迪尔凯姆.社会学方法的准则[M].狄玉明，译.北京：商务印书馆，1995.

[68]罗斯.社会控制[M].秦志勇，译.北京：华夏出版社，1989.

[69]阿克顿.自由与权力[M].侯健，落亚峰，译.北京：商务印书馆，2001.

[70]麦迪逊.辩论——美国制宪会议记录[M].尹宣，译.沈阳：辽宁教

育出版社，2003.

[71]罗伯特·麦克洛斯基.美国最高法院[M].任东来，译.北京：中国政法大学出版社，2005.

[72]德沃金.认真对待权利[M].信春鹰，吴玉章，译.北京：中国大百科全书出版社，1998.

[73]乔治·萨拜因.政治学说史(上卷)[M].邓正来，译.上海：世纪出版集团.上海：上海人民出版社，2008.

[74]M.J.C.维尔.宪政与分权[M].苏力，译.北京：生活·读书·新知三联书店，1997.

[75]中村英郎.新民事诉讼法讲义[M].陈刚，林剑，译.北京：法律出版社，2001.

[76]希尔斯曼.美国是如何治理的[M].曹大鹏，译.北京：商务印书馆，1986.

[77]尼尔·K·考默萨.法律的限度——法治、权利的供给与需要[M].申卫星，王琦，译.北京：商务印书馆，2007.

[78]霍布斯.利维坦[M].黎思复，黎廷弼，译.北京：商务印书馆，1986.

[79]斯科特·戈登.控制国家——西方宪政的历史[M].应奇，译.南京：江苏人民出版社，2001.

[80]柯文.在中国发现历史——中国中心观在美国的兴起[M].林同奇，译.北京：中华书局，2002.

[81]柯文.在传统与现代性之间——王韬与晚清改革[M].雷颐，罗检秋，译.南京：江苏人民出版社，1995.

[82]克劳塞维茨.战争论[M].中国人民解放军军事科学院，译.北京：商务印书馆，1978.

[83]柯武刚，史漫飞.制度经济学：社会秩序与公共政策[M].韩朝华，译.北京：商务印书馆，2000.

[84]凯尔森.法和国家的一般理论[M].沈宗灵，译.北京：中国大百科全书出版社，1996.

[85]奥斯丁.法理学的范围[M].刘星，译.北京：北京大学出版社，2013.

[86]米歇尔·福柯.权力的眼睛[M].严锋，译.上海：上海人民出版社，1997.

[87]米歇尔·福柯.规训与惩罚[M].刘北成，杨远婴，译.北京：生活·读书·新知三联书店，1999.

[88]乔治·瑞泽尔.后现代社会理论[M].谢立中，译.北京：华夏出版社，2003.

[89]埃尔曼.比较法律文化[M].北京：三联书店，1990.

[90]费正清.美国与中国（第4版）[M].张理京，译.北京：世界知识出版社，2000.

[91]唐纳德·布莱克.论法律社会学[J].外国法译评，1997，(2):2-11.

[92]夫马进.明清时代的讼师与诉讼制度[A].滋贺秀三.法文化的考察——以诉讼的形态为素材[C].北京：法律出版社，1998.

[93]托玛斯·赫尔曼，凯文·穆尔多克，约瑟夫·斯蒂格利茨.金融约束:一个新的分析框架[J].经济导刊，1997，（5）：42-47.

[94]马克思.1848—1850年的法兰西阶级斗争[A].马克思，恩格斯.马克思恩格斯全集(第一卷)[C].北京：人民出版社，1995.

[95]今井嘉幸.中国治外法权问题[A].王健.西法东渐——外国人与中国法的近代变革[C].北京：中国政法大学出版社，2001.

三、外文类

[1]CAPPELLETTI M. Who Watches the Watchmen?-A comparative Study on Judicial Independence[J]. The American Journal of Comparative Law,1983,31(1):1-62.

[2]MCREE G J. Life and Correspondence of James Iredell[M]. New York:Peter Smith,1949.

[3]CAPPELLETTI M, COHEN W. Comparative Constitutional Law[M]. The Bobbs Merrill Company,1979 .

[4]BICKEL A M.The Least Dangerous Branch[M].Yale University Press,1962.

[5]STURGESS C G, CHUBB P. Judging the World:Law and Politics in the World' s Leading Courts[M].Butterworths,1988.

[6]MARTIN E A.A Dictionary of Law[M].Oxford University Press,2003.

[7]HOOSTELER L.The Qing Colonial Enterprise:Ethnography and Cartoggraphy in Early Modern China[M].Chicago:University of Chicago Press,2001.

[8]SCHRECHER J E.Imperieralism and Chinese Nationalism:Germany in Shantung[M].Cambridge, MA:Harvard Press,1971.

[9]EVANS P M.John Fairbank and the American Understanding of Modern China[M].Oxford:Basil Blackwell, 1988.

博士论文致谢

当我确定以"司法权力论"作为博士阶段的集中研究对象时，我内心是迷茫的，大脑是发怵的。这是一个可能大到无边的话题。"司法权"包含了太多太多的理论和实践，区区十多万字篇幅为宜的博士论文，该如何去叙述如此宏大的话题？也许一本几十万字的书都可能不够，也许是需要一系列丛书方能全面系统地阐释这个命题。但是，自己选的题，含着泪也要写完。从2016年的5月份我就开始在之江校区着手下笔写作，快到冬天就回到四季如春的北方的寒夜里继续革命，再到过年回家利用春节修改论文，然后是外审再到答辩以及最后提交论文。我把博士毕业这个过程归纳为过关斩将的过程，跟游戏通关一个道理，每一道关卡挂了就不能进入下一关游戏，直接GAME OVER。第一关是自己发表符合学校要求的CSSCI论文。从博一刚刚入学开始，我就开始投稿、修改稿子乃至重写论文的生活，希望能够尽快尽早地完成学校的论文要求，只有过了这一关，实话实说，才能安心地去准备大论文的开题与写作。花了一年半时间，在老师、朋友的鼎力相助下，我终于通过了第一关。第二关是大论文写作，这也是每个通关中最为旷日持久的巨大工程，足足集中精力闭门写了八个月左右，熬出将近二十万字，当我写完初稿的时候，突然觉得能不能通过已经变得无所谓了，能够翻翻自己写下的这些文字并自我陶醉其中就已经觉得不枉这些时光的付出，不枉身边的亲朋好友。第三关是导师关，论文外审、答辩的前提是得到导师的首肯，我也知道论文本身就是老师眼里的"硬伤"，所以特别感谢老师能让学生冒险参加外审。第四关是最为惊险刺激的外审关。在现有的教育部统一派送盲审的模式下，在外审的时候，我相信没有一个人有绝

266

对能够通过的信心，通过的包括我自己在内无非是比不通过的稍微运气好了那么一点点罢了。风险在于，首先这是在评审老师的主观意志上，教育部组织盲审之后，有些老师可能要求较高，谁也不认识谁或者可以装作谁也不认识谁，加上其并不需要对学生的命运负责，主观上很可能就不再"刀下留人"。在客观上，在于每个学校能够参加答辩的标准是不一样的。外审是无校界的，可是外审老师是有学校的。老师们会把自己学校可以参加论文答辩的标准自然而然地带入到自己评审论文当中，比如在某大学出现一个C还可答辩，老师就觉得给你打个C也不至于不让你毕业，但是吉林大学法学院是不允许出现C的。结果可想而知，我等外审结果的那天中午，可能是我从等待司法考试以来最煎熬的时刻，AAB的结果让我感觉到了足球比赛绝杀的快感。第五关是答辩关。过了外审，任何人都会更加认真准备答辩，虽说答辩不通过的概率较低，但是一旦表现不好给你个反对票也够你喝一壶。当然，要好好准备、筹备答辩会，在最后时刻不给自己的博士三年留遗憾，好好通过最后一关。虽然我洋洋洒洒几百字可能写完了博士学位取得的这五关，但是这里面经历的血与泪，经历的内心跌宕起伏，只有走过的人或者仍然在这条道路上艰难前行的同学们，才可能真正明白"感同身受"这四个字的深刻含义。

十年前的今天，我记得我自己也是夜不能寐，因为第二天即是高考，那个当年我们寒窗苦读十余载所认为的改变人生命运的终极考试。在今天，高考后的十年，我在为自己十年的大学学习生活画上最后一个句号，现在还能在六月份泡着脚写下这篇致谢估计也只有在这个地处东北的一流的社会主义大学。今天下午去做离校体检，十年过去，身高没变，体重却涨了三十多斤；视力没变，白发却渐渐增多，整体上还算是身心健康地完成博士学业。"流水它带走光阴的故事，改变了一个人"，我已经从一个从未住过校离开过父母的瘦骨嶙峋的江南小伙逐渐变为了貌似多了几分世故的东北大叔。既然选择了远方，就注定风雨兼程。从初来乍到时对东北、对吉林大学的不适应到博士期间两年在浙大而迸发的身在曹营心在汉的感觉。记得当年入学军训时，望着天空飞过的民航飞机，恨不得马上结束本科四年学习回到家乡，而现在，却希望自己能够再次选择K554次列车回程，让我用最慢的速度离开这片我深爱的黑土地。所以，对于自己青春的十年，请允许我感谢吉林大学、感谢长春、感谢东北这片让人傲娇的沃土。

感谢我的恩师张文显教授以及辛师母。十年前高考失败后在家里冥思苦想填志愿的时候，看到老爸拿回来的报纸上关于张文显老师的相关报道，当时我冥冥之中感觉到，有朝一日能够成为老师的学生，或者哪怕接受一次老师的指导、点拨就是人生一大幸事。万万没想到，自己从硕士到博士，能够跟随老师六年，如果说此生最大的荣幸莫过于此，或者说，跟随老师的六年对我个人的成长、思想的进步，对于人生的转折、改变远远超越一般的所谓人生转折点。在老师身上，学生学到了如何宽容待人，如何严于律己，如何严谨治学，如何高瞻远瞩地看问题，老师的人品、学品无时无刻不在影响着我们师门的每一位弟子。在师母身上，学生感受到了地道东北人的热情，每一年中秋时节精心准备的净月烧烤PARTY，都让我们身在异乡的学子在中秋佳节感受到了中秋团圆夜的家的温暖。虽然学生从吉大毕业，但是内心却依然固守着我们张师门，我们聚是一团火，散是满天星，希望自己能够在未来的人生道路、学术生涯中继续接受老师、师母的指导，也通过自己的努力为师门增光添彩。

感谢我父母那么多年以来对我学业的支持。都说少小离家老大回，我是乡音无改鬓毛未衰，离开家整整十年，尤其是研究生以来，除了过年前前后后，能在家里陪伴家人的时间是一年不及一年，你们不仅在精神上，同样也在物质上支持我完成这份学业，拿到最高的博士学位。每个人都期待自己在外奋斗的家人可以衣锦还乡，可以"十年寒窗无人问，一朝成名天下知"。十年寒窗也许只能在水涨船高的学历市场中谋求一席普通教职，从教书育人的点滴做起，特别期待自己能够在大学课堂上，将自己十年以来的所学、所见、所读、所思毫无保留地教授给学生们，希望通过自己的一言一行让未来的法学学子们真正树立起法治思维与法治观念，也希望自己与未来的学生们一起为法治中国作出自己的贡献。所以，在这从校园步入工作的人生转折点，感谢你们的理解与支持。

生命中要感谢的人中，还有那么一位是如此特殊。十年间，我与她从缙云中学的校园一起走到东北师大的校园、吉林大学的校园，再到北京师范大学的校园和浙江大学的校园，我们生命中有太多共同的约定，我们都在努力赶赴下一个约定，而当博士的小船终于到达成功的彼岸之时，我们终于可以一起去经营、建设我们的家园，一起去拥抱我们的梦，一起去读万卷书，一起去行万里路。世界那么大，我们一定要去好好看看。感谢你用青春与光阴的等待，希望我没有姗姗来迟，我们说好的，一起穿着学位服，去为自己拍摄婚纱照。

冰冻三尺非一日之寒，水滴石穿非一日之功。能够如期完成论文答辩，算是十年磨一剑，虽然这篇论文是在博士学习阶段后选题、开题并完成，但是，却离不开十年以来一点一点的积累。而这十年期间，影响我、帮助我的老师、同学特别特别多。按照接触的时间早晚，最早在法理课上给我们学术启蒙的是宋显忠老师。宋老师在大一时候就把原本让人以为非常枯燥的法理学课程演绎为一堂堂生动的法治课程，米兰达规则、辛普森案等早在大一入学不久就深深地写入了学生的心中，由此也激发了学生的阅读、写作以及最后报考法学理论专业硕士研究生、博士研究生的兴趣。本科的时候另一位启蒙恩师是国际法专业的王彦志老师。王彦志老师虽然教授我们国际经济法的课程，但是他更像是一位法治的卫道士，每次与王老师的交流，对学生来说都如醍醐灌顶，佩服王老师身体力行地践行着自己的法治梦，同时，王老师给学生推荐哈特的《法律的概念》，实话实说读完第一遍是一头雾水，但却深度启蒙了学生的法理兴趣。读研以后，逐渐认识了理论法学研究中心各位当年心目中的大师，姚建宗老师的治学严谨可以说让我又爱又怕，喜欢上姚老师的课却总感觉自己无法达到姚老师的要求；杜宴林老师的话语幽默与犀利批判终于让学生懂得了什么叫批判的法哲学；虽然以后可能越来越难见到黄文艺老师了，但黄老师上课时候的腼腆之笑却让学生难以忘怀；拥军教授的家庭法哲学与"道法古今"的研究让学生明白枯燥的法哲学作为一种思维方式的乐趣所旨；刘红臻老师作为老师又是师姐，在课堂上有着巾帼不让须眉的批判精神，在课堂下是与我们一起读书、聊天分享美食的师姐；刘雪斌老师的沉稳与严谨也深深影响着我；还有让人捉摸不透的王奇才老师，每次交流都能给我们带来各种新鲜刺激的学术猛料；亦师亦友的丰霏师兄，在我每一次迷茫的时候，总能灵机一动给我指出人生方向；人称"猴哥"的侯学宾老师，是法理老师们中的网红，也是我本科室友的论文指导老师，一直都在影响着学生的学习与生活；平时不苟言笑的苗炎老师，我们能够一起愉快地讨论天津泰达与长春亚泰的中国足球恩恩怨怨；指导了我硕士、博士两个阶段的"学而思"读书小组的刘小平老师，让我们依稀看到了邓正来先生的治学风采。另外，特别感谢浙江大学光华法学院的陈林林老师和王凌皞老师，在之江山上的两年，他们带我参加了系列学术活动，平时也在各种场合启迪着学生。同时，特别感谢参加学生答辩的答辩组老师们，尤其是远道而来的刘风景老师、刘杨老师以及跨专业参加我们答辩的刘晓林老师，我一直认为论文答辩是博士论文完成的最重要一个环节，正是你们辛苦的付出帮助学生完成了论文的最后一步，通过了最后一关。

还有那么多可亲可爱的同学，是你们的帮助与宽容让我能够顺利毕业。董政博士是我从硕士到博士同一专业同窗六载的老同学，虽然我们各自研究的领域大相径庭，但是相互的认可、支持与鼓励最终帮助我完成论文；李鑫钊博士是我博士同门，却在考博期间就有接触和认识，在各个方面都给予了我们极大的支持；彭巍博士是我的同门又是在吉大的室友，他与我同居的时间远远超过我们与各自的对象，加上他的博士论文是司法规律论，所以有很多的话题材料可以互通有无；感谢赵世奇博士在最后时候帮我完成文字、形式的校对，一篇相对完美的论文的产生离不开世奇的认真校对；感谢各位指导——林海博士、朱卿博士、于冰博士，真没想到读上了法学理论专业的博士还能认识你们这几个"臭味相投"的球迷们，只可惜，在一起三年的NBA总决赛没有换过队，米兰双雄手拉手没进过欧冠；感谢罗梅博士和寻错博士，虽然现在天各一方，但是仍然非常怀念与两位曾经的吉林省高级人民法院法官畅聊司法改革的日子，你们提供的省院一级的司法改革素材，为我论文的选题到写作都提供了宝贵的营养；感谢王颖博士、周冰博士、杨菁博士、周芳芳博士、李桂久博士、孙晓侠博士、于龙刚博士、唐震博士、陈向军博士、郎剑飞博士，在博士三年能够与大家像一个大家庭一样生活，感谢大家对我的包容，帮助我顺利完成学业。感谢在吉大法学院博士生篮球队认识的张建东博士、王鸿博士、段卫利博士、董辰博士、胡烯博士，谢谢你们的辛勤付出，让我能够继续在篮球中寻找快乐。感谢段卫利博士在研究生创新项目上帮我跑腿，为我付出。感谢我在浙江大学光华法学院认识的安鹏鸣、邓旭涛、吴沈驹、林捷、罗生龙、王林、邵敏杰这几位室友，感谢你们的包容，让我能够在之江山上愉快地学习与生活，还有自正法博士、谷向阳博士以及光华法学院足球队的队友们，在之江的两年因为有你们才让我的生活充满了阳光与欢乐。另外，特别感谢几位在长春已经毕业了的老同学、老朋友，郭成喆、任家震、邵健，有你们在，长春就永远是我的第二故乡、我的家……

章安邦

2017年6月6日夜

于吉林大学南苑五舍